Das grosse Weihnachtsbuch

hrsg. von Barbara Bartos-Höppner

und Burghard Bartos

Ausstattung und Illustrationen

von Frank Ruprecht

K·THV

Thienemanns

Hausbücherei

CIP-Kurztitelaufnahme der Deutschen Bibliothek

Das große Weihnachtsbuch
hrsg. von Barbara Bartos-Höppner
u. Burghard Bartos. (Thienemanns Hausbücherei)
NE: Bartos-Höppner, Barbara (Hrsg.)
ISBN 3-522-12950-4

Gesamtausstattung Frank Ruprecht in Berg. Gladbach
Schrift Times Antiqua
Satz G. Müller
Text- und Überzugdruck Offsetdruckerei Gutmann + Co.,
beide in Heilbronn
Offsetreproduktionen Gustav Reisacher in Stuttgart
Einband Großbuchbinderei Röck in Weinsberg

Printed in Germany · 5 4 3

Weiß sind Türme, Dächer, Zweige,
Und das Jahr geht auf die Neige,
Und das schönste Fest ist da.

Theodor Fontane

Inhaltsverzeichnis

Christkindl-Ahnung

Ludwig Thoma

Erleben eigentlich Stadtkinder Weihnachtsfreuden? Erlebt man sie heute noch?

Ich will es allen wünschen, aber ich kann es nicht glauben, daß das Fest in der Stadt mit ihren Straßen und engen Gassen das sein kann, was es uns Kindern im Walde gewesen ist.

Der erste Schnee erregte schon liebliche Ahnungen, die bald verstärkt wurden, wenn es im Hause nach Pfeffernüssen, Makronen und Kaffeekuchen zu riechen begann; wenn am langen Tische der Herr Oberförster und seine Jäger mit den Marzipanmodeln ganz zahme häusliche Dinge verrichteten; wenn an den langen Abenden sich das wohlige Gefühl der Zusammengehörigkeit auf dieser Insel, die Tag um Tag stiller wurde, verbreitete. In der Stadt kam das Christkind nur einmal, aber in der Riß* wurde es schon Wochen vorher im Walde gesehen; bald kam der, bald jener Jagdgehilfe mit der Meldung herein, daß er es auf der Jachenauer* Seite oder hinterm Ochsensitzer habe fliegen sehen.

In klaren Nächten mußte man bloß vor die Tür gehen, dann hörte man vom Walde herüber ein feines Klingeln und sah in den Büschen ein Licht aufblitzen. Wie röteten sich die Backen vor Aufregung, und die Augen blitzten vor freudiger Erwartung! Je näher aber der Heilige Abend kam, desto näher kam auch das Christkind ans Haus, ein Licht huschte an den Fenstern des Schlafzimmers vorüber, und es klang wie von leise gerüttelten Schlittenschellen.

Da setzten wir uns in den Betten auf und schauten sehnsüchtig ins Dunkel hinaus; die großen Kinder aber, die unten standen und auf einer Stange Lichter befestigt hatten, der Jagdgehilfe Bauer und sein Oberförster freuten sich kaum weniger.

Es gab natürlich in den kleinen Verhältnissen kein Übermaß an Geschenken, aber was gegeben wurde, war mit aufmerksamer Beachtung eines Wunsches gewählt und erregte Freude.

Als meine Mutter an einem Morgen nach der Bescherung ins Zimmer trat, wo der Christbaum stand, sah sie mich stolz mit meinem Säbel herumspazieren, aber ebenso bewegt schritt mein Vater im Hemde auf und ab und hatte den neuen Stutzen umgehängt, den ihm das Christkind gebracht hatte.

Wenn der Weg offen war, fuhren meine Eltern nach den Feiertagen auf kurze Zeit zu den Verwandten nach Ammergau. Ich mag an die fünf Jahre alt gewesen sein, als ich zum ersten Male mitkommen durfte; und wie der Schlitten die Höhe oberhalb Wallgau erreichte, von wo sich der Blick auf das Dorf öffnet, war ich außer mir vor Erstaunen über die vielen Häuser, die Dach an Dach nebeneinander standen. Für mich hatte es bis dahin bloß drei Häuser in der Welt gegeben.

* Riß und Jachenau sind Waldgebiete in der Nähe des Walchensees (Oberbayern).

Ein Wolf

Hermann Hesse

Noch nie war in den französischen Bergen ein so unheimlich kalter und langer Winter gewesen. Seit Wochen stand die Luft klar, spröde und kalt. Bei Tage lagen die großen, schrägen Schneefelder mattweiß und trostlos unter dem grellblauen Himmel, nachts ging klar und klein der Mond über sie hinweg, ein grimmiger Frostmond von gelbem Glanz, dessen starkes Licht auf dem Schnee blau und stumpf wurde und wie der leibhaftige Frost aussah. Die Menschen mieden alle Wege und namentlich die Höhen, sie saßen träge und schimpfend in den Dorfhütten, deren rote Fenster nachts neben dem blanken Mondlicht rauchig trüb erschienen und früh erloschen.

Das war eine schwere Zeit für die Tiere der Gegend. Die kleineren erfroren in Menge, auch Vögel erlagen dem Frost, und die hageren Leichname fielen den Habichten, Wölfen und Raben zur Beute. Aber auch diese litten furchtbar an Frost und Hunger. Es lebten einige Wolfsfamilien dort, und die Not trieb sie zu engerem Verband. Tagsüber gingen sie einzeln aus. Da und dort strich einer über den Schnee, mager, hungrig und wachsam, lautlos und scheu wie ein Gespenst. Sein schmaler Schatten glitt neben ihm über die Schneeflächen. Spürend reckte er die spitze Schnauze in den Wind und ließ zuweilen ein trockenes, gequältes Heulen vernehmen. Abends aber zogen sie vollzählig aus und drängten sich mit heiserem Gebell um die Dörfer. Dort war Vieh und Geflügel wohlverwahrt, und hinter festen Fensterläden lagen Flinten angelegt. Nur selten fiel eine Beute, etwa ein kleiner Hund, ihnen zu, und zwei aus der Schar waren schon erschossen worden.

Der Frost hielt immer noch an. Oft lagen die Wölfe still und brütend beisammen, einer am andern sich wärmend, und lauschten beklommen in die tote Öde hinaus, bis einer, von den grausamen Qualen des Hungers gefoltert, plötzlich mit schauerlichem Gebrüll aufsprang. Dann wandten alle andern ihm die Schnauze zu, zitterten und brachen miteinander in ein furchtbares, drohendes und klagendes Heulen aus.

Endlich entschloß sich der kleinere Teil der Schar zum Wandern. Früh am Tage verließen sie ihre Löcher, sammelten sich und schnoben erregt und angstvoll in die frostklare Luft. Dann trabten sie rasch und gleichmäßig davon. Die Zurückgebliebenen sahen ihnen mit weiten, glasigen Augen nach, trabten ein paar Dutzend Schritte hinterher, blieben unschlüssig und ratlos stehen und kehrten langsam in ihre leeren Höhlen zurück.

Die Auswanderer trennten sich am Mittag voneinander. Drei von ihnen wandten sich östlich dem Schweizer Jura zu, die andern zogen südlich weiter. Die drei waren schöne, starke Tiere, aber entsetzlich abgemagert. Der eingezogene, helle Bauch war schmal wie ein Riemen, an den Seiten standen die Rippen jämmerlich heraus, die Mäuler waren trocken und die Augen weit und verzweifelt. Zu dreien kamen sie weit in den Jura hinein, erbeuteten am zweiten Tage einen Hammel, am dritten einen Hund und ein Füllen und wurden von allen Seiten her wütend vom Landvolk verfolgt. In der Gegend, welche reich an Dörfern und Städtchen ist, verbreitete sich Schrecken und Scheu vor den ungewohnten Eindringlingen. Die Postschlitten wurden bewaffnet, ohne Schießgewehr ging niemand von einem Dorf zum andern. In der fremden Gegend und nach so guter Beute fühlten sich die drei Tiere zugleich scheu und wohl; sie wurden tollkühner als je zu Hause und brachen am hellen Tage in den Stall eines Meierhofes. Gebrüll von Kühen, Geknatter splitternder Holzschranken, Hufgetrampel und heiser keuchender Atem erfüllten den engen, warmen Raum. Aber diesmal kamen Menschen dazwischen. Es war ein Preis auf die Wölfe gesetzt, das verdoppelte den Mut der Bauern. Und sie erlegten zwei von ihnen. Dem einen ging ein Flintenschuß durch den Hals, der andere wurde mit einem Beil erschlagen.

Der dritte entkam und rannte so lange, bis er halbtot auf den Schnee fiel. Er war der jüngste und schönste von den Wölfen, ein stolzes, herrisches Tier von mächtiger Kraft und gelenken Gliedern. Lange blieb er keuchend liegen. Blutigrote Kreise wirbelten vor seinen Augen, und zuweilen stieß er ein pfeifendes, schmerzliches Stöhnen aus. Ein Beilwurf hatte ihm den Rücken verletzt. Doch erholte er sich und konnte sich nach einer Weile wieder erheben. Erst jetzt sah er, wie weit er im Todesschrecken gelaufen war. Nirgends waren Menschen oder Häuser zu sehen. Dicht vor ihm lag ein verschneiter, mächtiger Berg. Es war der Chasseral. Er beschloß, ihn zu umgehen. Da ihn Durst quälte, fraß er kleine Bissen von der gefrorenen, harten Kruste der Schneefläche.

Jenseits des Berges traf er sogleich auf ein Dorf. Es ging gegen Abend. Er wartete in einem dichten Tannenforst. Dann schlich er vorsichtig um die Gartenzäune, dem Geruch warmer Ställe folgend. Niemand war auf der Straße. Scheu und lüstern blinzelte er zwischen den Häusern hindurch. Da fiel ein Flintenschuß. Er warf den Kopf in die Höhe und griff zum Laufen aus, als schon ein zweiter Schuß knallte. Er war getroffen. Sein weißlicher Unterleib war an der Seite mit Blut befleckt, das in dicken Tropfen zäh herabträufelte. Dennoch gelang es ihm mit großen Sätzen zu entkommen und den jenseitigen Bergwald zu erreichen. Dort wartete er horchend einen Augenblick und hörte von zwei Seiten Stimmen und Schritte. Angstvoll blickte er am Berg empor. Er war steil, bewaldet und mühselig zu ersteigen. Doch blieb ihm keine Wahl. Mit keuchendem Atem klomm er die steile Bergwand hinan, während unten ein Gewirr von Flüchen, Befehlen und Laternenlichtern sich den Berg entlang zog. Zitternd kletterte der verwundete Wolf durch den halbdunklen Tannenwald, während aus seiner Seite langsam das braune Blut hinabrann.

Die Kälte hatte seit einem Tag nachgelassen. Der westliche Himmel war dunstig trüb und schien Schneefall zu versprechen.

Endlich hatte das erschöpfte Tier die Höhe erreicht. Er stand nun auf einem leicht geneigten, großen Schneefelde, nahe bei Mont Crosin, hoch über dem Dorfe, dem er entronnen. Hunger fühlte er nicht, aber einen trüben, klammernden Schmerz von der Wunde. Ein leises, krankes Gebell kam aus seinem hängenden Maul, sein Herz schlug schwer und schmerzhaft und fühlte die Hand des Todes wie eine unsäglich schwere Last auf sich drücken.

Eine einzelnstehende, breitästige Riesentanne lockte ihn; dort setzte er sich nieder und starrte trübe in die graue Schneenacht. Eine halbe Stunde verging. Nun fiel ein mattrotes Licht auf den Schnee, sonderbar und weich. Der Wolf erhob sich stöhnend und wandte den feinen Kopf dem Licht entgegen. Es war der Mond, der im Südost riesig und blutrot sich erhob und langsam am trüben Himmel höher stieg. Seit vielen Wochen war er nie so rot und groß gewesen. Traurig hing der Blick des sterbenden Tieres an der matten Mondscheibe, und wieder röchelte sein schwaches Heulen schmerzlich und tonlos in die Nacht.

Da kamen Lichter und Schritte nah. Bauern in dicken Mänteln, Jäger und junge Burschen in Pelzmützen und mit plumpen Gamaschen stapften durch den Schnee. Gejauchze erscholl. Man hatte den verendenden Wolf entdeckt. Zwei Schüsse wurden auf ihn abgegeben, und beide fehlten. Dann sahen sie, daß er schon im Sterben lag, und fielen mit Stöcken und Waffen über ihn her. Er fühlte es nicht mehr.

Mit zerbrochenen Gliedern schleppten sie ihn nach Sankt Immer hinab. Sie lachten, sie prahlten, sie freuten sich auf den Schnaps und Kaffee, sie sangen, sie fluchten. Keiner sah die Schönheit des verschneiten Forstes, noch den Glanz der Hochebene, noch den roten Mond, der jetzt über dem Chasseral hing und dessen schwaches Licht in ihren Flintenläufen, in den Schneekristallen und in den gebrochenen Augen des erschlagenen Wolfes sich brach.

Der Tannenbaum

Hans Christian Andersen

Draußen im Walde stand ein niedlicher kleiner Tannenbaum. Er hatte einen guten Platz; Sonne konnte er bekommen, Luft war genug da, und ringsumher wuchsen viele größere Kameraden, sowohl Tannen als Fichten. Der kleine Tannenbaum wünschte aber so sehnlich, größer zu werden! Er achtete nicht der warmen Sonne und der frischen Luft, er kümmerte sich nicht um die Bauernkinder, die da umhergingen und plauderten, wenn sie herausgekommen waren, um Erdbeeren und Himbeeren zu sammeln. Oft kamen sie mit einem ganzen Topf voll oder hatten Erdbeeren an einen Strohhalm gereiht; dann setzten sie sich neben den kleinen Tannenbaum und sagten: „Nein! wie niedlich klein ist der!" Das mochte der Baum gar nicht hören.

Im folgenden Jahr war er um einen bedeutenden Ansatz größer, und das Jahr darauf war er um noch einen länger; denn an den vielen Ansätzen der Tannenbäume kann man sehen, wie viele Jahre sie gewachsen sind.

„O wäre ich doch so ein großer Baum wie die andern!" seufzte das kleine Bäumchen; „dann könnte ich meine Zweige ausbreiten und mit der Krone in die weite Welt hinaus blicken! Die Vögel würden dann Nester in meinen Zweigen bauen, und wenn der Wind wehte, könnte ich so vornehm nicken, gerade wie die andern dort!"

Er hatte gar keine Freude am Sonnenschein, an den Vögeln und an den roten Wolken, die morgens und abends über ihn hinsegelten.

War es dann Winter und der Schnee lag weiß und funkelnd ringsumher, so kam häufig ein Hase angesprungen und setzte grade über den kleinen Baum hinweg – oh, das war so ärgerlich! Aber zwei Winter vergingen, und im dritten war das Bäumchen so groß, daß der Hase um dasselbe herumlaufen mußte. Oh! wachsen, wachsen, groß und alt werden: das ist doch das einzig Schöne in dieser Welt, dachte der Baum.

Im Herbst kamen immer Holzhauer und fällten einige der größten Bäume. Das geschah jedes Jahr, und den jungen Tannenbaum, der nun ganz gut gewachsen war, schauerte dabei, denn die großen, prächtigen Bäume fielen mit Prasseln und Krachen zur Erde, die Zweige wurden ihnen abgehauen, die Bäume sahen ganz nackt, lang und schmal aus; sie waren fast nicht mehr zu erkennen. Aber dann wurden sie auf Wagen gelegt, und Pferde zogen sie davon, aus dem Wald hinaus. Wo sollten sie hin? Was stand ihnen bevor?

Im Frühjahr, als die Schwalben und Störche kamen, fragte sie der Baum: „Wißt ihr nicht, wohin sie gefahren wurden? Seid ihr ihnen nicht begegnet?“ Die Schwalben wußten nichts, aber der Storch sah nachdenklich aus, nickte mit dem Kopf und sagte: „Ja, ich glaube wohl! Mir begegneten viele neue Schiffe, als ich aus Ägypten flog. Auf den Schiffen waren prächtige Mastbäume. Ich darf annehmen, daß sie es waren; sie hatten Tannengeruch. Ich kann vielmals von ihnen grüßen. Ja! die ragen prächtig in den Himmel!“

„O wäre ich doch auch groß genug, um über das Meer fahren zu können! Wie ist denn eigentlich dieses Meer, und wie sieht es aus?“

„Ja, das zu erklären, ist zu weitschweifig“, sagte der Storch, und damit ging er fort.

„Freu dich deiner Jugend!“ sagten die Sonnenstrahlen; „freu dich deines frischen Wachstums, des jungen Lebens, das in dir ist.“

Und der Wind küßte den Baum, und der Tau weinte Tränen über ihn; aber das verstand der Tannenbaum nicht.

Wenn es auf die Weihnachtszeit zuging, wurden ganz junge Bäume gefällt, Bäume, die oft nicht einmal so groß oder gleichen Alters mit diesem Tannenbaum waren, der weder Rast noch Ruhe hatte, sondern immer auf und davon wollte. Diese jungen Bäume, und es waren gerade die allerschönsten, behielten immer ihre Zweige, sie wurden auf Wagen gelegt, und Pferde zogen sie fort, aus dem Wald hinaus.

„Wohin sollen sie?“ fragte der Tannenbaum. „Sie sind nicht größer als ich, da war sogar einer, der viel kleiner war! Weshalb behalten sie alle ihre Zweige? Wo fahren sie hin?“

„Das wissen wir! das wissen wir!“ zwitscherten die Sperlinge. „Unten in der Stadt haben wir in die Fenster gesehen! Wir wissen, wohin sie fahren! Oh, sie gelangen zur größten Pracht und Herrlichkeit, die man sich nur denken kann! Wir haben in die Fenster gesehen, und da wurden sie mitten in der warmen Stube aufgestellt und mit den schönsten Sachen geschmückt, mit vergoldeten Äpfeln, Honigkuchen, Spielzeug und vielen Hunderten von Lichtern.“

„Und dann –?“ fragte der Tannenbaum und bebte an allen Zweigen. „Und dann? Was geschieht dann?“

„Ja, mehr haben wir nicht gesehen! Das war unvergleichlich.“

„Ob ich wohl auch bestimmt bin, diesen strahlenden Weg zu betreten?“ jubelte der Tannenbaum. „Das ist noch besser, als über das Meer zu ziehen! Wie leide ich an Sehnsucht! Wäre es doch Weihnachten! Nun bin ich groß und erwachsen wie die andern, die im vorigen Jahr weggeführt wurden! O wäre ich erst auf dem Wagen! Wäre ich doch erst in der warmen Stube mit aller Pracht und Herrlichkeit! Und dann? Ja, dann kommt etwas noch Besseres, noch Schöneres, weshalb würden sie uns sonst so schmücken! Es muß etwas noch Größeres, noch Herrlicheres kommen! Aber was? Oh, ich leide! ich sehne mich! ich weiß selbst nicht, wie mir ist!“

„Freue dich an uns!“ sagten die Luft und das Sonnenlicht; „freue dich deiner frischen Jugend im Freien!“

Aber er freute sich durchaus nicht und wuchs und wuchs; Winter und Sommer stand er grün, dunkelgrün stand er da. Die Leute, die ihn sahen, sagten: „Das ist ein schöner Baum!“ Und zur Weihnachtszeit wurde er vor allen zuerst gefällt. Die Axt hieb tief durch das Mark; der Baum fiel mit einem Seufzer zu Boden. Er fühlte einen Schmerz, eine Ohnmacht; er konnte gar nicht an irgendein Glück denken, er war betrübt, von der Heimat scheiden zu müssen, von dem Fleck, auf dem er emporgeschossen war. Er wußte ja, daß er die lieben alten Kameraden, die kleinen Büsche und Blumen ringsumher nie mehr sehen würde, ja vielleicht nicht einmal die Vögel. Die Abreise war durchaus nicht angenehm.

Der Baum kam erst wieder zu sich, als er im Hofe mit anderen Bäumen abgeladen wurde und einen Mann sagen hörte: „Dieser hier ist prächtig! Wir brauchen nur diesen!“

Nun kamen zwei Diener in vollem Staat und trugen den Tannenbaum in einen großen, schönen Saal. Ringsherum an den Wänden hingen Bilder, und neben dem großen Kachelofen standen große, chinesische Vasen mit Löwen auf den Deckeln. Da gab es Schaukelstühle, seidene Sofas, große Tische voller Bilderbücher und Spielzeug für hundertmal hundert Taler – wenigstens sagten das die Kinder. Und der Tannenbaum wurde in ein großes, mit Sand gefülltes Gefäß gestellt; aber niemand konnte sehen, daß es ein Gefäß war, denn es wurde rund herum mit grünem Zeug behängt und stand auf einem großen bunten Teppich. Oh, wie der Baum bebte! Was wird nun wohl vorgehen? Sowohl die Diener als die Mädchen schmückten ihn. An seine Zweige hingen sie kleine Netze, ausgeschnitten aus farbigem Papier; jedes Netz war mit Zuckerwerk gefüllt; vergoldete Äpfel und Nüsse hingen herab, als seien sie festgewachsen, und über hundert rote, blaue und weiße Kerzen wurden in den Zweigen festgesteckt. Puppen, die leibhaftig wie Menschen aussahen – der Baum hatte noch nie solche gesehen – schwebten im Grünen, und hoch oben auf der Spitze wurde ein Stern von Flittergold befestigt; das war prächtig, ganz außerordentlich prächtig.

„Heute abend“, sagten alle, „heute abend wird er strahlen!“

„Oh!“ dachte der Baum, „wäre es doch Abend! Würden nur die Kerzen bald angezündet! Und was dann wohl geschieht? Ob da wohl Bäume aus dem Wald kommen, um mich zu sehen? Ob die Sperlinge gegen die Fensterscheiben fliegen? Ob ich hier festwachse und Winter und Sommer geschmückt stehen werde?“

Ja, er riet nicht übel! Aber er hatte ordentliche Borkenschmerzen vor lauter Sehnsucht, und Borkenschmerzen sind für einen Baum ebenso schlimm wie Kopfschmerzen für uns andere.

Nun wurden die Kerzen angezündet. Welcher Glanz! Welche Pracht! Der Baum bebte dabei an allen Zweigen so, daß einer der Zweige Feuer fing; es brannte ordentlich.

„Gott bewahre uns!" schrien die Mädchen und löschten es hastig aus.

Nun durfte der Baum nicht einmal mehr beben. Oh, das war ein Grauen! Er hatte solche Angst, etwas von seinem Schmuck zu verlieren; er war ganz betäubt von all dem Glanz. Und nun gingen beide Flügeltüren auf – und eine Menge Kinder stürzten herein, als wollten sie den ganzen Baum umwerfen; die älteren Leute kamen bedächtig nach. Die Kleinen standen ganz stumm – aber nur einen Augenblick, dann jubelten sie wieder, daß es nur so schallte; sie tanzten um den Baum herum, und ein Geschenk nach dem andern wurde abgepflückt.

„Was machen sie?" dachte der Baum. „Was soll geschehen?" Und die Kerzen brannten bis dicht an die Zweige herunter, und je nachdem sie niederbrannten, wurden sie ausgelöscht, und dann erhielten die Kinder Erlaubnis, den Baum zu plündern. Oh, sie stürzten sich auf ihn, daß es in allen Zweigen knackte; wäre er nicht mit der Spitze und mit dem Goldstern an der Decke befestigt gewesen, so wäre er umgestürzt.

Die Kinder tanzten mit ihrem prächtigen Spielzeug herum. Niemand sah nach dem Baum, außer dem alten Kindermädchen, das kam und zwischen die Zweige blickte, aber nur, um zu sehen, ob nicht noch eine Feige oder ein Apfel vergessen worden sei.

„Eine Geschichte! Eine Geschichte!" riefen die Kinder und zogen einen kleinen dicken Mann zu dem Baum hin; und er setzte sich gerade darunter, „denn da sind wir im Grünen", sagte er, „und dem Baum kann es besonders nützlich sein, zuzuhören! Aber ich erzähle nur eine Geschichte. Wollt ihr die von Ivede-Avede oder die von Klumpe-Dumpe hören, der die Treppen hinunterfiel und doch zu Ehren kam und die Prinzessin erhielt?"

„Ivede-Avede!" schrien einige, „Klumpe-Dumpe!" schrien andere; das war ein Rufen und Schreien! Nur der Tannenbaum schwieg ganz still und dachte: „Soll ich gar nicht dabei sein, werde ich nichts zu tun haben?" Er war ja dabei, hatte ja getan, was er sollte.

Und der Mann erzählte von Klumpe-Dumpe, welcher die Treppen hinunterfiel und doch zu Ehren kam und die Prinzessin erhielt. Und die Kinder klatschten in die Hände und riefen: „Erzähle! erzähle!" Sie wollten auch die Geschichte von Ivede-Avede hören, aber sie bekamen nur die von Klumpe-Dumpe. Der Tannenbaum stand ganz stumm und gedankenvoll; nie hatten die Vögel im Walde dergleichen erzählt. „Klumpe-Dumpe fiel die Treppen hinunter und bekam doch die Prinzessin! Ja, ja, so geht es in der Welt zu!" dachte der Tannenbaum und glaubte, daß es wahr sei, weil es ein so netter Mann war, der es erzählte. „Ja, ja! wer kann wissen! Vielleicht falle ich auch die Treppe hinunter und bekomme eine Prinzessin." Und er freute sich darauf, den nächsten Tag wieder mit Kerzen und Spielzeug, Gold und Früchten aufgeputzt zu werden.

„Morgen werde ich noch glücklicher sein!" dachte er. „Ich will mich recht all meiner Herrlichkeit freuen. Morgen werde ich wieder die Geschichte von Klumpe-Dumpe und vielleicht die von Ivede-Avede hören." Und der Baum stand die ganze Nacht still und gedankenvoll.

Am Morgen kamen die Diener und das Mädchen herein.

„Nun beginnt das Schmücken aufs neue!" dachte der Baum. Aber sie schleppten ihn zum Zimmer hinaus, die Treppe hinauf, auf den Boden, und hier, in einen dunklen Winkel, wo kein Tageslicht hinschien, stellten sie ihn hin. „Was soll das bedeuten?" dachte der Baum. „Was soll ich hier wohl machen? Was mag ich hier wohl hören sollen?" Und er lehnte sich an die Mauer und dachte und dachte. Und er hatte Zeit genug, denn es vergingen Tage und Nächte. Niemand kam hinauf; und als endlich jemand kam, so geschah es, um einige große Kasten in den Winkel zu stellen. Nun stand der Baum ganz versteckt; man mußte glauben, daß er ganz vergessen war.

„Jetzt ist es Winter draußen!" dachte der Baum. „Die Erde ist hart und mit Schnee bedeckt, die Menschen können mich jetzt nicht pflanzen! Deshalb soll ich wohl bis zum Frühjahr hier im Schutz stehen! Wie wohlbedacht das ist! Wie die Menschen doch so gut sind! Wäre es hier nur nicht so dunkel und so erschrecklich einsam! Nicht einmal ein kleiner Hase! Das war doch so niedlich da draußen im Walde, wenn der Schnee lag und der Hase vorübersprang; ja, selbst als er über mich hinwegsprang; aber damals konnte ich es nicht leiden. Hier oben ist es doch schrecklich einsam!“

„Piep, piep!“ sagte da eine kleine Maus und huschte hervor; und dann kam noch eine kleine. Sie beschnüffelten den Tannenbaum, und dann schlüpften sie zwischen seine Zweige.

„Es ist eine greuliche Kälte!“ sagten die kleinen Mäuse. „Sonst ist es hier gut sein! Nicht wahr, du alter Tannenbaum?“

„Ich bin gar nicht alt!“ sagte der Tannenbaum; „es gibt viele, die weit älter sind als ich!“

„Wo kommst du her?“ fragten die Mäuse, „und was weißt du?“ Sie waren gewaltig neugierig. „Erzähle uns doch von dem schönsten Ort auf Erden! Bist du dort gewesen? Bist du in der Speisekammer gewesen, wo Käse auf den Brettern liegen und Schinken unter der Decke hängen, wo man auf Talglichtern tanzt und mager hineingeht und fett herauskommt?“

„Das kenne ich nicht!“ sagte der Baum. „Aber den Wald kenne ich, wo die Sonne scheint und wo die Vögel singen!“ Und dann erzählte er alles aus seiner Jugend, und die kleinen Mäuse hatten früher dergleichen nie gehört, und sie horchten auf und sagten: „Nein, wieviel du gesehen hast! Wie glücklich du gewesen bist!“

„Ich?“ sagte der Tannenbaum und dachte über das, was er selbst erzählte, nach. „Ja, es waren im Grunde ganz fröhliche Zeiten!“ Aber dann erzählte er vom Weihnachtsabend, wo er mit Kuchen und Kerzen geschmückt war.

„Oh!“ sagten die kleinen Mäuse, „wie glücklich du gewesen bist, du alter Tannenbaum!“

„Ich bin gar nicht alt!“ sagte der Baum. „Erst diesen Winter bin ich aus dem Walde gekommen! Ich bin nur so im Wachstum zurückgeblieben.“

„Wie schön du erzählst!“ sagten die kleinen Mäuse. Und in der nächsten Nacht kamen sie mit vier anderen kleinen Mäusen, die den Baum erzählen hören sollten, und je mehr er erzählte, desto deutlicher erinnerte er sich selbst an alles und dachte: „Es waren doch ganz fröhliche Zeiten! Aber sie können wiederkommen. Klumpe-Dumpe fiel die Treppe hinunter und erhielt doch die Prinzessin; vielleicht kann ich auch eine Prinzessin bekommen!“ Und dann dachte der Tannenbaum an eine kleine niedliche Birke, die draußen im Walde wuchs; das war für den Tannenbaum eine wirkliche, schöne Prinzessin.

„Wer ist Klumpe-Dumpe?“ fragten die kleinen Mäuse. Und dann erzählte der Tannenbaum das ganze Märchen; er konnte sich jedes einzelnen Wortes entsinnen; und die kleinen Mäuse waren nahe daran, aus Freude bis an die Spitze des Baumes zu springen. In der folgenden Nacht kamen weit mehr Mäuse und am Sonntag sogar zwei Ratten; aber die meinten, die Geschichte sei nicht hübsch, und das betrübte die kleinen Mäuse, denn nun hielten sie auch weniger davon.

„Wissen Sie nur die eine Geschichte?“ fragten die Ratten.

„Nur die eine!“ sagte der Baum; „die hörte ich an meinem glücklichsten Abend; damals

Ein Wolf

dachte ich nicht daran, wie glücklich ich war."

„Das ist eine höchst jämmerliche Geschichte! Wissen Sie keine von Speck oder Talglicht? Keine Speisekammergeschichte?"

„Nein!" sagte der Baum.

„Dann danken wir dafür!" erwiderten die Ratten und gingen zu den ihrigen zurück.

Die kleinen Mäuse blieben zuletzt auch weg, und da seufzte der Baum: „Es war doch ganz hübsch, als sie um mich herum saßen, die beweglichen kleinen Mäuse, und zuhörten, wie ich erzählte! Nun ist auch das vorbei! Aber ich werde daran denken, mich zu freuen, wenn man mich wieder hervorholt!"

Aber wann geschah das? Ja, es war eines Morgens, da kamen Leute und wirtschafteten auf dem Boden; die Kasten wurden weggesetzt, der Baum wurde hervorgezogen. Sie warfen ihn freilich ziemlich hart gegen den Fußboden, aber ein Diener schleppte ihn sogleich zur Treppe hin, wo der Tag leuchtete. „Nun beginnt das Leben wieder!" dachte der Baum; er fühlte die frische Luft, die ersten Sonnenstrahlen – und nun war er draußen im Hof. Alles ging so geschwind; der Baum vergaß völlig, sich selbst zu betrachten, da war so vieles ringsumher zu sehen. Der Hof stieß an einen Garten, und alles blühte darin; die Rosen hingen so frisch und duftend über das kleine Gitter hinaus, die Lindenbäume blühten, und die Schwalben flogen umher und sagten: „Quirre-virre-vit, mein Mann ist kommen!" Aber es war nicht der Tannenbaum, den sie meinten.

„Nun werde ich leben!" jubelte dieser und breitete seine Zweige weit aus. Aber ach, sie waren alle vertrocknet und gelb; und er lag da im Winkel zwischen Unkraut und Nesseln. Der Stern von Goldpapier saß noch oben an der Spitze und glitzerte im hellen Sonnenschein.

Im Hofe selbst spielten einige von den munteren Kindern, die zur Weihnachtszeit um den Baum getanzt hatten und so fröhlich über ihn gewesen waren. Eins der kleinsten lief hin und riß den Goldstern ab.

„Sieh, was da noch an dem häßlichen, alten Tannenbaum sitzt!" sagte es und trat auf die Zweige, so daß sie unter seinen Stiefeln knackten.

Und der Baum sah all die Blumenpracht und Frische im Garten. Er betrachtete sich selbst und wünschte, daß er in seinem dunkeln Winkel auf dem Boden geblieben wäre; er gedachte seiner frischen Jugend im Wald, des lustigen Weihnachtsabends und der kleinen Mäuse, die so munter die Geschichte von Klumpe-Dumpe angehört hatten.

„Vorbei! Vorbei!" sagte der alte Baum. „Hätte ich mich doch gefreut, als ich es noch konnte! Vorbei! Vorbei!"

Und der Knecht kam und hieb den Baum in kleine Stücke; ein ganzes Bündel lag da; hell flackerte es auf unter dem großen Braukessel. Und er seufzte so tief, und jeder Seufzer war einem kleinen Schusse gleich; deshalb liefen die Kinder, die da spielten, herbei und setzten sich vor das Feuer, blickten hinein und riefen: „Piff! Paff!" Aber bei jedem Knall, der ein tiefer Seufzer war, dachte der Baum an einen Sommertag im Wald oder an eine Winternacht da draußen, wenn die

Sterne funkelten; er dachte an den Weihnachtsabend und an Klumpe-Dumpe, das einzige Märchen, das er gehört hatte und zu erzählen wußte, und dann war der Baum verbrannt.

Die Knaben spielten im Garten, und der kleinste hatte den Goldstern auf der Brust, den der Baum an seinem glücklichsten Abend getragen; nun war er vorbei, und mit dem Baum war es vorbei und mit der Geschichte auch; vorbei, vorbei – und so geht es mit allen Geschichten!

30. November – Andreastag

Der Auftakt zur Adventszeit ist der Andreastag.

Andreas wurde in Bethsaida geboren. Er war Fischer wie sein Bruder Petrus und gehörte zu jenen Jüngern, die von Jesus zu „Menschenfischern" gemacht wurden. In seinem späteren Leben ließ er sich in Patras als Bischof nieder, wo man ihm unter Kaiser Nero den Prozeß machte. Das Urteil, Geißelung und Tod, wurde am schrägen Kreuz – dem Andreaskreuz – vollstreckt. Er erlitt seinen Tod zwei Tage lang und predigte, solange ihm die Kraft dazu blieb.

St. Andreas ist Schutzheiliger der Fischer, Seiler und Metzger.

Die Andreasnacht gilt als „Freinacht". Kundige haben in dieser Nacht eine Frage an die Zukunft frei.

Die Legende des Luciatags

Selma Lagerlöf

Vor vielen hundert Jahren lebte im südlichen Teil von Wermland eine reiche geizige alte Frau, die Frau Rangela geheißen wurde. Sie hatte eine Burg – oder vielleicht sollte man richtiger sagen, einen befestigten Hof – an der schmalen Mündung einer Bucht, die der Vänersee tief ins Land schnitt, und über diese Mündung hatte sie eine Brücke gebaut, die so aufgezogen werden konnte wie die Zugbrücke über einen Burggraben. Hier an der Brücke hielt Frau Rangela eine starke Wache von Knechten, und vor den Wegfahrenden, die sich bequemten, das Brückengeld zu entrichten, das sie verlangte, ließ die Wache alsogleich die Brücke herab, aber für die anderen hingegen, die sich ihrer Armut wegen oder aus irgendeinem anderen Grunde weigerten zu bezahlen, blieb sie hochgezogen, und da es keine Fähre gab, blieb diesen nichts anderes übrig, als einen Umweg von mehreren Meilen zu machen, um die Bucht zu umgehen.

Frau Rangelas Beginnen, auf diese Weise Steuern von den Wegfahrenden einzuheben, erregte viel Unmut, und vermutlich hätten die trotzigen Bauern, die sie zu Nachbarn hatte, sie schon längst gezwungen, ihnen freien Durchlaß zu gewähren, hätte sie nicht einen mächtigen Freund und Beschützer in Herrn Eskil auf Börtsholm gehabt, dessen Ländereien an Frau Rangelas Grund und Boden grenzten. Dieser Herr Eskil, der eine wirkliche Burg mit Mauern und Türmen bewohnte, der so reich war, daß sein gesamter Grundbesitz einen ganzen Sprengel ausmachte, der, von sechzig gewappneten Dienern gefolgt, durchs Land ritt und obendrein ein wohlgelittener Ratgeber des Königs war, der war nicht nur ein guter Freund Frau Rangelas, sondern es war ihr auch gelungen, ihn zu ihrem Eidam zu machen, und unter solchen Umständen war es nur natürlich, daß niemand es wagte, die geizige Frau in ihrem Tun zu stören.

Jahr für Jahr setzte Frau Rangela unangefochten ihr Treiben fort, als ein Ereignis eintrat, das ihr recht große Unruhe bereitete. Ihre arme Tochter starb ganz unvermutet, und Frau Rangela sagte sich, daß ein Mann wie Herr Eskil mit acht minderjährigen Kindern und einem Hofstaat, der dem eines Königs zu vergleichen war, wohl bald eine neue Ehe eingehen würde, namentlich da er noch durchaus nicht so alt war. Aber wenn die neue Frau etwa Frau Rangela feindselig gesinnt war, konnte dies ihr sehr schädlich werden. Es war für sie fast noch notwendiger, mit der Frau auf Börtsholm auf gutem Fuße zu stehen als mit ihrem Manne. Denn Herr Eskil, der viele große Dinge zu vollbringen hatte, befand sich stets auf Reisen, und unterdessen oblag es seiner Gattin, im Hause und in der Umgegend zu schalten und zu walten.

Frau Rangela erwog die Sache reiflich, und als das Begräbnis vorüber war, ritt sie eines Tages nach Börtsholm hinüber und suchte Herrn Eskil in seinem Gemach auf. Da leitete sie das Gespräch damit ein, daß sie ihn an seine acht Kinder erinnerte und an die Pflege, derer sie bedurften, an seine zahllose Dienerschar, die beaufsichtigt, verköstigt und gekleidet werden mußte, an seine großen Gastmähler, zu denen er nicht zögerte, Könige und Königssöhne einzuladen, an den großen Ertrag seiner Herden, seiner Äcker, seiner Jagdreviere, seiner Bienenkörbe, seiner Hopfenpflanzungen, seiner Fischereien, der im Haupthause verwertet und bearbeitet werden mußte, kurzum an alles, was seine Frau zu verwalten gehabt hatte, und rief auf diese Weise ein recht beängstigendes Bild der großen Schwierigkeiten hervor, denen er nach ihrem Hinscheiden entgegenging.

Herr Eskil hörte mit der Ehrerbietung zu, die man einer Schwiegermutter schuldig ist, aber auch mit einem gewissen Bangen. Er fürchtete, all dies hätte zu bedeuten, daß Frau Rangela sich erbötig machen wollte, seine Hausvorsteherin auf Börtsholm zu werden, und er mußte sich sagen, daß diese alte Frau mit ihrem Doppelkinn und ihrer Hakennase, ihrer groben Stimme und ihrem bäurischen Gehaben keine erfreuliche Gesellschaft in seinem Hause sein würde.

„Lieber Herr Eskil", fuhr Frau Rangela fort, die sich möglicherweise der Wirkung ihrer Rede nicht unbewußt war. „Ich weiß, daß sich Euch nun Gelegenheit zu den allervorteilhaftesten Heiraten bietet, aber ich weiß auch, daß Ihr reich genug seid, mehr auf die Wohlfahrt Eurer Kinder zu sehen als auf Brautschatz und Erbe, und darum möchte ich Euch vorschlagen, eine der jungen Basen meiner Tochter zu ihrer Nachfolgerin zu wählen."

Herrn Eskils Anlitz erhellte sich sichtlich, als er hörte, daß es eine junge Anverwandte war, die seine Schwiegermutter befürwortete, und diese fuhr mit gesteigerter Zuversicht fort, ihn zu überreden, sich mit ihres Bruders Sten Folkessons Tochter Lucia zu vermählen, die diesen Winter, am Luciatage, ihr achtzehntes Jahr vollendete. Sie war bisher bei den Frommen Frauen im Kloster Riseberga erzogen und daselbst nicht nur zu guten Sitten und strenger Gottesfurcht angehalten worden, sondern sie hatte auch in dem großen Klosterhaushalt gelernt, einem herrschaftlichen Hause vorzustehen. „Wenn ihr nicht Jugend und Armut hinderlich sind", sagte Frau Rangela, „solltet Ihr sie wählen. Ich weiß, daß meine dahingegangene Tochter ihr leichten Herzens die Pflege ihrer Kinder anvertraut hätte. Sie braucht nicht aus dem Grabe zu ihren Kleinen zurückzukehren wie Frau Dyrit auf Oerehus, wenn Ihr ihnen ihre Base zur Stiefmutter gebt."

Herr Eskil, der niemals Zeit hatte, an seine eigenen Angelegenheiten zu denken, empfand große Dankbarkeit gegen Frau Rangela, die ihm eine so passende Heirat vorschlug. Er erbat sich freilich ein paar Wochen Bedenkzeit, aber schon am zweiten Tage gab er Frau Rangela Vollmacht, für ihn zu unterhandeln. Und sobald es in Hinsicht der Ausrüstung, der Hochzeitsvorbereitungen und des Anstandes tunlich war, wurde die Hochzeit gefeiert, so daß die junge Frau ihren Einzug in Börtsholm zeitig im Vorfrühling hielt, einige Monate nachdem sie ihr achtzehntes Lebensjahr vollendet hatte.

Wenn Frau Rangela bedachte, welche Dankbarkeit diese ihre Bruderstochter ihr schuldig war, weil sie sie zur Frau auf einer so reichen und stattlichen Burg gemacht, kann man wohl sagen, daß sie größere Zuversicht empfand, als da noch ihre eigene Tochter da regierte. In ihrer Freude erhöhte sie die Abgaben an der Brücke noch um einiges und verbot es den Nachbarn strenge, den Wanderern im Boot über den Sund zu helfen, damit nur ja niemand sich der Steuer entzog.

Da geschah es nun an einem schönen Frühlingstag, als Frau Lucia einige Monate auf Börtsholm gewohnt hatte, daß ein Zug kranker Pilger, die auf dem Wege zur heiligen Dreifaltigkeitsquelle im Dorfe Sätra in Westmanland waren, über die Brücke gelassen zu werden verlangten. Diese Menschen, die ausgezogen waren, um ihre Gesundheit wiederzugewinnen, waren es gewohnt, daß die am Wege Wohnenden ihre Wanderung in jeder Weise erleichterten, und es widerfuhr ihnen weit öfter, daß sie Geld erhielten, als daß sie solches auszugeben brauchten.

Frau Rangelas Brückenwächter hatten jedoch strengen Befehl, keinerlei Nachsicht zu zeigen, am allerwenigsten gegen diese Art von Wanderern, die sie im Verdacht hatte, nicht so krank zu sein, als sie sich stellten, und aus reiner Faulheit im Lande herumzuziehen.

Als den Kranken nun die freie Überfahrt verweigert wurde, erhob sich unter ihnen ein Jammern sondergleichen. Die Lahmen und Verkrüppelten wiesen auf ihre verkrümmten Glieder und fragten, wie jemand so hartherzig sein könne, ihre Wanderschaft um einen ganzen Tagesmarsch zu verlängern, die Blinden fielen auf dem Wege auf die Knie und suchten sich zu den Brückenwächtern hinzutasten, um ihnen die Hände zu küssen, während einige der Verwandten und Freunde der Kranken, die ihnen unterwegs beistanden, ihre Taschen und Beutel vor den Augen der Wächter umkehrten, um zu zeigen, daß sie wirklich leer waren.

Aber die Knechte standen ganz ungerührt da, und die Verzweiflung der Armen kannte keine Grenzen, als zu ihrem Glück die Schloßfrau von Börtsholm in Gesellschaft ihrer Stiefkinder über die Bucht gerudert kam. Als sie den Lärm hörte, eilte sie herbei, und sowie sie erfahren hatte, um was es sich handelte, rief sie: „Nichts leichter, als dieser Sache abzuhelfen. Die Kinder gehen hier ein wenig ans Land und besuchen ihre Großmutter, Frau Rangela, und mittlerweile werde ich diese bresthaften Wanderer in meinem Boot über den Sund bringen."

Die Wächter sowohl wie die Kinder, die wußten, daß mit Frau Rangela nicht zu spaßen war, wenn es sich um ihr teures Brückengeld handelte, suchten die junge Frau durch Mienen und Zeichen zu warnen, aber sie merkte nichts oder wollte vielleicht nichts merken. Denn diese junge Frau war in allem das Gegenteil ihrer Muhme, Frau Rangela. Schon seit ihrer frühesten Kindheit hatte sie die heiligkeitsgekrönte sizilianische Jungfrau Lucia, die ihre Schutzpatronin war, geliebt und verehrt und sie getreulich in ihrem Herzen getragen als ihr Vorbild. Dafür hatte die Heilige ihr ganzes Wesen mit Licht und Wärme durchdrungen; dies zeigte sich schon in ihrem Äußeren, das von schimmernder Durchsichtigkeit und Feinheit war, so daß man beinahe Angst hatte, daran zu rühren.

Unter vielen freundlichen Worten führte sie nun die Kranken über den Sund, und als der letzte der Schar an dem ersehnten Ufer gelandet war, verließ sie sie, so überschüttet von Segenswünschen, daß wenn derlei Gut so schwerwiegend sei, als es wertvoll ist, ihr Nachen auf den Grund gegangen wäre, ehe sie ihn noch über den Sund führen konnte.

Segnungen und gute Wünsche taten ihr auch sehr not, denn von Stund an begann ihre Muhme, Frau Rangela, zu befürchten, daß sie von ihrer Bruderstochter keine Unterstützung erwarten konnte, und sie bereute bitterlich, daß sie sie zu Herrn Eskils Gemahlin gemacht. Sie, die mit solcher Leichtigkeit die arme Jungfrau erhöht hatte, faßte den Entschluß, sie, ehe sie noch weiteren Schaden stiften konnte, aus ihrer hohen Stellung herabzureißen und sie in ihre frühere Unbemerktheit zurückzuversetzen.

Um ihrer Bruderstochter leichter etwas anhaben zu können, verbarg sie jedoch bis auf weiteres ihre bösen Absichten und besuchte sie recht oft in Börtsholm. Da tat sie ihr Bestes, solchen Unfrieden zwischen den Hausgenossen und der jungen Schloßfrau zu stiften, daß diese ihres Amtes vielleicht müde wurde. Aber zu ihrer großen Verwunderung mißlang ihr dies vollständig. Dies mochte zum Teil daher kommen, daß Frau Lucia es ungeachtet ihrer Jugend verstand, ihr Haus in trefflicher Ordnung zu halten, aber der eigentliche Grund war wohl der, daß Kinder wie Diener zu merken glaubten, daß die neue Hausfrau unter einer mächtigen himmlischen Schutzmacht stand, die ihre Widersacher strafte und all jene, die ihr willig und gut dienten, unerwartete Vorteile verschaffte.

Frau Rangela merkte bald, daß sie hier nichts erreichen konnte, aber sie wollte die Hoffnung nicht aufgeben, bevor sie nicht auch einen Versuch mit Herrn Eskil gemacht hatte. Der weilte jedoch diesen Sommer meistens am Königshof, von langen und schwierigen Unterhandlungen festgehalten. Kam er einmal für ein paar Tage heim, so widmete er seine Zeit hauptsächlich den Vögten und Jägern. Den weiblichen Bewohnern von Börtsholm schenkte er nur zerstreute Aufmerksamkeit, und auch wenn Frau Rangela auf Besuch kam, hielt er sich fern, so daß es ihr niemals gelang, ihn unter vier Augen zu sprechen.

An einem schönen Sommertag, als Herr Eskil sich auf Börtsholm befand und gerade in seiner Stube im Gespräch mit seinem Stallvogt saß, widerhallte die Burg von so überlauten Schreien, daß er sein Gespräch mit dem Vogt unterbrach und hinauseilte, um zu sehen, was es gäbe.

Da fand er, daß seine Schwiegermutter, Frau Rangela, vor dem Burgtor zu Pferde saß und ärger kreischte als eine Horneule.

„Ach, Eure armen Kindern, Herr Eskil!“ rief sie. „Sie sind in Seenot geraten. Sie kamen heute morgen an mein Ufer gerudert, aber auf dem Heimweg muß sich ihr Boot mit Wasser gefüllt haben. Ich sah von daheim, wie schlimm es ihnen erging, und bin schnurstracks hergeritten, um zu warnen. Ich sage auch, wenn schon Eure Frau meine eigene Bruderstochter ist, es war schlecht von ihr, die Kinder allein in einem so morschen Boot fortzulassen. Das sieht in Wahrheit nach einem Stiefmutterstreich aus.“

Herr Eskil verschaffte sich mit einigen raschen Fragen Kenntnis, in welcher Richtung sich die Kinder befanden, und eilte dann, vom Vogte gefolgt, zur Bootsstelle hinunter. Aber sie waren noch nicht weit gekommen, als sie Frau Lucia mit der ganzen Kinderschar den steilen Pfad heraufkommen sahen, der vom See nach Börtsholm führte.

Die junge Burgfrau hatte die Kinder diesmal nicht auf ihrer Fahrt begleitet, sondern war daheim ihren Verrichtungen nachgegangen. Aber es war so, als hätte sie eine Warnung der mächtigen himmlischen Helferin erhalten, die über sie wachte, denn ganz plötzlich hatte sie die Burg verlassen, um nach ihnen zu suchen. Da hatte sie gesehen, wie sie durch Winken und Schreien Hilfe vom Ufer herbeizurufen suchten, sie war in ihrem eigenen Boot zu ihnen hinausgeeilt, und es war ihr im letzten Augenblick gelungen, sie aus dem sinkenden Fahrzeug in das ihre hinüberzuretten.

Als nun Frau Lucia und ihre Stiefkinder den Strandweg hinaufwanderten, war sie so darein vertieft, die Kinder auszufragen, wie sie in eine so arge Lage geraten waren, und diese so eifrig zu erzählen, daß sie gar nicht sahen, daß Herr Eskil ihnen entgegenkam. Aber er, der durch Frau Rangelas Worte von einem Stiefmutterstreich etwas nachdenklich geworden war, gab rasch seinem Vogt einen Wink und stellte sich mit ihm hinter einen der Heckenrosensträucher, die, groß und üppig, fast den ganzen Strandhügel bedeckten, auf dem Börtsholm gelegen war.

Da hörte Herr Eskil, wie die Kinder Frau Lucia auseinandersetzten, daß sie in einem guten Boote von daheim fortgefahren seien, aber indes sie bei Frau Rangela zu Gaste waren, war ihr Fahrzeug mit einem alten schlechten vertauscht worden. Sie hatten den Tausch erst bemerkt, als sie schon weit draußen auf dem See waren und das Wasser bereits von allen Seiten hereinzuströmen begann, und sicherlich wären sie umgekommen, wenn ihre liebe Frau Mutter ihnen nicht so schleunig zu Hilfe gekommen wäre.

Es sah aus, als dämmerte Frau Lucia eine Ahnung auf, wie es sich in Wahrheit mit dieser Vertauschung der Boote verhielt, denn sie blieb totenbleich mitten auf dem Abhang stehen, mit tränenden Augen, die Hände ans Herz gedrückt. Die Kinder drängten sich um sie, um sie zu trösten. Sie sagten ihr, daß sie ja der Gefahr heil entronnen waren, aber sie blieb kraftlos und regungslos.

Da legten die zwei ältesten der Stiefkinder, ein paar kräftige junge Knaben von vierzehn und fünfzehn Jahren, ihre Hände zu einer kleinen Bahre zusammen und trugen sie so die Anhöhe hinauf, während die jüngeren lachend und in die Hände klatschend nachfolgten.

Während die kleine Schar so zwischen blühenden Rosen im Triumph nach Börtsholm hinanzog, stand Herr Eskil recht versonnen da und blickte Weib und Kindern nach. Die junge Frau war ihm sehr hold und seltsam strahlend erschienen, als sie an ihm vorbeigetragen ward, und vielleicht wünschte er, daß Alter und Würde ihm gestattet hätten, sie in seine Arme zu nehmen und sie in seine Burg zu tragen.
Vielleicht auch, daß Herr Eskil in diesem Augenblick bedachte, wie wenig Glück und wieviel Mühsal er im Dienste der hohen Herrschaften hatte, während vielleicht Friede und Freude seiner hier am eigenen

Herde harrte. Diesen Tag schloß er sich wenigstens nicht in seine Kammer ein, sondern verbrachte die Zeit damit, mit seiner Gemahlin zu plaudern und den Spielen der Kinder zuzusehen.

Frau Rangela hingegen sah all dies mit großem Mißbehagen und beeilte sich, Börtsholm so rasch zu verlassen, als es anstandshalber ging. Aber da niemand sie ernsthaft zu bezichtigen wagte, das Leben ihrer Enkelkinder aufs Spiel gesetzt zu haben, um Frau Lucia die Ungnade ihres Herrn und Gebieters zuzuziehen, so wurde der freundschaftliche Umgang nicht abgebrochen, und sie konnte sich wie bisher bemühen, die junge Burgfrau ihrer hohen Stellung zu berauben.

Lange genug sah es doch aus, als sollten alle Versuche der alten Frau mißlingen, denn Frau Lucias gutes Herz und ihr unantastbares Betragen machten sie im Verein mit der Hilfe ihrer himmlischen Schutzpatronin unverwundbar für alle Angriffe. Aber gegen Herbst ließ sich zu Frau Rangelas großer Freude ihre Bruderstochter auf ein Vorhaben ein, das Herr Eskil kaum umhin konnte zu mißbilligen.

Dieses Jahr war die Ernte auf Börtsholm so reichlich ausgefallen, daß sie die des vorigen Jahres, ja aller vorangegangenen Jahre, solange man zurückdenken konnte, bei weitem übertraf. Ebenso hatte sich Jagd und Fischerei mehr als doppelt so einträglich erwiesen als gewöhnlich. Die Bienenkörbe quollen von Honig und Wachs über, und die Hopfengärten strotzten von Hopfen. Die Kühe schenkten Milch im Überfluß, die Wolle der Schafe wurde lang wie Gras, und die Schweine fraßen sich so fett, daß sie sich kaum rühren konnten. Alle, die auf der Burg wohnten, merkten diesen reichen Segen, und sie zögerten nicht, zu sagen, daß er um Frau Lucias willen auf den Hof einströmte.

Aber während man nun auf Börtsholm eifrig damit beschäftigt war, alle Erträgnisse des Jahres zu bergen und zu verwerten, zeigte sich da eine große Menge notleidender Menschen, die alle vom östlichen oder nordöstlichen Ufer des großen Vänersees kamen. Sie schilderten mit vielen Tränen und kläglichen Gebärden, wie die ganze Gegend, aus der sie kamen, von einem Feindesheer heimgesucht war, das sengend, plündernd und mordend dahinzog. Die Kriegsknechte hatten solche Niedertracht an den Tag gelegt, daß sie sogar das Korn in Brand gesteckt, das noch ungeerntet auf dem Acker stand, und alle Viehherden mit sich fortgetrieben hatten. Die Menschen, die mit dem Leben davongekommen waren, gingen dem Winter ohne ein Dach über dem Kopf und ohne Lebensmittel entgegen. Einige waren auf den Bettel ausgezogen, andre hielten sich in den Wäldern verborgen, andre wieder wanderten auf den Brandstätten herum, unfähig, irgendeine Arbeit vorzunehmen, nur über alles wehklagend, was sie verloren hatten.

Als Frau Lucia diese Erzählungen hörte, quälte sie der Anblick all der Lebensmittel, die sich nun in Börtsholm anhäuften. Schließlich wurde der Gedanke an die hungernden Menschen auf der andern Seite des Sees in ihr so übermächtig, daß sie kaum einen Bissen Speise an die Lippen führen konnte.

Immerzu dachte sie an Erzählungen, die sie im Kloster gehört, von heiligen Männern und Frauen, die sich bis auf den bloßen Körper ausgeplündert hatten, um den Armen und Elenden zu helfen. Und vor allem erinnerte sie sich, wie ihre eigene Schutzpatronin, die heilige Lucia von Syrakus, in der Barmherzigkeit gegen einen heidnischen Jüngling, der sie um ihrer schönen Augen willen liebte, so weit gegangen war, daß sie ihre Augen aus den Höhlen gerissen und sie ihm blutig und erloschen geschenkt hatte, um ihn dadurch von seiner Liebe zu ihr zu heilen, die eine christliche Jungfrau war und ihm nicht angehören konnte. Die junge Frau quälte und ängstigte sich aufs höchste bei diesen Erinnerungen, und sie empfand große Verachtung vor sich selbst, daß sie von soviel Not hören konnte, ohne einen ernsten Versuch zu machen, ihr zu steuern.

Während sie noch von diesen Gedanken gequält wurde, kam Botschaft von Herrn Eskil, daß er in des Königs Auftrag eine Reise nach Norwegen machen mußte und nicht vor Weihnachten daheim erwartet werden konnte. Aber dann würde er nicht nur von seinen eigenen sechzig Mannen begleitet sein, sondern auch von einer großen Schar Verwandter und Freunde, weshalb er Frau Lucia bitten ließ, sich auf ein großes und lang andauerndes Gastmahl gefaßt zu machen.

Am selben Tag, an dem Frau Lucia so erfuhr, daß ihr Gatte im Herbst nicht heimkommen werde, ging sie daran, die Angst zu stillen, die sie nun schon so lange quälte. Sie ließ ihren Leuten befehlen, all die Lebensmittel, die in Börtsholm aufgespeichert waren, an den Strand hinunterzubringen. So wurde dann der ganze Wintervorrat der Burg auf Schuten und Kähne verladen, sicherlich zur Verwunderung aller Bewohner der Burg.

Als Keller und Vorratskammer gründlich geleert waren, begab sich Frau Lucia, von ihren Kindern, ihren Dienern und Dienerinnen gefolgt, an Bord eines wohlbemannten Schiffes, und während sie in Börtsholm nur einige alte Wächter zurückließ, denen sie die Obhut über die Burg anvertraute, ließ sie sich mit ihrer ganzen Ladung auf den großen See hinausrudern, der vor ihr lag, uferlos wie ein Meer.

Über diese Fahrt Frau Lucias finden sich viele alte Überlieferungen und Aufzeichnungen vor. So wird erzählt, daß der Teil des Vänerufers, an dem der Feind am schlimmsten gehaust hätte, bei ihrer Ankunft von seinen Einwohnern nahezu ganz verlassen war, Frau Lucia war ganz mutlos herangerudert und hatte nach irgendeinem Zeichen von Leben und Bewegung ausgespäht, aber kein Rauch war zum Himmel aufgestiegen, kein Hahn hatte gekräht, keine Kuh hatte gebrüllt.

Hier hauste doch noch in einem Kirchspiel ein alter Pfarrer, der Herr Kolbjörn genannt wurde. Er hatte nicht mit seinen Schäflein ziehen wollen, als diese aus ihren zerstörten Häusern flüchteten, weil er den Pfarrhof und die Kirche voll Kriegsverwundeter hatte. Er war bei diesen geblieben, hatte ihre Wunden verbunden und das Wenige, was er sein eigen nannte, unter sie verteilt, ohne sich selbst Nahrung oder Ruhe zu gönnen. Davon war er so ermattet, daß er sich dem Tode nahe fühlte. So hatte denn an einem der dunkelsten Herbsttage, als schwere Wolken sich über den See türmten, als das Wasser sich mit schwarzen Wogen heranwälzte und die Düsterkeit der Natur all die Hoffnungslosigkeit und Not noch steigerte, der arme Herr Kolbjörn, der keine Messe mehr zu lesen vermochte, versucht, den Strang der Kirchenglocke zu ziehen, um damit Gottes Segen auf seine Krankheit herabzurufen. Und sieh da! Kaum waren die ersten Glockentöne verklungen, als eine kleine Flotte, aus Schiffchen und Prahmen bestehend, ans Land gerudert kam. Und aus einem Schiffe stieg eine schöne junge Frau ans Land, mit einem Antlitz, das von Licht durchschimmert war. Vor ihr gingen acht herrliche Kinder, und hinter ihr kam eine lange Reihe von Dienern, die alle erdenklichen Lebensmittel trugen: ganze gebratene Kälber und Schafe, lange Spieße voll trockener Brotlaibe, Tonnen mit Dünnbier und Säcke voll Mehl. Hilfe war in letzter Stunde gekommen, gleichsam durch ein Wunder.

Nicht weit von Herrn Kolbjörns Kirche, auf einer Landzunge, die scharf in den See hinausschoß und Scherenspitze genannt wurde, hatte seit urdenklichen Zeiten ein alter Bauernhof gestanden. Er war nun niedergebrannt und ausgeplündert, aber der Besitzer, ein siebzigjähriger Mann, hatte solche Liebe zu dem Hof, daß er es nicht übers Herz bringen konnte, ihn zu verlassen. Bei ihm war seine alte Ehefrau geblieben, ein kleiner Enkel und eine Enkelin. Diese hatten eine Zeitlang durch Fischerei ihr Leben gefristet, aber eines Nachts hatte der Sturm ihre Gerätschaften zerstört, und seither saßen sie unter den Trümmern da und warteten auf den Hungertod. Während sie so harrten, mußte der Bauer an seinen Hund denken, der mitten unter ihnen lag, geduldig verschmachtend. Er ergriff einen Knüppel, und mit seinen letzten Kräften schlug er nach dem Hunde, um ihn zu vertreiben, denn er wollte nicht, daß das Tier für etwas sterbe, was es gar nichts anging. Aber bei dem Schlage heulte der Hund laut auf und lief davon. Die ganze Nacht strich er unablässig heulend um den Hof herum. Und man hörte ihn weit draußen auf dem See, und ehe noch der Tag anbrach, ruderte Frau Lucia, von dem Gebell geleitet, mit Rettung und Hilfe ans Land.

Noch weiter weg lag ein kleines, von Mauern umfriedetes Haus, wo heilige Frauen wohnten, die Gott gelobt hatten, es niemals zu verlassen. Gegen diese frommen Schwestern hatten die Kriegführenden soviel Rücksicht gezeigt, daß sie sie selbst und ihr Haus verschont hatten, aber ihren ganzen Wintervorrat hatten sie ihnen geraubt. Das einzige, was sie behalten durften, war ein Taubenschlag voll Tauben, und diese hatten sie eine nach der andern geschlachtet, bis nur mehr eine einzige übrig war. Aber diese Taube war sehr zahm, und die frommen Frauen hatten sie so lieb, daß sie ihr Leben nicht dadurch verlängern wollten, sie zu essen, sondern den Taubenschlag öffneten und ihr die Freiheit schenkten. Da stieg die weiße Taube zuerst hoch zum Himmel auf, dann schoß sie herab und setzte sich auf den Dachfirst. Aber als Frau Lucia am Ufer vorbeiruderte, nach jemandem ausspähend, der der Hilfe bedurfte, sah sie die Taube und sagte sich, daß, wo sie war, es auch noch Menschen geben mußte. Und sie landete und schenkte den frommen Frauen so viele Nahrungsmittel, als sie brauchten, um den Winter zu durchleben.

Noch weiter südwärts hatte am Vänerstrand ein kleiner Marktflecken gelegen, der ebenfalls eingeäschert und geplündert war. Einzig und allein die langen Pfahlbrücken, an denen

FR.

die Schiffe in früheren Tagen anzulegen pflegten, standen noch da. Hier unter diesen Brücken hatte sich in den Tagen der Zerstörung ein Mann, der Krämer-Lasse genannt wurde, mit seiner Frau verborgen, und während das Kampfgetümmel über ihnen raste, hatte sie da ein Kind geboren. Aber seither war sie so schwer krank, daß sie nicht fliehen konnte, und der Mann war bei ihr geblieben. Nun war ihr Elend sehr groß, und tagtäglich bat die Frau den Mann, doch an sich selbst zu denken und sie ihrem Schicksal zu überlassen, aber er konnte sich nicht dazu entschließen, sondern weigerte sich. Da versuchte sie sich eines Nachts aus ihrem Schlupfwinkel zu erheben und sich mit dem Kinde ins Wasser hinabgleiten zu lassen, denn sie dachte, wenn sie einmal tot waren, würde er fliehen und so sein Leben retten. Aber das Kind schrie in dem kalten Wasser laut auf, und der Mann erwachte. Er brachte sie beide wieder ans Land, aber das Kind war so erschrocken, daß es die ganze Nacht hindurch schrie. Und das Geschrei drang übers Wasser und rief die redliche Helferin herbei, die suchend und harrend über den See ruderte.

Solange sie noch Gaben übrig hatte, fuhr Frau Lucia den Vänerstrand entlang, und es war ihr auf dieser Fahrt so froh und leicht ums Herz wie nie zuvor. Denn so wie es nichts Schwereres gibt, als still und untätig zu bleiben, wenn man von fremdem, schwerem Unglück erzählen hört, so bringt es jedem, der ihm auch nur im allergeringsten Maße abzuhelfen versucht, das größte Glück und süßeste Ruhe. Diese Erleichterung und Freude ohne die leiseste Ahnung, daß ihr etwas Böses bevorstehen könnte, empfand sie noch, als sie am Vortage des Luciatages zu recht später Abendstunde nach Börtsholm zurückkehrte. Bei der Abendmahlzeit, die aus nichts anderem bestand als einigen Humpen Milch, sprach sie mit ihren Reisegefährten von der schönen Fahrt, die sie gemacht hatten, und alle waren darin einig, daß sie nie freudvollere Tage erlebt hatten.

„Aber jetzt steht uns eine arbeitsame Zeit bevor“, fuhr sie fort. „Morgen dürfen wir den St. Luciatag nicht mit Essen und Trinken feiern wie in anderen Jahren. Wir müssen jetzt darangehen, ohne Unterlaß zu brauen, zu backen und zu schlachten, so daß wir den Weihnachtsschmaus zu Herrn Eskils Heimkehr fertig haben.“

Dies sagte die junge Frau ohne die mindeste Angst, denn sie wußte ja, daß ihre Viehställe und Scheuern und Vorratskammern von Gottes guten Gaben voll waren, wenn auch für den Augenblick nichts davon zu menschlicher Nahrung bereitet war.

So glücklich auch die Fahrt gewesen, waren doch alle Teilnehmer recht ermüdet und gingen zeitig zur Ruhe. Aber kaum hatte Frau Lucia ihre Augenlider zum Schlummer geschlossen, als vor der Burg Pferdegetrappel, Waffengeklirr und laute Rufe ertönten. Das Burgtor drehte sich knirschend in seinen Angeln, die Steine des Hofes wurden von eifrigen Füßen getreten. Sie begriff, daß Herr Eskil mit seiner Reiterschar heimgekehrt war. Frau Lucia sprang in aller Eile aus dem Bett, um ihm entgegenzugehen. Nachdem sie ihre Kleidung notdürftig geordnet, eilte sie auf den Altan hinaus, um die Treppe zu erreichen, die in den Burghof hinunterführte. Aber sie kam nicht weiter als bis zur obersten Stufe, denn Herr Eskil stand schon mitten auf der Treppe, auf dem Wege zu ihrer Kammer.

Ein Fackelträger ging ihm voraus, und in dem Lichtschein glaubte Frau Lucia zu sehen, daß Herrn Eskils Antlitz in furchtbarer Weise vom Zorn gezeichnet war. Einen Augenblick hoffte sie, daß nur der rote rauchgeschwärzte Fackelschein sein Gesicht so dunkel und drohend machte, aber als sie sah, wie Kinder und Diener mit kläglichen Mienen und niedergeschlagenen Blicken vor ihm zurückwichen, mußte sie sich sagen, daß ihr Mann sehr erzürnt heimgekommen war, bereit, Gericht zu halten und Strafe zu verhängen.

Während Frau Lucia so stand und auf Herrn Eskil hinuntersah, erblickte auch er sie, und mit steigender Angst merkte sie, wie sein Gesicht dabei von einem gezwungenen Lächeln verzerrt wurde. – „Kommt Ihr nun, holde Hausfrau, um mir eine Willkommensmahlzeit zu kredenzen?" höhnte er. „Aber diesmal habt ihr Euch umsonst gemüht, denn ich und meine Mannen haben unser Abendmahl bei Eurer Muhme, Frau Rangela, eingenommen. Aber morgen", fügte er hinzu, und hier übermannte ihn der Zorn, so daß er mit der Hand auf das Treppengeländer schlug. „erwarten wir, daß Ihr uns zu Ehren Eurer Schutzheiligen Sancta Lucia mit einem so guten Frühmahl bewirtet, als das Haus es vermag, auch dürft Ihr nicht vergessen, mir beim ersten Hahnenschrei meinen Morgentrunk vorzusetzen."

Nicht ein Wort vermochte die junge Schloßfrau zu erwidern. Gerade so wie im vorigen Sommer, als sie zum erstenmal ahnte, daß Frau Rangela Böses gegen sie im Schilde führte, blieb sie stehen, die Hände ans Herz gedrückt, mit tränenvollen Augen. Denn sie mußte sich ja sagen, daß es Frau Rangela war, die Herrn Eskil zur Unzeit heimgerufen und ihn gegen sie aufgereizt hatte, indem sie ihm erzählte, wie Frau Lucia mit seinem Hab und Gut umgegangen war.

Aber Herr Eskil ging noch ein paar Schritte die Treppe hinauf, und ohne sich von der Angst seiner Gattin im mindesten rühren zu lassen, beugte er sich zu ihr vor und sagte mit furchtbarer Stimme: „Bei unseres Heilands Kreuz, Frau Lucia, merkt es Euch wohl, wenn dieses Frühmahl mir nicht behagt, so werdet Ihr es all Euer Lebtag bereuen!"

Damit legte er die Hand schwer auf die Schulter seiner Frau und schob sie vor sich in das Schlafgemach.

Auf dieser Wanderung in die Schlafkammer dünkte es Frau Lucia, daß etwas, was ihr bis dahin in seltsamer Weise verborgen gewesen war, ihr mit einemmal offenbar wurde. Sie erkannte, daß sie eigenmächtig und gedankenlos gehandelt hatte und daß Herr Eskil wohl Grund haben mochte, ihr zu zürnen, daß sie, ohne ihn zu befragen, über sein Eigentum verfügt hatte. Sie versuchte auch jetzt, wo sie allein waren, ihm dies ruhig zu sagen und ihn zu bitten, ihre jugendliche Unbedachtsamkeit zu verzeihen, aber er ließ sie nicht zu Worte kommen. „Legt Euch nun zu Bett, Frau Lucia", sagte er, „und hütet Euch wohl, vor der gewohnten Stunde aufzustehen! Wenn Euer Morgentrunk und Euer Willkommensmahl nicht zu meiner Zufriedenheit ausfallen, so werdet Ihr einen Weg zu laufen haben, zu dem Ihr alle Eure Kräfte brauchen könnt."

An dieser Antwort mußte sie sich genügen

lassen, obwohl sie ihre Furcht nur noch vermehrte, und man kann es wohl verstehen, daß in dieser ganzen Nacht kein Schlummer in ihre Augen kam. Sie lag da und vergegenwärtigte sich, was ihr Gatte gesagt hatte, und je mehr sie seine Worte überdachte, desto klarer wurde es ihr, daß er damit eine harte Drohung gegen sie ausgesprochen hatte. Sicherlich hatte er bei sich bestimmt, daß er sie nicht verurteilen wollte, ehe er nicht selbst erfahren, ob sie so schlecht gehandelt, wie Frau Rangela wohl behauptet hatte. Aber war sie nicht imstande, ihn zu bewirten, wie er es begehrte, dann war es zweifellos, daß eine schreckliche Strafe ihrer harrte. Das Geringste war wohl, daß sie unwürdig erklärt wurde, länger seine Gemahlin zu sein, und zu ihren Eltern heimgeschickt wurde; aber aus den letzten Worten, die er geäußert, glaubte sie zu entnehmen, daß er sie obendrein dazu verurteilen wollte, zwischen seinen Knechten Spießruten zu laufen wie eine gemeine Diebin.

Als sie zu der Überzeugung gelangt war, daß es sich so verhielt, was auch wirklich der Fall war, denn Frau Rangela hatte Herrn Eskil zu wahnsinniger Wut aufgestachelt, begann Frau Lucia zu zittern, ihre Zähne schlugen aufeinander, und sie glaubte sich dem Tode nahe. Sie wußte, daß sie die Stunden der Nacht dazu verwenden mußte, Hilfe und Auswege zu finden, aber ihr großes Entsetzen lähmte sie, so daß sie regungslos liegenblieb. Wie sollte es nur möglich sein, bis zum nächsten Morgen meinen Herrn und seine sechzig Mannen zu speisen? dachte sie in ihrer Hoffnungslosigkeit. Da kann ich ebensogut still liegen und warten, bis das Unglück über mich hereinbricht.

Das einzige, was sie zu ihrer Rettung zu tun vermochte, war, Stunde für Stunde brennende Gebete zu Sancta Lucia von Syrakus emporzusenden. „O Sancta Lucia, meine teure Schutzpatronin", bat sie, „morgen ist der Tag, an dem du den Märtyrertod erlittest und in das himmlische Paradies eingingst. Entsinne dich, wie dunkel und hart und kalt es ist, auf Erden zu leben. Komm zu mir in dieser Nacht und führe mich mit dir von hinnen! Komm und schließe meine Augen im Schlummer des Todes. Du weißt, daß dies mein einziger Ausweg ist, um Entehrung und schimpflicher Strafe zu entrinnen."

Während sie so die Hilfe der heiligen Lucia anrief, vergingen die Stunden der Nacht, und der gefürchtete Morgen näherte sich. Viel früher, als sie es erwartet, ertönte der erste Hahnenschrei; die Knechte, die das Vieh zu versorgen hatten, wanderten über den Burghof zu ihren Verrichtungen, und die Pferde richteten sich lärmend in ihren Ställen auf.

Jetzt erwacht auch Herr Eskil, dachte sie. Gleich wird er mir befehlen, seinen Morgentrunk zu holen, und dann muß ich eingestehen, daß ich so töricht gehandelt habe, daß ich weder Eier noch Met besitze, den ich ihm wärmen kann.

In diesem Augenblick der höchsten Gefahr für die junge Burgfrau konnte ihre himmlische Freundin, die heilige Lucia, die sich wohl sagen mußte, daß ihr Schützling nur aus allzu großer Barmherzigkeit gefehlt hatte, nicht länger ihrer Lust widerstehen, ihr beizuspringen. Der irdische Leib der Heiligen, der Hunderte von Jahren in der engen Grabkammer in Syrakusas Katakomben geruht hatte, erfüllte sich mit einem Mal mit lebendigem Geist, nahm seine Schönheit und den Gebrauch seiner Glieder wieder an, hüllte sich in ein Kleid, aus Sternenlicht gewoben, und begab sich wiederum in jene Welt hinaus, wo sie einst gelitten und geliebt hatte.

Und nur wenige Augenblicke später sah der verdutzte Wächter im Pförtnerturm zu Börtsholm, wie ein nächtliches Wunder, eine Feuerkugel, ganz weit im Süden auftauchte. Sie durchschnitt die Luft so rasch, daß das Auge dem Fluge nicht folgen konnte, kam gerade auf Börtsholm zu, flog so nahe an dem Wächter vorbei, daß sie ihn fast streifte, und war verschwunden. Aber auf diesem Feuerball, so wollte es zum mindesten den Wächter bedünken, schwebte eine schöne Jungfrau so, daß sie sich mit den Zehenspitzen darauf stützte, während sie die Arme hoch erhoben hielt und sich gleichsam gaukelnd und tanzend des glühenden Nachens bediente.

Nahezu im selben Augenblick sah die in Angst und Beben wachende Frau Lucia einen Schimmer durch eine Türspalte der Schlafkammer dringen. Und als sich gleich darauf die Tür auftat, trat zu ihrer Verwunderung und Freude eine schöne Jungfrau in Gewändern so weiß wie Sternenlicht in das Gemach. Ihr langes schwarzes Haar war mit einer Pflanzenranke gebunden, aber an dieser Ranke saßen nicht gewöhnliche Blätter und Blumen, sondern blinkende Sternlein. Diese Sternlein erhellten die ganze Kammer, und doch dünkte es Frau Lucia, daß sie ein Nichts waren gegen die Augen der holden Fremden, die nicht nur in dem klarsten Glanze schimmerten, sondern auch himmlische Liebe und Barmherzigkeit ausstrahlten.

In der Hand trug die fremde Jungfrau eine große Kupferkanne, aus der ein milder Duft von edlem Traubensaft drang, und mit dieser schwebte sie durch die Kammer zu Herrn Eskil hin, goß von dem Weine in eine kleine Schale und bot ihm zu trinken.

Herr Eskil, der gut geschlafen hatte, erwachte, als der Lichtschein auf seine Augenlider fiel, und führte die Schale an seine Lippen. In dem halbwachen Zustand, in dem er sich befand, erfaßte er kaum mehr von dem Wunder, als daß der Wein, der ihm kredenzt wurde, sehr wohlschmeckend war, und leerte die Schale bis auf den letzten Tropfen.

Aber dieser Wein, der kaum etwas andres sein konnte als der edle Malvasier, der Ruhm des Südens und aller Weine Krone, war so schlafbringend, daß er kaum die Schale niedergestellt hatte, als er schon schlafend in sein Bett zurücksank. Und im selben Augenblick schwebte die schöne heilige Jungfrau aus dem Zimmer, Frau Lucia in einem Zustand bebender Verwunderung und neuerwachter Hoffnung zurücklassend.

Die lichte Helferin begnügte sich aber nicht damit, nur Herrn Eskil zu bewirten. An dem dunklen kalten Wintermorgen durchwanderte sie die düsteren Säle der schwedischen Burg, und jedem der schlummernden Kriegsknechte bot sie eine Schale des freudenbringenden Weins aus dem Süden.

Alle, die ihn tranken, dünkte es, daß sie himmlische Wollust gekostet hatten. Sie säumten auch nicht, sofort in einen Schlummer zu versinken, von Träumen von Gefilden erfüllt, wo ewiger Sommer und ewige Sonne herrschten.

Aber kaum hatte Frau Lucia die holde Erscheinung verschwinden gesehen, als die Angst und die Ohnmacht, die sie die ganze Nacht bedrückt hatten, ganz und gar von ihr wichen. Sie legte rasch ihre Kleider an und rief dann alle Hausgenossen zur Arbeit.

Den langen Wintermorgen waren diese alle damit beschäftigt, Herrn Eskils Willkommensmahl zu bereiten. Junge Kälber, Ferkel, Gänse und Hühner mußten in aller Eile ihr Leben lassen, Teige wurden geknetet, Feuer unter den Bratspießen und in den Backöfen entzündet, Kohl wurde geschmort, Rüben geschält und Honigkuchen zum Nachtisch gebacken.

Die Tische im Bankettsaal wurden mit Tüchern bedeckt, die teueren Wachskerzen aus den tiefen Truhen ausgepackt, und auf die Bänke wurden blaue Federpolster und Gewebe gebreitet.

Während all dieser Vorbereitungen schliefen der Burgherr und seine Mannen weiter. Als Herr Eskil endlich erwachte, sah er an dem Stand der Sonne, daß die Mittagsstunde angebrochen war. Er verwunderte sich nicht nur über seinen langen Schlummer, sondern vielleicht noch mehr darüber, daß er den Verdruß verschlafen hatte, der ihn am vorigen Abend gequält. Seine Frau hatte sich ihm in seinen Morgenträumen in großer Sanftmut und Holdseligkeit gezeigt, und er wunderte sich nun über sich selbst, daß er sich versucht gefühlt hatte, sie zu einer harten schimpflichen Strafe zu verurteilen.

Vielleicht steht es doch nicht so schlimm, wie Frau Rangela mir vorgespielt hat, dachte er. Freilich kann ich sie nicht als meine Gemahlin behalten, wenn sie mein Hab und Gut vergeudet hat, aber es mag genügen, sie ohne weitere Strafe zu ihren Eltern heimzuschikken.

Als er aus seiner Kammer trat, empfingen ihn seine acht Kinder, die ihn in den Bankettsaal führten. Da saßen seine Mannen schon auf den Bänken und warteten ungeduldig auf sein Erscheinen, um die Mahlzeit in Angriff nehmen zu können. Denn die Tische vor ihnen bogen sich unter allen erdenklichen Speisen.

Frau Lucia setzte sich, ohne irgendwelche Angst zu zeigen, an die Seite ihres Mannes; doch war sie nicht von aller Unruhe befreit, denn wenn sie auch in aller Eile eine Mahlzeit hatte zurüsten können, war sie doch ganz ohne Bier und Met, die sich nicht so rasch herstellen ließen. Und sie war sehr im Zweifel, ob Herr Eskil sich bei einem Frühmahl, bei dem es an Getränken fehlte, wohlverpflegt fühlen würde.

Aber da gewahrte sie auf dem Tisch vor sich die große Kupferkanne, die die heilige Jungfrau getragen hatte. Die stand da, bis an den Rand mit duftendem Wein gefüllt. Wieder fühlte sie innige Freude über den Schutz der barmherzigen Heiligen, und sie bot Herrn Eskil von dem Weine, während sie ihm erzählte, wie er nach Börtsholm gekommen war, was Herr Eskil mit der allergrößten Verwunderung vernahm.

Als Herr Eskil ein paarmal von dem Weine gekostet hatte, der aber diesmal nicht einschläfernd, sondern nur belebend und veredelnd wirkte, faßte Frau Lucia wieder Mut und erzählte ihm von ihrer Fahrt. Anfangs saß Herr Eskil sehr ernst da, aber als sie von dem Pfarrer, Herrn Kolbjörn, zu erzählen

anfing, da rief er: „Herr Kolbjörn ist mir ein treuer Freund, Frau Lucia. Ich bin von Herzen froh, daß Ihr ihm beistehen konntet.“

In gleicher Weise stellte es sich heraus, daß der Großbauer auf der Schereninsel Herrn Eskils Kamerad in vielen Feldzügen gewesen, daß unter den frommen Frauen sich eine seiner Basen befunden hatte und daß Krämer-Lasse im Marktflecken ihm Kleider und Waffen aus dem Auslande zu verschaffen pflegte. Ehe noch Frau Lucia zu Ende gesprochen, war Herr Eskil nicht nur bereit, ihr zu verzeihen, sondern er war ihr von Herzen dankbar, weil sie so vielen seiner Freunde geholfen hatte.

Aber die Angst, die Frau Lucia in der Nacht durchgemacht hatte, drang noch einmal auf sie ein, und sie hatte Tränen in der Stimme, als sie endlich sagte: „Nun dünkt es mich selbst, lieber Herr, daß ich sehr übel daran getan, ohne Euch um Erlaubnis zu fragen, Euer Eigentum zu verschenken. Aber ich bitte Euch, meine große Jugend und Unerfahrenheit zu bedenken und mir um dessentwillen zu vergeben.“

Als Frau Lucia so sprach und Herr Eskil sich nun bewußt wurde, daß seiner Frau so große Frömmigkeit eigen war, daß eine der Bewohnerinnen des Himmels ihre irdische Gestalt wieder angenommen hatte, um ihr zu Hilfe zu eilen, und als er ferner bedachte, wie er, der für einen weisen, weitblickenden Mann gelten wollte, sie verdächtigt hatte und nahe daran gewesen war, seinen Zorn über sie zu ergießen, da empfand er so heftige Scham, daß er die Augen niederschlug und nicht imstande war, ihr mit einer Silbe zu antworten.

Als Frau Lucia ihn stumm mit gesenktem Kopfe sitzen sah, kehrte ihre Angst wieder, und sie wäre am liebsten weinend von ihrem Platz geflüchtet. Aber da kam, ungesehen von allen, die barmherzige heilige Lucia in den Saal, schmiegte sich an die junge Frau und flüsterte ihr ins Ohr, was sie weiter sagen sollte. Und diese Worte waren gerade die, welche Frau Lucia auszusprechen gewünscht hatte, aber ohne die himmlische Ermutigung hätte sie sich in ihrer Schüchternheit wohl nie dazu entschlossen.

„Noch um *eines* will ich Euch bitten, mein teurer Herr und Gemahl“, sagte sie, „und das wäre, daß Ihr mehr daheim weilen möget. Dann würde ich nie in die Versuchung kommen, gegen Euren Willen zu handeln, auch könnte ich Euch dann all die Liebe zeigen, die ich für Euch fühle, so daß sich niemand zwischen Euch und mich zu drängen vermöchte.“

Als diese Worte gesagt waren, merkten alle, daß sie höchlich nach Herrn Eskils Sinn waren. Er erhob den Kopf, und die große Freude, die er fühlte, verjagte seine Scham.

Eben wollte er seiner Frau die liebreichste Antwort geben, als einer von Frau Rangelas Vögten in den Bankettsaal gestürzt kam. Er erzählte mit hastigen Worten, daß Frau Rangela zu früher Morgenstunde nach Börtsholm aufgebrochen war, um zu Frau Lucias Bestrafung zurechtzukommen. Aber unterwegs war sie etlichen Bauern begegnet, die sie schon lange des Brückengeldes wegen haßten, und als diese sie in nächtlicher Dunkelheit trafen, von einem einzigen Diener begleitet, hatten sie zuerst diesen in die Flucht gejagt, dann hatten sie Frau Rangela vom Pferde gerissen und sie jämmerlich ermordet.

Nun war Frau Rangelas Vogt auf der Suche nach den Mördern, und er begehrte, daß auch Herr Eskil Mannen aussende, um sich an der Suche zu beteiligen.

Aber da erhob sich Herr Eskil und sprach mit strenger lauter Stimme: „Es mag den Anschein haben, als wäre es am schicklichsten, daß ich nun meiner Frau auf ihre Bitten Antwort gäbe, aber ehe ich dies tue, will ich zuerst mit Frau Rangela fertig sein. Und nun sage ich, meinethalben mag sie immerhin ungerächt daliegen, und nimmermehr will ich meine Diener aussenden, um Bluthandwerk um ihretwillen zu üben, denn ich glaube sicherlich, sie ist über ihre Taten gefallen."

Als dies gesagt war, wandte er sich Frau Lucia zu, und nun war seine Stimme so mild, daß man kaum glauben konnte, daß ein solcher Ton in seiner Kehle wohne.

„Aber meiner lieben Hausfrau will ich nun sagen, daß ich ihr von Herzen gern verzeihe, ebenso wie ich hoffe, daß sie meine Heftigkeit entschuldigen möge. Und da es ihr Wunsch ist, werde ich den König bitten, daß er einen andern als mich zu seinem Ratgeber wählen möge, denn ich will nun in den Dienst zweier edler Damen treten. Die eine davon ist meine Gattin, die andere die heilige Lucia von Syrakus, der ich in all den Kirchen und Kapellen, die ich auf meinen Gütern habe, Altäre errichten will, sie bittend, daß sie bei uns, die wir in der Kälte des Nordens schmachten, jenen Funken und Leitstern der Seele brennend erhalten möge, der da heißt Barmherzigkeit."

Am dreizehnten Dezember zu früher Morgenstunde, wenn Kälte und Finsternis Gewalt über Wermland hatten, kehrte noch in meiner Kindheit die heilige Lucia von Syrakus in allen Häusern ein, die zwischen den Bergen Norwegens und dem Gullspangålf zerstreut lagen. Sie trug noch, wenigstens in den Augen der Kinder, ein Kleid weiß von Sternenlicht, sie hatte im Haar einen grünen Kranz mit brennenden Lichterblumen, und sie weckte stets die Schlummernden mit einem warmen, duftenden Trunk aus ihrer Kupferkanne.

Nie sah ich zu jener Zeit ein herrlicheres Bild, als wenn die Tür sich auftat und sie in das Dunkel der Kammer trat. Und ich wünschte, daß sie nie aufhörte, sich in den Heimstätten Wermlands zu zeigen. Denn sie ist das Licht, das die Dunkelheit bezwingt, sie ist die Legende, die die Vergessenheit überwindet, sie ist die Herzenswärme, die vereiste Gefilde mitten im harten Winter lieblich und sonnig macht.

Advent

Rainer Maria Rilke

Es treibt der Wind im Winterwalde
Die Flockenherde wie ein Hirt,
Und manche Tanne ahnt, wie balde
Sie fromm und lichterheilig wird,

Und lauscht hinaus. Den weißen Wegen
Streckt sie die Zweige hin – bereit,
Und wehrt dem Wind und wächst entgegen
Der einen Nacht der Herrlichkeit.

Adventsbäckerei

Agnes Miegel

Helfen war immer das schönste bei uns zu Hause, aber das Helfen zur Weihnachtszeit war eine ganz große, jahrüber ersehnte Belohnung. Denn es meinte, daß ich bei dem Pfefferkuchen- und Marzipanbacken mit dabeisein durfte.

Der Pfefferkuchenteig für die großen Kuchen stand schon seit dem September-Neumond in einer großen, gelben irdenen Schüssel, mit schneeweißem Tuch zugedeckt, auf dem Schrank in dem dunklen Durchgangszimmer. Er „verruhte" sich und wurde erst an dem ersten Sonnabend im Dezember, wo man ihn weckte, feierlich das weiße Leinentuch abgehoben und dann die dicke Schicht Mehl, die wie Sahne über der lehmgelben, zähen, honigduftenden Teigmasse lag. Die wurde dann gewalkt, gebreitet, gerollt und geschnitten. Wir hatten alle (ich auch!) hochaufgekrempelte Ärmel und große Schürzen um – es war ein Glück, daß die Großmutter so viele auf dem Hof gewebte Schürzen mitbekommen hatte, daß sie immer unverwüstlich für uns alle reichten. Also da standen wir, und erst guckten wir bloß andächtig zu, wie Linas feste Arme den schweren Teig kneteten und rochen selig den Honigduft und den Geruch von Kien und Torf. Aber dann bekam jeder sein Amt: Zuckersieben und Mandelschluppen, Zitronenschneiden und Blechformen bereitlegen: den Stern, den Halbmond und die drei Herzen. Und wenn dann die ersten großen Pfefferkuchen auf dem Blech lagen und wir alle von dem Pott-

aschengeruch niesten – dann kamen die „feinen“ Kuchen dran. Da wurde Zucker mit Honig und Honig mit Sirup geläutert, da duftete es nach Mandeln, nach Rosenwasser, nach siedender Butter und kleingehackter Pomeranzenschale für die aus langen dünnen Rollen zierlich geschnippelten Pfeffernüsse –, in die immer noch wirklich Pfeffer kam zur Aufmunterung der überirdisch duftenden von dem Vater selbst („Frauen wissen nie, was ein Gramm ist“) auf der kleinen Hornwaage abgewogenen Gewürze, die ich in dem alten, glänzenden Messingmörser stampfen und in den heißen Teig schütten durfte.

Es kribbelte in der Nase, es roch verlockend, aber man hatte nicht mal Zeit zum Schlekken, so eilig ging es zu: der Ofen glühte, es glühte die Küche, der Schneesturm stieß in den Rauchfang, wir traten uns die Hacken ab vor Eifer, wir rollten aus und pinselten mit Rosenwasser, wir legten die uralten Sternmuster auf den glänzenden braunen Teig, wir mischten Gänseschmalz mit Korinthen und Kakao für das letzte Meisterstück, die „Bombe“ (viel schöner als die Liegnitzer!), und die Tanten gingen herum (in der kühleren Nebenstube oder dem Flur) und rührten den Guß. Denn keiner konnte den Schokoladenguß so abpassen wie Tante Usche, und Tante Lusche verstand den rosenwasserduftenden Zuckerguß für die kleinen, rechteckigen „Holländer“ (die nach unserm, wunderhübschen Städtchen Preußisch-Holland heißen) so zu rühren, daß er fest und glatt wurde wie der gefrorene Schloßteich. Dabei sangen sie leise, glockenrein und heimchensüß die Weihnachtslieder, die sie gesungen hatten, wenn sich einst die tannenumflochtene Pyramide flammend gedreht hatte, und wie die beiden alten lieblichen Stimmen gesungen hatten, fielen wir alle ein. Ach, es war zu schön, alle Weihnachtsfreude in diese Lieder zu legen: Wir sangen heiser von Hitze und Zuckerdunst bis tief in die Nacht.

Eisblumen
Karl Krolow

Blumen, zärtlich hingehaucht,
tief vom Frost umfangen,
hold in halbes Licht getaucht,
sind mir aufgegangen.

Ohne Zahl. Sind froh erwacht
aus dem Wintergrunde,
blühen mir zur nahen Nacht
Stunde wohl um Stunde.

Leben leicht und ohne Not
wie die Sommerfalter.
Leise ist ihr Blumentod,
schnell und ohne Alter.

Wenn es Winter wird

Christian Morgenstern

Der See hat eine Haut bekommen,
So daß man fast drauf gehen kann,
Und kommt ein großer Fisch geschwommen,
So stößt er mit der Nase an.

Und nimmst du einen Kieselstein
Und wirfst ihn drauf, so macht es klirr
Und titscher – titscher – titscher – dirr…
Heißa, du lustiger Kieselstein!

Er zwitschert wie ein Vögelein
Und tut grad wie ein Schwälblein fliegen.
Doch endlich bleibt mein Kieselstein
Ganz weit, ganz weit auf dem See draußen liegen.

Da kommen die Fische haufenweis
Und schaun durch das klare Fenster von Eis
Und denken, der Stein wär etwas zum Essen.
Doch so sehr sie die Nase ans Eis auch pressen,
Das Eis ist zu dick, das Eis ist zu alt,
Sie machen sich nur die Nasen kalt.

Aber bald, aber bald
Werden wir selbst auf eignen Sohlen
Hinausgehen können und den Stein wieder holen.

Das ist die stillste Zeit im Jahr

Karl Heinrich Waggerl

Advent, sagt man, sei die stillste Zeit im Jahr. Aber in meinem Bubenalter war er keineswegs die stillste Zeit. Zu Anfang Dezember, in den unheimlichen Tagen, während Sankt Nikolaus mit dem Klaubauf unterwegs war, wurde ich in den Wald geschickt, um den Christbaum zu holen. Mit Axt und Säge zog ich aus, von der Mutter bis zum Hals in Wolle gewickelt und mit einem geweihten Pfennig versehen, damit mich ein heiliger Nothelfer finden konnte, wenn ich mich etwa verirrte. Ein Wunder von einem Baum stand mir vor Augen, mannshoch und sehr dicht beastet, denn er sollte nachher ja auch etwas tragen können. Stundenlang kroch ich im Unterholz herum, aber ein Baum im Wald sieht sich ganz anders an als einer in der Stube. Wenn ich meine Beute endlich daheim in die Waschküche schleppte, hatte sich das schlanke, pfeilgrade Stämmchen doch wieder in ein krummes und kümmerliches Gewächs verwandelt, auch der Vater betrachtete es mit Sorge. Er mußte seine ganze Zimmermannskunst aufwenden, um das Ärgste zurechtzubiegen, ehe uns die Mutter dazwischenkam.

Ach, die Mutter! In diesen Wochen lief sie mit hochroten Wangen herum, wie mit Sprengpulver geladen, und die Luft in der Küche war sozusagen geschwängert, mit Ohrfeigen. Dabei roch die Mutter so unbeschreiblich gut, überhaupt ist ja der Advent die Zeit der köstlichen Gerüche. Es duftete nach Wachslichtern, nach angesengtem Reisig, nach Weihrauch und Bratäpfeln. Ich sage ja nichts gegen Lavendel und Rosenwasser, aber Vanille riecht doch eigentlich viel besser, oder Zimt und Mandeln.

Mich ereilten dann die qualvollen Stunden des Teigrührens. Vier Vaterunser das Fett, drei die Eier, ein ganzer Rosenkranz für Zucker und Mehl. Die Mutter hatte die Gewohnheit, alles Zeitliche in ihrer Kochkunst nach Vaterunsern zu bemessen, aber die mußten laut und sorgfältig gebetet werden, damit ich keine Gelegenheit fände, den Finger in den köstlichen Teig zu tauchen. Wenn ich nur erst den Bubenstrümpfen entwachsen wäre, schwor ich mir damals, dann wollte ich eine ganze Schüssel voll Kuchenteig aufessen, und die Köchin sollte beim geheizten Ofen stehen und mir dabei zuschauen müssen! Aber leider, das ist einer von den Knabenträumen geblieben, die sich nie erfüllt haben.

Am Abend nach dem Essen wurde der Schmuck für den Christbaum erzeugt. Auch das war ein unheilschwangeres Geschäft. Damals konnte man noch ein Buch echten Blattgoldes für ein paar Kreuzer beim Krämer kaufen. Aber nun galt es, Nüsse in Leimwasser zu tauchen und ein hauchdünnes Goldhäutchen herumzublasen. Das Schwierige bei der Sache war, daß man vorher nirgendwo Luft von sich geben durfte. Wir saßen alle in der Runde und liefen blaurot an vor Atemnot, und dann geschah es eben doch, daß plötzlich jemand niesen mußte. Im gleichen Augenblick segelte eine Wolke von glänzenden Schmetterlingen durch die Stube. Einerlei, wer den Zauber verschuldet hatte, das Kopfstück bekam jedenfalls ich, obwohl es nur bewirkte, daß sich der goldene Unsegen von neuem in die Lüfte hob. Ich wurde dann in die Schlafkammer verbannt und mußte Silberpapier um Lebkuchen wikkeln.

Es kam endlich doch der Heilige Abend, und mit ihm die letzte der Prüfungen, das Bad in der Küche. Das fing ganz harmlos an, ich saß im Zuber wie ein gebrühtes Schweinchen und plätscherte verschämt mit dem Wasser, in der Hoffnung, daß ich nun doch schon groß genug sei, um der Schande des Gewaschenwerdens zu entgehen. Aber plötzlich fiel die Mutter wieder mit der Reisbürste über mich her, es half nichts, kein Gezeter und Gespreize. Erst in der äußersten Not erbarmte sich der Vater und nahm ein bis zur Unkenntlichkeit entstelltes, ein durchscheinendes Geschöpf in seine Arme. Da war sie nun wirklich, die stillste Zeit im Jahr, wirklich Stille und Friede und köstliche Geborgenheit an seiner breiten Brust. Später, wenn die Kerzen am Baum längst erloschen waren, um die Mitternacht, durfte ich die Mutter zur Mette begleiten. Ich weiß noch gut, wie stolz ich war, als sie mich zum erstenmal nicht mehr an der Hand führte, sondern neben sich hergehen ließ als ihren Sohn und Beschützer. Auch in der Kirche kniete ich nun auf der Männerseite. Die Frauen sangen auf dem Chor, und der Pfarrer am Altar hielt eine Weile inne, um das Weihnachtslied anzuhören, diese holde Weise von der stillen Nacht, die schon so lang, über Grenzen und Zeiten hinaus, das Gemüt der Menschen bewegt.

Und wir Heutigen? Leben wir nicht auch in einer Weltzeit des Advent? Scheint uns nicht alles von der aufkommenden Finsternis bedroht zu werden, das karge Glück unseres Daseins? Wir warten bang auf den Engel mit der Botschaft des Friedens und überhören so leicht, daß diese Botschaft nur denen gilt, die guten Willens sind. Es ist keine Hilfe und keine Zuflucht bei der Weisheit der Weisen und bei der Macht der Mächtigen. Denn der Herr kam nicht zur Welt, damit die Menschen weiser, sondern damit sie gütiger würden. Und darum sind es allein die Kräfte des Herzens, die uns vielleicht noch werden retten können.

Schlittenfahrt in Schlesien

Friedrich Bischoff

Mit den Schimmeln hin im Trabe,
Und die Schlittenglocke schellt.
Wieder bin ich jener Knabe,
Der die Kutscherpeitsche hält.

Vor uns auf der Deichselspitze
Tanzt ein roter Feuerball,
Funkeln rote Sonnenblitze
Um der Schlittenschellen Schall.

Und ich blinzle in das Glühen,
Flocken klingen glockenleis.
Jeder Strauch will glitzernd blühen,
Um die Kufen singt das Eis.

Neben mir, mit einem grauen
Rauhreifbart um Mund und Kinn,
Sitzt mein Vater, und wir schauen
In die rote Sonne hin.

Ach, ich weiß noch, wie sie näher,
Feurig immer näher kam,
Bis sie aus dem Wald ein Häher
In den spitzen Schnabel nahm

Und sie forttrug, flügelschnelle,
Hinterm Walde losch sie aus.
Lang noch klang die Schlittenschelle
Durch die Winternacht nach Haus.

Das Glaskugelwunder

Friedrich Bischoff

Es geschieht zuweilen, daß der flutende Stromkreis der Erscheinungen gewissermaßen in Unordnung gerät und so etwas wie ein Kurzschluß entsteht, in dessen jäh aufflammendem Blitz auf einmal Gestalten und Welten zu uns herüberdämmern, die sonst nur Traum und Ahnung leise berühren.

Die Begebenheit, die dergestalt im Lichtschein des Wunders beginnt und verlischt, trug sich vor Jahren in einer großen ostdeutschen Stadt zu, in der sich zur Weihnachtszeit, um an ihrem „Kindlmarkt" genannten Weihnachtskram in der Altstadt teilzunehmen, stets zahlreiche Händler, Töpfer, Glasbläser und Holzschnitzer aus dem nahen Gebirgslande versammelten. Allerlei merkwürdige Leute, Sonderlinge ihres Handwerks, waren unter ihnen zu finden, und die schneebeladenen Schnörkelfassaden der alten Barockhäuser, welche den Marktplatz behäbig umstanden, waren den besinnlichen Gestalten der rechte Hintergrund.

Besonders des Abends schien es so, wenn die Budengassen von Schaulustigen erfüllt waren und das Licht der Petroleum- und Azetylenlampen über den Verkaufsständen jegliches Ding begehrenswürdiger werden ließ, obwohl sich die Waren und gleichzeitig auch der ganze bunte, lichtflirrende Markt unter dem nachtschwarzen Frosthimmel unwirklich und wie entrückt ausnahmen vor den zeitverschollenen Giebeln und Portalen.

In der Nähe eines der alten Häuser, das „Zur ewigen Lampe" heißt und mit schiefer Giebelnase in ein Seitensträßchen zeigt, wo eine Herberge ihr rostiges Wirtshauszeichen im Winterwind schüttelte, hatte ein alter Mann seinen Verkaufsstand errichtet, der, als ein Unbekannter, von den anderen Händlern zunächst mißtrauisch beobachtet worden war. Gleichmütig, ohne auf Zuruf oder bissige Anrede besonders zu achten, hatte er seinen Verschlag aufgebaut und unter ihm – was zugleich die Neugier der Kinder angezogen hatte – eine Art Glasbläserei aufgestellt. Das feuerfeste Gefäß, erhitzt von feuerfunkelnder Glut, daraus es fauchte und schnob, wenn der Alte den Blasbalg in Gang setzte, war auf einem Weihnachtsmarkte und auch sonst noch nie so nahe zu bestaunen gewesen, und selbst die Erwachsenen, die ja in der Adventszeit wieder so etwas wie Kinderseligkeit im Gemüt verspüren, blieben hie und da lächelnd stehen, um den Vorbereitungen zu einem Werke zierlicher Glasmacherkunst an Ort und Stelle zuzuschauen.

Schon am ersten Tage des Marktes gegen den Nachmittag zu, als der Duft von Lebkuchen, Marzipan und Bratwürsten eigentlich einen jeden unwiderstehlich zu den Ständen dieser bekömmlichen Gaben hätte ziehen müssen, fing es an: Vor der „Ewigen Lampe" staute sich das Gewühl. Der Glasbläser, überblitzt vom surrenden Sausen des Azetylenlichtes, das wie ein Schlangenkopf aus dem Hals der Lampe züngelte, war aus der Herberge zu seiner Bude getreten, hatte den Blasbalg in

Gang gesetzt, den Glassud im Ofen zur rechten Hitze gebracht und fing nun unbekümmert an, sein Handwerk zu betreiben, und zwar so, als ob er sich nicht ein Geschäft daraus machte, sondern seiner Sache zu höherem Nutzen diene.

Das Glasbläserrohr an den bärtigen Mund gesetzt, die schlohweiß überbuschten Augen blinzelnd geschlossen, stand er da. Jetzt öffnete er die Lider und schaute in die Dämmerung, aus der die ersten Sterne winterklar herniederglitzerten. Als wolle er sie mit seinem Rohr herunterlangen, hob er es immer wieder aus dem Glasofen leise drehend zum Himmel. Ein purpurnes Licht funkelte an der Spitze des Gebläses, glühte und ballte sich feurig zusammen, worauf es nach einigen blitzschnellen Hantierungen silbern zu strahlen begann und zuletzt im Erkalten als Weihnachtskugel zu den anderen gehängt wurde, die schwirrend und flirrend den Zelthimmel zierten.

Die Kinder starrten. Ihre frostroten Gesichter, von der Glut des Glasofens zärtlich angehaucht, spiegelten sich tausendfältig in den Silberkugeln, die ebenso den Weihnachtsmarkt aufschimmern ließen und die alten Häuser der Stadt. Verwundert schauten sie den Mann an, der solches spielend vollbrachte und unermüdlich aus Tropfen glühenden Lichtes seine weihnachtlich schimmernde Spiegelwelt formte. Aber nichts verriet sein runzeliges Großvatergesicht, als die Macht, die zauberisch ihm seine gebrechliche Kunst verlieh.

Es war zwar nur ein Glasbläser, wie sie zahlreich in Schlesien und Böhmen, diesseits und jenseits des Gebirges beheimatet sind, aber er war wohl sicherlich einer der letzten von jenen, die ihr Handwerk noch auf eigene Faust ausüben und sein glutumbrodeltes Geheimnis keinem Fabrikherrn preiszugeben gedenken.

Wenn jemand kaufte, nickte er nur. Die Münzen häuften sich auf dem kleinen Tisch neben dem Ofen, so wie sich die Weltkugeln in ihm häuften, große und kleine, silberne, goldene und in allen Regenbogenfarben schimmernde Sonnenbälle, die an den Weihnachtsbäumen lockend aufstrahlen sollten.

Als er am zweiten und dritten Tage damit begann, aus hauchdünnem Glas allerlei Tiere, Eiszapfen und anderen funkelnden Zierat zu blasen, wußten bereits die Gassenjungen in der Altstadt, die seine ausdauerndsten Zuschauer waren, daß er seinen Glasofen über Nacht niemals ausgehen ließ und das Blaserohr, in nichts als in einen Leinenüberzug gehüllt, in seinem Stand verwahrte. Sie wußten ferner auch und hatten es beobachtet, daß der Alte, vor dem sie uneingestanden Scheu empfanden – was sie besonders ärgerte –, noch lang nach Verkaufsschluß in seiner Herberge hockte und die Feuerglut, die er tagsüber eingeatmet, nun mit Glühwein traktierte, bis er in eine Art sonderliches Reden geriet. Es mochte sich wohl auf seine Kunst beziehen, da er dabei funkelnden Auges das Glühweinglas in den Händen hin und her drehte, als wollte er die billige Fabrikware zum funkelnden Rubinglas umschmelzen.

Wahrhaftig, es mußte eine Lust sein, einem solchen Narren und Griesgram einmal einen Schabernack zu spielen und obendrein bei solchem Vergnügen die Glasmacherkunst selbst zu erproben. Was war das schon für ein

Handwerk, Glastropfen zu Kugeln zu ballen! Eine aufgeblasene Kunst war es, die im Nu erlernt war und jedem von ihnen eine billige Silberkugel für den Weihnachtsabend einbringen mußte.

Als sie sich jedoch am nächsten Abend gegen Ende des Weihnachtsmarktes zu ihrem boshaften und, was sie sich wohl gar nicht richtig überlegt hatten, spitzbübischen Vorhaben zusammenfanden und vorsichtig in Trupps zu zweien oder dreien zu dem Glasbläserstande schlenderten, mußten sie erkennen, daß der Alte anscheinend heute gerade die Glasglut dem abendlichen Glühwein vorzog. Er schloß wohl, wie alle anderen, mit dem Glokkenschlag neun seinen Stand, aber eine ansonsten nie bei ihm wahrgenommene Geschäftigkeit ließ erkennen, daß hinter den fichtenen Brettern der Verkaufsbude zweifelsohne etwas Besonderes vor sich gehen sollte. Die Jungen drückten sich in den Hausschatten der „Ewigen Lampe“ und lauschten und harrten der Dinge, die da kommen sollten. Sie kicherten und knufften sich zum Spaß, derweilen die Frechsten unter ihnen sich hin und wieder mutig zu der Bretterbude hinüberschlichen, um zu erspähen, was in ihr eigentlich vor sich gehe. Aber sie konnten den anderen immer nur berichten, wie der Alte unverständliches Zeug vor sich hinmurmelte, klirrend mit Glas hantiere und dabei auch nicht vergesse, sich einen anfeuernden Glühwein zu kochen. Wirklich fuhren aus dem gebogenen Ofenrohr der Bude Funken um Funken, und ebenso wie es drinnen zischte und fauchte, gläsern klingelte und klirrte, schienen auch die glühenden Geister des Rausches unterwegs zu dem Glasmacher zu sein; wenigstens verriet sich ihre unsichtbare Spur durch den gewürzigen Duft, der aus dem Verschlage drang.

Der anheimelnde Geruch zog allmählich auch einige Nachtwandler herbei, die aus den benachbarten Wirtshäusern heimwärts tappten. Schwankend blieben sie stehen und gafften töricht mit den Jungen, als ob sie dadurch ihren letzten, nie zu stillenden Durst löschen könnten. Endlich, als die kleine Schar Neugieriger nicht mehr zu übersehen war, fand sich auch ein Polizist dazu, der zunächst in barschem Ton die Gaffer aufforderte, schleunigst ins Bett zu kriechen. Ein paar Frauenspersonen, armselige Weiblein aus dem Gassendunkel der großen Stadt, lachten ihn aus, und so glaubte der Polizist sich erst einmal genötigt zu sehen, den Unruhestifter in der Bretterbude zur Ruhe zu rufen, bevor er mit den Habenichtsen das letzte Wort sprach. Rasselnd schritt er hinüber, und die Gassenjungen drängten dem Polizeigewaltigen nach, da sie nunmehr erwarteten, auf ihre Kosten zu kommen. Hinter ihnen schnoberten sich die Bezechten näher an den Punschgeruch heran, wobei sie das jämmerliche Frauensvolk mit sich zerrten. Die alten Häuser starrten auf den flockenumspielten Vorgang hinab, und über dem höchsten ihrer Giebel leuchtete ein heller Winterstern, der aus dem Lichtgebüsch des Orion hervorbrach und wie das Auge der Ewigkeit in blauem Funkeln diese Stunde bewachte. „He da!“ rief der Polizist. „Aufmachen!“ Da fuhr er zurück, ja das letzte Wort blieb ihm sogar im Schnauzbart stecken. Die Tür war aufgetan worden, der Alte stand auf der Schwelle, nickte den Gaffern zu und wies schweigend hinter sich.

Es war die Sekunde, in deren jäh aufflammendem Blitz die Gegenwart versinkt und die Seele selbst des unseligsten Menschen wieder das Wundern lernt und das Wunder erblickt. Es war der Augenblick, der einmal und unvergeßlich aus der Ewigkeit nieder in das Herz des Menschen zuckt, Bosheit in Demut verwandelt und Dumpfheit und Verstocktheit zum Händefalten zwingt.

Was sie erblickten – nun gut, sie hatten einen betrunkenen Narren sehen wollen, aber nun schauten sie plötzlich in ein bärtiges Gottvatergesicht, das, wenn es auch nur einem armen Glasbläser zugehörte, durchglänzt war von jenem Licht, das alle Menschen wieder erkennen, die einmal, und sei es auch noch so lange her, den Himmel der Kindheit geträumt haben. Umspielt und umschwirrt von seinen silbernen und goldenen Glassonnenbällen, umschwebt von einer durchsichtigen Welt aus Kristall, lächelte der Alte, als ob er alle, die da plötzlich vor ihm standen, längst erwartet habe. Einzeln ließ er sie in den kleinen Raum eintreten, indem er ihnen bedeutete, daß es ihm heute endlich, am heutigen Abend, nach jahrelanger Arbeit gelungen sei, sein Lebenswerk zu vollenden. Er schluchzte beinahe, als er sich derart verständlich zu machen suchte. Er nickte nur immer wieder, und sein Daumen zeigte hinter sich.

Da vergaß der Polizist das Räuspern, die Gassenjungen zogen die Mützen ab, und das nächtige Volk hinter ihnen, Gaffer und Gassenmensch, senkte den Blick.

In eine große Glaskugel geballt, gewölbt wie aus reinstem Ätherlicht, makellos rund und geformt wie eine Monstranz – in dieser Kugel, welche die ganze Welt bedeutete, denn sie war von einem gläsernen Regenbogen der Versöhnung umschlossen, war die Krippe zu Bethlehem zu erblicken, Maria und Joseph, Öchslein und Esel im Stall. Sternengeglitzer zitterte darüber, durch welches der Engel der Verkündigung schwang, und dahinter ebenfalls aus reinstem farbigem Glas, wie ein Hauch in Hauch, türmte sich die ewige Stadt und verging in demselben Licht, das sich in diesem Augenblick in den Augen der Beschauer spiegelte.

Niemand sprach ein Wort. Einzeln gingen sie unter dem Milchstraßengewirr der silbernen Weihnachtskugeln an dem gläsernen Wunder vorüber, das eines alten Narren Hand zu Anbetung gefügt hatte. Jahrzehnte mochte er über seinem Werk verbracht haben, aber was wogen sie vor dem, was sich nun hier eine Nacht vor Heiligenabend begab. Kindervolk zog still durch die dunklen Gassen heimwärts in den verlorenen Kinderhimmel zurück, Frauen schluchzten und fühlten sich von aller Sünde frei, und die Zechbrüder gingen gemeinsam mit dem Polizisten, der sie hätte abführen müssen, festen, hallenden Schrittes davon und lobten den bärtigen Alten und sein weihnachtliches Werk.

Der sah den Davongehenden lange nach, bevor er seinen Stand umständlich einzupacken begann. Er hatte den Jungen seine Glassonnenbälle geschenkt, den Frauen und den Männern die gläsernen Spielzeugtiere, und der Polizist, da er gar nichts hatte gebrauchen können, klingelte mit einem gläsernen Tannenzapfen am Koppel zurück zum Revier.

Am Morgen des Weihnachtstages erinnerte

nur noch ein Aschenfleck an die Stelle, wo der Glasofen stand.

In der Herberge neben der „Ewigen Lampe“, in welcher die Jungen nach dem Alten fragten, hieß es, er sei frühzeitig schon davongezogen. Doch da sie unterdessen über Wahrheit und Wunder hinaus aus Gassenbuben wieder Kinder geworden waren, glaubten sie nichts anderes, als daß ihnen in der Gestalt des alten Glasbläsers der heilige Nikolaus selbsteigen begegnet sei, der sich nun aufgemacht habe, seine fromme Glasmacherkunst demütig vor dem Christkind zu erweisen.

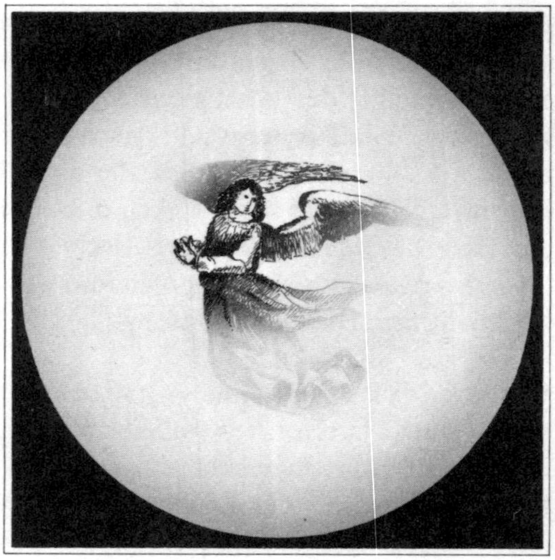

Rätsel

Hoffmann von Fallersleben

Es kommt der Vogel Federlos
Aus hoher Luft gezogen
Und ist auf Bäumchen Blätterlos
Ganz munter hingeflogen.

Da sitzt der Vogel Federlos
Und fühlt sich recht geborgen
Und denkt: hier hast du Ruh und Rast.
Wie aber geht's ihm morgen?

Am andern Morgen hat sich gleich
Frau Mundlos hergeschwungen
Und hat den Vogel Federlos
Mit Haut und Haar verschlungen.

Nun rate, wer da raten kann!
Ihr habt es jetzt vernommen,
Und wer's errät, der soll sogleich
Dies Kränzelein bekommen.

Die Weihnachtsflut von 1717 zwischen Unterweser und Unterelbe

Benno Eide Siebs

Wenn ein lang anhaltender starker Wind über den unendlichen Spiegel des Ozeans dahinfegt, sich hineindrängt in dessen Wassermassen, das Meer in seiner ganzen Tiefe aufwühlt, so daß das Wasser stellenweise geradezu trübe wird von Schlamm und Schlick, und so Wellen von gewaltiger Längenausdehnung erzeugt werden, dann ist Sturmflutgefahr. Bläst der Sturm gar aus dem Südwest, peitscht er so die gewaltigen Wogen durch den Ärmelkanal in die Nordsee, dann sind alle Vorbedingungen für eine Sturmflut gegeben. Schlägt der Wind nun aber nach Nordwest um, um dabei jene Wassermassen gegen die Küsten der Deutschen Bucht vor sich herzutreiben, dann ist eine Hochflut nicht zu vermeiden. Dann wehe Euch, Ihr Bewohner der niederen Marsch, dann wird es sich zeigen, ob Ihr die Jahre der Ruhe zu nutzen verstanden habt oder ob all Eure Arbeit doch umsonst gewesen sein soll, weil er eben stärker ist als jedes Menschengeschlecht – der blanke Hans.

Die Vorbedingungen, von denen wir soeben gehört haben, waren alle in vollstem Maße erfüllt am Ende des Jahres, von dem hier die Rede sein soll, – 1717. Schon mehrere Tage vor Weihnachten hatte es stark und anhal-

tend aus dem Südwesten geweht. Dann wandte sich am Heiligen Abend der Wind plötzlich westlich, ging mit Sonnenuntergang nach Nordwesten über und ließ dann ein wenig nach. Nur ein Kenner und scharfer Beobachter des Wassers konnte die Gefahr ahnen, in der das ganze Land schwebte. Die große Menge ging unbesorgt zu Bett, zumal der Mond im letzten Viertel stand und die nächste regelmäßige Flut erst gegen 7 Uhr am nächsten Morgen zu erwarten war.

Sie wären auch wohl alle vor Unheil bewahrt geblieben, hätte der Himmel ein Einsehen gehabt. Aber es kam anders. Zu der Zeit, als nach dem Kalender lange Ebbe eingetreten sein mußte, war ein Sinken des Wassers überhaupt noch nicht zu bemerken. Frühmorgens in dunkler Nacht zwischen Glokkenschlag 1 und 2 begannen die Orgel- und Pfeifentöne der Windsbraut, die sich dem Anschein nach vorher hatten legen wollen, wieder voller zu klingen, begann das schauerliche Brausen in der Luft die Menschen im Traum zu schrecken. Im Traum! Denn aus dem Schlaf wurden die meisten erst geweckt, als sich zum Heulen des rasenden Sturmes das Rollen des Donners, das Leuchten einzelner Blitze gesellte und die einbrechende Flut gleich gewaltigen Pferden das Land unter ihren Hufen zerstampfte. Unversehens in stockdunkler Nacht war das Furchtbare geschehen. Hier und da und überall, wohin das Auge sah, war das Wasser – zwischen Weser und Elbe um die dritte bis vierte Morgenstunde – hoch an die Deichkappe getreten, hatte gewühlt und gearbeitet, bis es schließlich die Kappe durchbrochen hatte, um dann mit Donnergetöse über den Deich in das Land zu rollen, hier und da und überall, wohin das Auge sah.

Die ahnungslosen Menschen, noch schlaftrunken, erheben sich, nach dem Grunde des furchtbaren, gewaltigen Konzerts zu forschen. Kein Stern, kein Licht leuchtet ihnen. Und indem sie sich aus den Betten erheben, steigen sie in das eisige Wasser, denn das steht bis Fußhöhe schon in den Häusern. Nur zu bald müssen sie erkennen, daß es höchste Zeit ist, wollen sie auch nur ihr nacktes Leben retten. Die wenigen Glücklichen ausgenommen, deren Häuser einzeln oder gemeinsam auf hoher Wurt gelegen sind, und die noch die Nachbarn mit Menschen und Vieh bei sich aufnehmen, bleibt den Unglückseligen nichts übrig, als das Kostbarste, was sie besitzen, vor der mehr und mehr steigenden Flut auf den Boden unter das Dach zu retten. Gelingt es ihnen, Kleidung, Wasser und ein wenig Nahrung zu bergen, wohl ihnen. Denn bald zeigt sich, daß das Wasser unerbittlich ist. Immer höher steigt es. Immer ärger tost es. Die Türen, die Fenster, die Wände der Häuser schlägt es ein. Was in ihnen ist, ob niet- und nagelfest, ob nicht, für alles hat des blanken Hans gieriger Arm Verwendung. Ein Stück nach dem andern von ihrer Habe müssen die Leute verderben sehen. Und jetzt kracht das ganze Haus in seinen Grundfesten. Noch ein Stoß, noch einer. Die Ständer geben nach. Aus den Dachluken retten sich die Bewohner. Ein gewaltiges Floß, das halbe Dach ihres Hauses, landet sie kurz nach Tagesanbruch am Deich. Und jetzt erst übersieht man das ganze Unglück.

Die Häuser zur Rechten und Linken sind spurlos verschwunden. Aus ihnen ist auch nicht ein einziger gerettet. Und nicht viel besser, das läßt sich jetzt schon sagen, wird es denen drüben gehen, die in der hohen Hoflinde Schutz zu finden gemeint haben. Eine Stunde noch oder zwei halten sie es vielleicht aus. Dann werden sie mit steifen und erfrorenen Gliedern – denn es ist zu allem anderen ein eisigkalter Tag – in die Flut herabfallen als reife Frucht für den unersättlichen Meergott. – An der hohen Wurt hinten im Felde

sind schon vor Tagesanbruch die ersten Leichen und Tierkadaver angespült. Und auf dem Wasser treiben in buntem Durcheinander Bretter und Heuhaufen, Vieh und Mensch, Wiegen mit sorglos schlummernden Säuglingen – der Sage nach gelegentlich bewacht von einer mitfahrenden Katze – und Särge mit bleichen, wächsernen Leichen.

Eigenartige Schicksale haben manche Menschen in dieser Flut erlebt. Wunderbar ist es, wie manche sich retteten, traurig, wie andere, der Rettung nahe, doch dem Tode zum Opfer fielen. Aus der Fülle der Beispiele, die die ostfriesischen Chronisten aufgezeichnet haben, nur einige wenige:

Ein Bauer, der durch die Viehseuche alles Vieh verloren, hatte sein Silbergerät verkauft und dafür eben wieder 10 Kühe angeschafft. Die Flut drang in sein Haus. Er rettete sich mit seiner Frau auf den Boden. Da sahen die beiden durch das Dachfenster all ihr Vieh wegtreiben. Der Mann geriet in Verzweiflung. Tröstend sprach ihm seine Frau zu, der liebe Gott werde ihnen doch wohl *ein* Stück wenigstens übriglassen. Und ihr Vertrauen sollte gerechtfertigt werden. Fünf Kühe kletterten auf ein eben vorbeitreibendes Schiffswrack, dieses setzte sich durch seine Schwere fest, und die Tiere blieben am Leben.

Unweit Norden trieb ein Mann nebst Frau und einigen Kindern auf einem Heuhaufen umher. Das Heu teilte sich. Mann und Frau wurden getrennt und nie wieder gesehen. Drei der Kinder fielen beim Auseinandergehen des Haufens auf ein wenig Heu. Das älteste, ein Mädchen, faßte die anderen unter den Arm, drückte aber die zarten Geschöpfe in der Angst so fest an sich, daß sie erstickten. Sie kam lebend, die Toten unterm Arm, beim Moor an.

In der Herrlichkeit Dornum begab sich ein Mann mit Frau und Kindern auf einen Heuhaufen. Die Wellen rissen ein Kind nach dem andern herab, endlich auch die Mutter mit dem letzten Kind, zuletzt den Mann. Der faßte nach einem Baum und hielt sich einige Stunden daran fest. Ein Heuhaufen näherte sich dem Baum. Der Mann sprang hinauf und langte nach langen Irrfahrten bei einer Anhöhe an, wo er zwei Tage liegen blieb, unfähig, sich zu bewegen. 7 Gänse schwammen herbei, setzten sich auf seinen Leib und erwärmten sich dadurch. So fand man ihn, ganz erstarrt, einem Toten ähnlich. Doch erholte er sich wieder.

Zu Funnix brachten die Einwohner ihre Kinder, achtzig an der Zahl, in zwei Schiffe. Nach langem Umhertreiben landeten sie in Wittmund. Die Wittmunder nahmen sich ihrer an und wollten sie nach dem Ablaufen des Wassers zu ihren Eltern zurückbringen. Aber die wenigsten fanden ihre Eltern wieder. Da teilten die gutherzigen Bewohner Wittmunds die Waisen unter sich und sorgten für ihre Erziehung.

Sonst pflegt das Wasser zu fallen, wenn die kalendermäßige Flut vorbei ist. Bei dieser Flut erwies es sich, daß auf diese Regel nicht unbedingt Verlaß ist. Drei volle Tage trieb der wütende Orkan ständig seine Wogen gegen die Küste. Solange stand die See. Erst am 28. Dezember trat leidlich gutes Wetter ein. Erst jetzt fiel das Wasser so weit, daß man mit Kähnen oder auch primitiveren Hilfsmitteln, wie Trögen, Bottichen, zusammengebundenen Brettern den in Not befindlichen Nachbarn zu Hilfe eilen, daß man hier und da wieder vorübergehend die Erde sehen konnte.

Aber furchtbar war der Anblick des Landes an solchen Stellen. Fast überall fand man auf den Feldern Leichen. Hier sah man Mütter, die noch im Tode ihre Kinder umklammert hielten, dort vor Kälte erstarrte Menschen in den Bäumen hängen, andere in verschlammten Gräben stecken. Hier lagen die Leichen einzeln, dort zu Haufen. Unweit *Dornum* in Ostfriesland waren bei einem Steg sogar 30 angetrieben. Überall sah man auf dem platten Lande Trümmer von Häusern, Brücken, Stroh, Heu, Torf, Haus- und Ackergerät und Viehkadaver. Noch im Sommer darauf fand man Leichen beim Aufräumen der angeschwemmten Heu- und Strohhaufen, im Schlamm oder in den Gräben.

Aber es waren nur Stunden, in denen sich die Walstatt der gewaltigen Schlacht den Augen der Menschen in ihrer ganzen Schrecklichkeit zeigte. Dann bedeckte das Wasser aufs neue das ganze Land. Überall hatte ja die Flut die Deiche durchbrochen. Wo es bei Kapp- und Kammstürzungen geblieben war, mochte das Unglück zu tragen sein. Aber nur wenige Striche waren so gut weggekommen. In fast allen größeren Marschen hatte der blanke Hans die Deiche auf kürzere oder längere Strecken bis auf „Maifeld“ – „erdegleich“, wie es in den Akten heißt – niedergelegt, oder die gewaltigen Wassermassen hatten, indem sie den Deich an einer bestimmten Stelle durchbrachen, jenseits Erdlöcher von gewaltigen Ausmessungen gewühlt. „Kolke“, „Bracken“ oder „Wehle“, um die der Deich noch heute an vielen Stellen in halbmondförmigem Bogen herumgeht. An solchen Stellen fand das Wasser immer wieder neuen Zutritt in das Land. Und war es eben bis Fußhöhe abgelaufen, dann überströmte die neu einsetzende Flut es wieder um Meterhöhe und mehr. Noch wochenlang nachher war auf diese Weise ein Verkehr im Lande nur zu Schiff möglich, und die Leute glaubten vielfach nicht anders, als die Marschen seien auf immer verloren, wie in alten Zeiten werde das Wasser von dem schönen fruchtbaren Land wieder ständigen Besitz ergreifen. Zumal der Zustand der niederen Stellen schien dieser Ansicht recht zu geben, denn hier hielt sich das eisschollenbedeckte Wasser nicht nur wochen-, sondern monatelang. So wird es verständlich, daß man die Leichen, zog man es nicht vor, sie auf die Geest zu bringen oder im Deich selbst zu vergraben, oft erst nach Wochen beerdigte. Und das geschah auch nur in der primitivsten Form. Auf ein Brett gebunden oder in ein Stück Zeug eingenäht, so wurden sie eingescharrt.

Aber auch von den Geretteten teilte noch mancher das Schicksal dieser unmittelbaren Opfer der Flut: Das Marschfieber trat überall nach der Flut in erschreckendem Umfange auf und forderte das Vielfache der Ertrunkenen an Opfern.

Trotz der erheblichen Verluste an Menschen und Vieh geriet die stark gelichtete Zahl der Überlebenden durch die Flut in die drükkendste Not. Nur geringe Vorräte an Futter und Brotgetreide – beides infolge Mäusefraß im letzten Jahre ohnehin nicht allzu reichlich geerntet – hatten gerettet werden können. Das meiste hatte die Flut vernichtet. Ihr fielen auch fast sämtliche Obstbäume zum Opfer. Die wenigen Bäume aber, die dem Wasser standhielten – es waren Kirsch- und vor allem Birnbäume – trugen Früchte, die einen unangenehm salzigen Geschmack hatten.

Die Nachbarn auf der Geest, anstatt den Marschbauern zu helfen, bewucherten sie und nahmen für ihre Vorräte die höchsten Preise. Feuerung und Trinkwasser waren ingleichen eine knappe Ware, Wasserdiebstähle an der Tagesordnung. Das Vieh, doppelt gelichtet in seinem Bestand durch das Wasser und die Seuchen der letzten Jahre, mußte mit geschmolzenem Schnee getränkt werden.

Zu einer Landplage wuchsen sich auch die „Beutemacher“ aus. Unsaubere Elemente scheuten sich nicht, die allgemeine Not und Verwirrung auszunutzen, um sich die angeschwemmten Habseligkeiten der Marschleute anzueignen oder gar in die von den Menschen verlassenen Wohnungen einzudringen und hier nach Herzenslust zu räubern und plündern. Beraubungen der Leichen waren nicht selten, die Kirchen am Sonntag nicht nur wegen der Schwierigkeiten der Wege, sondern der allgemeinen Sucht, zu „bergen“, verödet.

Der krasse Eigennutz der Menschen zeigt sich eben nie so stark und unverfälscht wie dann, wenn es andern schlecht geht. Er ist stärker als selbst die härtesten Strafen. So vermochte die Androhung der Strafe des Todes durch den Scheiterhaufen nicht zu verhindern, daß hier und da Anlieger der Deiche vor ihren Häusern heimlich den Deich durchstachen, um auf diese Weise ihr Haus und Feld von dem sich stauenden Wasser zu befreien.

In solchem unverantwortlichen Treiben lag naturgemäß eine große Gefahr für die ganze Umgebung. Sie war um so größer, als die folgenden Jahre eine Kette von neuen Sturmfluten brachten: das Jahr 1718 zehn, 1719 drei, 1720 fünf. Neue Opfer an Menschen, Vieh und Häusern waren die Folge.

Es war kein Wunder, daß die Einwohner infolge des unsäglichen Unglücks, das die Flut über das Land brachte, in Verzweiflung fielen. Scharenweise verließen Arbeiter und kleine Besitzer das Land, so daß die hannoversche Regierung ein Auswanderungsverbot erlassen mußte, sollte das Land nicht durch Mangel an Arbeitskräften völlig zugrunde gehen. Aber auch die größeren Besitzer wurden durch die Flut hart betroffen. Die Deichlasten wuchsen naturgemäß gewaltig an. So kam es, daß sich da, wo Spatenrecht galt, mancher Landwirt entschloß, den Spaten in sein Land zu stecken. Wer ihn zog, wurde Eigentümer des betreffenden Landes, übernahm damit aber auch die Deichpflicht. Das hatte sein Böses, aber auch sein Gutes. Denn mancher kleine Besitzer, der den nötigen Mut hatte, ist so zu einem ansehnlichen Großbauern geworden. Für Osterstade soll die Flut eine weitere eigenartige Folge gehabt haben. Während man dort bis zur Flut mit 6 Pferden pflügen mußte, hatte man seit jenen Tagen nur noch 4 nötig; eine gewaltige Erleichterung für das Land, dem die Jahre nach der Sturmflut unerträglich scheinende Lasten brachten.

Cornelius Meiners, Pächter in Blexersande, hatte im Herbst durch ein Schadenfeuer sein Haus verloren und mußte deshalb mit seiner Familie in einem Speicher wohnen. Da das

Gebäude nur schwach war, wurde es durch die Flut fortgerissen, und die Familie kam im Wasser um. Nur die beiden Kinder retteten sich. Der Sohn trieb auf einem Stück Dach über die Weser an den Wührdener Deich. Als das eigenartige Fahrzeug dort ankam, stand das ganze Land schon unter Wasser. An lebenden Wesen waren nur ein paar Menschen zu sehen, die in der Nähe des Deichs in einem Baum hockten (die Familie Wilkens) und natürlich keine Hilfe bringen konnten. So mußte das Kind den ersten Feiertag allein am Deich zubringen. Erst gegen Abend rettete ein Schiff aus Dedesdorf das Kind und die Leute im Baum. Die Schwester des Knaben aber war inzwischen unter ähnlichen Umständen am Osterstader Ufer angetrieben und hatte Aufnahme im Hause eines Verwandten, des Kapt. Kellers in Rechtebe, gefunden.

In vielen alten Häusern des Landes Hadeln fand man bis vor kurzem an der Wand oder den Türpfosten ein „W“ angebracht als Zeichen der Höhe der Weihnachtsflut. Jetzt sind diese Marken leider alle verschwunden.

Am Heringskoop, wo jetzt Ferd. Beckmann wohnt, war damals Joh. Kroß Besitzer. Er hatte drei Pferde. Als nun am Weihnachtsabend die Nachricht kam, der Deich sei in Gefahr, sprach er: „Frau, ich will die Pferde zu unsern Verwandten in W.-Wanna bringen. Sollte es schlimm werden, so rette, was du retten kannst, vor allem rette dich und die Kinder auf den Boden.“ Damit ritt er auf seinem Acker nach Wanna zu. Dem alten Schimmel war das Wetter zu schlecht, er bäumte sich und riß sich los, lief, so schnell er konnte, wieder dem Hause zu. Die Frau, voller Sorgen, war, ohne daran zu denken, die Stalltür zu schließen, wieder in die Stube gegangen, gewahrte bei dem gewaltigen Sturm auch gar nicht, daß der Schimmel sich wieder in den Stall gestellt hatte. Joh. Kroß war mit den andern Pferden glücklich in Wanna angekommen, fand daselbst auch liebevolle Aufnahme, aber Schlaf fand er nicht. Er dachte an Frau und Kinder.

Frühzeitig wurde am Weihnachtsmorgen – ein Schwager begleitete Kroß – die Heimreise angetreten. Oben auf der Geest angekommen, mochten die beiden ihren Augen nicht trauen. Die Wogen brandeten bis zum Rande der Geest. Kein Rollbaum ragte aus dem Wasser. Nur die Häuser, ankernden Schiffen gleich, waren sichtbar. Die beiden mußten ihren Weg über O.-Wanna nach dem Kampen nehmen. Ahrend Rehmer – wo jetzt Alb. Schröder wohnt – gab ihnen ein Floß. So konnten sie querfeldein seiner Behausung zusteuern.

Doch welch ein Anblick! Das Backhaus lag in Trümmern. Von der Kropfscheune stand selbst ein Teil des Daches noch unter Wasser. Ihre Sorge war: Wie kommen wir ins Haus. Kein lebend Wesen war zu bemerken. – Da sahen sie, daß die Tür zum Pferdestall offen stand. Sie machten das Fahrzeug fest und stiegen ins Wasser. Doch welch ein Anblick. Der alte Schimmel, alt und erfahren wie er war, hatte sich auf seinen altgewohnten Platz gestellt. Er hatte wohl erst noch tapfer gekämpft, bis ihn die Kräfte verließen. Nun hing er als Leiche über dem „Hilgenrehmen“.

Mühevoll arbeiteten sie sich im Wasser vorwärts und gelangten auf die Diele. Hier sah es noch schlimmer aus. Tote Schweine, tote

Schafe, Häcksellade, Kisten usw. trieben auf dem Wasser. Sämtliche Kühe und alles Vieh im Stalle waren ertrunken. Da hörten sie ein Wimmern auf dem Boden. Als sie sich dahin gearbeitet hatten, fanden sie zuerst wieder lebende Wesen. Die Frau hatte sich mit den Kindern auf den Boden gerettet. Erst hatten sie noch oft im Dunkeln gehört, wie das Vieh einen brüllenden Laut von sich gab und sich aufbäumte im Wasser. Aber nach und nach sei alles still geworden. Sie hatten gehört, wie die Schafe und Schweine sich erst noch durch Schwimmen auf die Diele gerettet. Sie hatten aus Leibeskräften gerufen und gelockt. Doch nur ein Schaf hätte sich locken lassen. Dieses hätten sie zu sich auf den Boden gezogen und gerettet. Es war das Einzige, was sie von der ganzen Habe gerettet." –

In Stade selbst litten die niedrigen Teile der Stadt, vor allem die Magazine am Hafen, nicht unbeträchtlichen Schaden. Die in der Stadt ansässigen Schiffer waren das ganze Weihnachtsfest über unterwegs, um zu bergen.

Einige Tage nach der Flut wurden so zwei adelige Fräulein eingebracht. Sie hatten sich im Kehdingschen, nur mit einem Nachtkleid versehen, auf den Boden ihres Hauses gerettet.

Den Notleidenden, die in der Stadt zusammenströmten, konnte man auf eine eigenartige Weise helfen. Nicht weit von Stade war nämlich ein großer Misthaufen mit 19 Schweinen angetrieben, „welche sich ganz zusammen geschlungen gehabt", aber sämtlich lebten. Sie wurden auf Anweisung der Regierung geschlachtet. Das Fleisch verteilte man an die Bedürftigen.

An der Tatsache, daß die Weihnachtsflut eine der schlimmsten der menschlichen Geschichte ist, konnten allerdings die wenigen glücklichen Zufälle nichts mehr ändern, und so kommt es, daß die Erinnerung an sie bis heute lebendig geblieben ist im Volke und daß in manchen Kirchen – z. B. in Otterndorf – noch bis vor wenigen Jahrzehnten alljährlich in der Weihnachtszeit eine sogenannte Wasserpredigt gehalten wurde.

Nüsseknacken

Albert Sergel

Holler, boller Rumpelsack –
Niklas trug sie huckepack,
Weihnachtsnüsse gelb und braun,
Runzlig, punzlig anzuschaun.

Knackt die Schale, springt der Kern,
Weihnachtsnüsse eß ich gern.
Komm bald wieder in dies Haus,
Guter, alter Nikolaus!

Ich wünsche mir ein Schaukelpferd

Heinrich Seidel

Ich wünsche mir ein Schaukelpferd,
'ne Festung und Soldaten
Und eine Rüstung und ein Schwert,
Wie sie die Ritter hatten.

Drei Märchenbücher wünsch' ich mir
Und Farben auch zum Malen
Und Bilderbogen und Papier
Und Gold- und Silberschalen.

Ein Domino, ein Lottospiel,
Ein Kasperletheater,
Auch einen neuen Pinselstiel
Vergiß nicht, lieber Vater!

Ein Zelt und sechs Kanonen dann
Und einen neuen Wagen
Und ein Geschirr mit Schellen dran,
Beim Pferdespiel zu tragen.

Ein Perspektiv, ein Zootrop,
'ne magische Laterne,
Ein Brennglas, ein Kaleidoskop -
Dies alles hätt' ich gerne.

Mir fehlt – ihr wißt es sicherlich –
Gar sehr ein neuer Schlitten.
Und auch um Schlittschuh' möchte ich
Noch ganz besonders bitten.

Um weiße Tiere auch von Holz
Und farbige von Pappe,
Um einen Helm mit Federn stolz
Und eine Flechtemappe.

Auch einen großen Tannenbaum,
Dran hundert Lichter glänzen,
Mit Marzipan und Zuckerschaum
Und Schokoladenkränzen.

Doch dünkt dies alles euch zu viel,
Und wollt ihr daraus wählen,
So könnte wohl der Pinselstiel
Und auch die Mappe fehlen.

Als Hänschen so gesprochen hat,
Sieht man die Eltern lachen:
„Was willst du, kleiner Nimmersatt,
Mit all den vielen Sachen?

Wer so viel wünscht", der Vater spricht's,
„Bekommt auch nicht ein Achtel –
Der kriegt ein ganz klein wenig Nichts
In einer Dreierschachtel."

Als ich Christtagsfreude holen ging

Peter Rosegger

In meinem zwölften Lebensjahre wird es gewesen sein, als am Frühmorgen des heiligen Christabends mein Vater mich an der Schulter rüttelte: ich solle aufwachen und zur Besinnung kommen, er habe mir etwas zu sagen. Die Augen waren bald offen, aber die Besinnung! Als ich unter Mithilfe der Mutter angezogen war und bei der Frühsuppe saß, verlor sich die Schlaftrunkenheit allmählich, und nun sprach mein Vater: „Peter, jetzt höre, was ich dir sage. Da nimm einen leeren Sack, denn du wirst was heimtragen. Da nimm meinen Stecken, denn es ist viel Schnee, und da nimm eine Laterne, denn der Pfad ist schlecht, und die Stege sind vereist. Du mußt hinabgehen nach Langenwang. Den Holzhändler Spreitzegger zu Langenwang, den kennst du, der ist mir noch immer das Geld schuldig, zwei Gulden und sechsunddreißig Kreuzer für den Lärchbaum. Ich laß ihn bitten drum; schön höflich anklopfen und den Hut abnehmen, wenn du in sein Zimmer trittst. Mit dem Geld gehst nachher zum Kaufmann Doppelreiter und kaufest zwei Maßel Semmelmehl und zwei Pfund Rindschmalz und um zwei Groschen Salz, und das tragst heim."

Jetzt war aber auch meine Mutter zugegen, ebenfalls schon angekleidet, während meine sechs jüngeren Geschwister noch ringsum an der Wand in ihren Bettchen schliefen. Die

Mutter, die redete drein wie folgt: „Mit Mehl und Schmalz und Salz allein kann ich kein Christtagsessen richten. Ich brauch' dazu noch Germ (Bierhefe) um einen Groschen, Weinbeerln um fünf Kreuzer, Zucker um fünf Groschen, Safran um zwei Groschen und Neugewürz um zwei Kreuzer. Etliche Semmeln werden auch müssen sein."

„So kaufest es", setzte der Vater ruhig bei. „Und wenn dir das Geld zu wenig wird, so bittest den Herrn Doppelreiter, er möcht' die Sachen derweil borgen, und zu Ostern, wenn die Kohlenraitung (Verrechnung) ist, wollt' ich schon fleißig zahlen. Eine Semmel kannst unterwegs selber essen, weil du vor Abend nicht heimkommst. Und jetzt kannst gehen, es wird schon fünf Uhr, und daß du noch die Achte-Messe erlangst zu Langenwang."

Das war alles gut und recht. Den Sack band mein Vater mir um die Mitte, den Stecken nahm ich in die rechte Hand, die Laterne mit der frischen Unschlittkerze in die linke, und so ging ich davon, wie ich zu jener Zeit in Wintertagen oft davongegangen war. Der durch wenige Fußgeher ausgetretene Pfad war holperig im tiefen Schnee, und es ist nicht immer leicht, nach den Fußstapfen unserer Vorderen zu wandeln, wenn diese zu lange Beine gehabt haben. Noch nicht dreihundert Schritte war ich gegangen, so lag ich im Schnee, und die Laterne, hingeschleudert, war ausgelöscht. Ich suchte mich langsam zusammen, und dann schaute ich die wunderschöne Nacht an. Anfangs war sie ganz grausam finster, allmählich hub der Schnee an, weiß zu werden und die Bäume schwarz, und in der Höhe war helles Sternengefunkel. In den Schnee fallen kann man auch ohne Laterne, so stellte ich sie seithin unter einen Strauch, und ohne Licht ging's nun besser als vorhin.

In die Talschlucht kam ich hinab, das Wasser des Fresenbaches war eingedeckt mit glattem Eise, auf welchem, als ich über den Steg ging, die Sterne des Himmels gleichsam Schlittschuh liefen. Später war ein Berg zu übersteigen; auf dem Passe, genannt der „Höllkogel“, stieß ich zur wegsamen Bezirksstraße, die durch Wald und Wald hinabführt in das Mürztal. In diesem lag ein weites Meer von Nebel, in welches ich sachte hineinkam, und die feuchte Luft fing an, einen Geruch zu haben, sie roch nach Steinkohlen; und die Luft fing an, fernen Lärm an mein Ohr zu tragen, denn im Tale hämmerten die Eisenwerke, rollte manchmal ein Eisenbahnzug über dröhnende Brücken.

Nach langer Wanderung ins Tal gekommen zur Landstraße, klingelte Schlittengeschelle, der Nebel ward grau und lichter, so daß ich die Fuhrwerke und Wandersleute, die für die Feiertage nach ihren Heimstätten reisten, schon auf kleine Strecken weit sehen konnte. Nachdem ich eine Stunde lang im Tale fortgegangen war, tauchte links an der Straße im Nebel ein dunkler Fleck auf, rechts auch einer, links mehrere, rechts eine ganze Reihe – das Dorf Langenwang.

Alles, was Zeit hatte, ging der Kirche zu, denn der Heilige Abend ist voller Vorahnung und Gottesweihe. Bevor noch die Messe anfing, schritt der hagere gebückte Schulmeister durch die Kirche, musterte die Andächtigen, als ob er jemanden suche. Endlich trat er an mich und fragte leise, ob ich ihm nicht die Orgel melken wolle, es sei der Mesnerbub krank. Voll Stolz und Freude, also zum Dienste des Herrn gewürdigt zu sein, ging ich mit ihm auf den Chor, um bei der heiligen Messe den Blasebalg der Orgel zu ziehen. Während ich die zwei langen Lederriemen abwechselnd aus dem Kasten zog, in welchem jeder derselben allemal wieder langsam hineinkroch, orgelte der Schulmeister, und seine Tochter sang also:

„Tauet, Himmel, den Gerechten,
Wolken, regnet ihn herab!
Also rief in bangen Nächten
einst die Welt, ein weites Grab.
In von Gott verhaßten Gründen
herrschten Satan, Tod und Sünden,
fest verschlossen war das Tor
zu dem Himmelreich empor.“

Ferner erinnere ich mich, an jenem Morgen nach dem Gottesdienste in der dämmerigen

Kirche vor ein Heiligenbild hingekniet zu sein und gebetet zu haben um Glück und Segen zur Erfüllung meiner bevorstehenden Aufgabe. Das Bild stellte die vierzehn Nothelfer dar – einer wird doch dabei sein, der zur Eintreibung von Schulden behilflich ist. Es schien mir aber, als schiebe während meines Gebetes auf dem Bilde einer sich sachte hinter den andern zurück.

Trotzdem ging ich guten Mutes hinaus in den nebeligen Tag, wo alles emsig war in der Vorbereitung zum Feste, und ging dem Hause des Holzhändlers Spreitzegger zu. Als ich daran war, zur vorderen Tür hineinzugehen, wollte der alte Spreitzegger, soviel ich mir später reimte, durch die hintere Tür entwischen. Es wäre ihm gelungen, wenn mir nicht im Augenblicke geschwant hätte: Peter, geh nicht zur vorderen Tür ins Haus wie ein Herr, sei demütig, geh zur hinteren Tür hinein, wie es dem Waldbauernbuben geziemt. Und knapp an der hinteren Tür trafen wir uns.

„Ah, Bübel, du willst dich wärmen gehen", sagte er mit geschmeidiger Stimme und deutete ins Haus, „na, geh dich nur wärmen. Ist kalt heut!" Und wollte davon.

„Mir ist nicht kalt", antwortete ich, „aber mein Vater läßt den Spreitzegger schön grüßen und bitten ums Geld."

„Ums Geld? Wieso?" fragte er, „ja richtig, du bist der Waldbauernbub. Bist früh aufgestanden, heut, wenn du schon den weiten Weg kommst. Rast nur ab. Und ich laß deinen Vater auch schön grüßen und glückliche Feiertage wünschen; ich komm' ohnehin ehzeit einmal zu euch hinauf, nachher wollen wir schon gleich werden."

Fast verschlug's mir die Rede, stand doch unser ganzes Weihnachtsmahl in Gefahr vor solchem Bescheid.

„Bitt' wohl von Herzen schön ums Geld, muß Mehl kaufen und Schmalz und Salz, und ich darf nicht heimkommen mit leerem Sack."

Er schaute mich starr an. „Du kannst es!" brummte er, zerrte mit zäher Gebärde seine große, rote Brieftasche hervor, zupfte in den Papieren, die wahrscheinlich nicht pure Banknoten waren, zog einen Gulden heraus und sagte: „Na, so nimm derweil das, in vierzehn Tagen wird dein Vater den Rest schon kriegen. Heut hab' ich nicht mehr."

Den Gulden schob er mir in die Hand, ging davon und ließ mich stehen.

Ich blieb aber nicht stehen, sondern ging zum Kaufmann Doppelreiter. Dort begehrte ich ruhig und gemessen, als ob nichts wäre, zwei Maßel Semmelmehl, zwei Pfund Rindschmalz, um zwei Groschen Salz, um einen Groschen Germ, um fünf Kreuzer Weinbeerln, um fünf Groschen Zucker, um zwei Groschen Safran und um zwei Kreuzer Neugewürz. Der Herr Doppelreiter bediente mich selbst und machte mir alles hübsch zurecht in Päckchen und Tütchen, die er dann mit Spagat zusammen in ein einziges Paket band und an den Mehlsack so hing, daß ich das Ding über der Achsel tragen konnte, vorn ein Bündel und hinten ein Bündel.

Als das geschehen war, fragte ich mit einer nicht minder tückischen Ruhe als vorhin, was das alles zusammen ausmache.

„Das macht drei Gulden fünfzehn Kreuzer", antwortete er mit Kreide und Mund.

„Ja, ist schon recht“, hierauf ich, „da ist derweil ein Gulden, und das andere wird mein Vater, der Waldbauer in Alpel, zu Ostern zahlen.“

Schaute mich der bedauernswerte Mann an und fragte höchst ungleich: „Zu Ostern? In welchem Jahr?“

„Na, nächst Ostern, wenn die Kohlenraitung ist.“

Nun mischte sich die Frau Doppelreiter, die andere Kunden bediente, drein und sagte: „Laß ihm's nur, Mann, der Waldbauer hat schon öfter auf Borg genommen und nachher allemal ordentlich bezahlt. Laß ihm's nur.“

„Ich laß ihm's ja, werd' ihm's nicht wieder wegnehmen“, antwortete der Doppelreiter. Das war doch ein bequemer Kaufmann! Jetzt fielen mir auch die Semmeln ein, welche meine Mutter noch bestellt hatte.

„Kann man da nicht auch fünf Semmeln haben?“ fragte ich.

„Semmeln kriegt man beim Bäcker“, sagte der Kaufmann.

Das wußte ich nun gleichwohl, nur hatte ich mein Lebtag nichts davon gehört, daß man ein paar Semmeln auf Borg nimmt, daher vertraute ich der Kaufmännin, die sofort als Gönnerin zu betrachten war, meine vollständige Zahlungsunfähigkeit an. Sie gab mir zwei bare Groschen für Semmeln, und als sie nun noch beobachtete, wie meine Augen mit den reiffeuchten Wimpern fast unablösbar an den gedörrten Zwetschgen hingen, die sie einer alten Frau in den Korb tat, reichte sie mir auch noch eine Handvoll dieser köstlichen Sache zu: „Unterwegs zum Naschen.“

Nicht lange hernach, und ich trabte, mit meinen Gütern reich und schwer bepackt, durch die breite Dorfgasse dahin. Überall in den Häusern wurde gemetzgert, gebacken, gebraten, gekellert; ich beneidete die Leute nicht, ich bedauerte sie vielmehr, daß sie nicht ich waren, der, mit so großem Segen beladen, gen Alpel zog. Das wird morgen ein Christtag werden! Denn die Mutter kann's, wenn sie die Sachen hat. Ein Schwein ist ja auch geschlachtet worden daheim, das gibt Fleischbrühe mit Semmelbrocken, Speckfleck, Würste, Nieren-Lümperln, Knödelfleisch mit Kren, dann erst die Krapfen, die Zuckernudeln, das Schmalzkoch mit Weinbeerln und Safran! – Die Herrenleut' da in Langenwang haben so was alle Tag', das ist nichts, aber wir haben es im Jahr einmal und kommen mit unverdorbenem Magen dazu, das ist was! – Und doch dachte ich auf diesem belasteten Freudenmarsch weniger noch ans Essen als an das liebe Christkind und sein hochheiliges Fest. Am Abende, wenn ich nach Hause komme, werde ich aus der Bibel davon vorlesen, die Mutter und die Magd Mirzel werden Weihnachtslieder singen; dann, wenn es zehn Uhr wird, werden wir uns aufmachen nach Sankt Kathrein und in der Kirche die feierliche Christmette begehen bei Glock, Musik und unzähligen Lichtern. Und am Seitenaltar ist das Krippel aufgerichtet mit Ochs und Esel und den Hirten, und auf dem Berg die Stadt Bethlehem und darüber die Engel, singend: Ehre sei Gott in der Höhe! – Diese Gedanken trugen mich anfangs wie Flügel. Doch als ich eine Weile die schlittenglatte Landstraße dahingegangen war, unter den Füßen knirschenden Schnee, mußte ich mein Doppelbündel schon einmal wechseln von einer Achsel auf die andere.

In der Nähe des Wirtshauses „Zum Sprengzaun" kam mir etwas Vierspänniges entgegen. Ein leichtes Schlittlein, mit vier feurigen, hochaufgefederten Rappen bespannt, auf dem Bock ein Kutscher mit glänzenden Knöpfen und einem Buttenhut. Der Kaiser? Nein, der Herr Wachtler vom Schlosse Hohenwang saß im Schlitten, über und über in Pelze gehüllt und eine Zigarre schmauchend. Ich blieb stehen, schaute dem blitzschnell vorüberrutschenden Zeug eine Weile nach und dachte: Etwas krumm ist es doch eingerichtet auf dieser Welt: da sitzt ein starker Mann drin und läßt sich hinziehen mit so viel überschüssiger Kraft, und ich vermag mein Bündel kaum zu schleppen.

Mittlerweile war es Mittagszeit geworden. Durch den Nebel war die milchweiße Scheibe der Sonne zu sehen; sie war nicht hoch am Himmel hinaufgestiegen, denn um vier Uhr wollte sie ja wieder unten sein, zur langen Christnacht. Ich fühlte in den Beinen manchmal so ein heißes Prickeln, das bis in die Brust hinaufstieg, es zitterten mir die Glieder. Nicht weit von der Stelle, wo der Weg nach Alpel abzweigt, stand ein Kreuz mit dem lebensgroßen Bilde des Heilands. Es stand, wie es heute noch steht, an seinem Fuß Johannes und Magdalena, das Ganze mit einem Bretterverschlag verwahrt, so daß es wie eine Kapelle war. Vor dem Kreuze auf die Bank, die für kniende Beter bestimmt ist, setzte ich mich nieder, um Mittag zu halten. Eine Semmel, die gehörte mir, meine Neigung zu ihr war so groß, daß ich sie am liebsten in wenigen Bissen verschluckt hätte. Allein das schnelle Schlucken ist nicht gesund, das wußte ich von anderen Leuten, und das langsame Essen macht einen längeren Genuß, das wußte ich schon von mir selber. Also beschloß ich, die Semmel recht gemächlich und bedächtig zu genießen und dazwischen manchmal eine gedörrte Zwetschge zu naschen.

Es war eine sehr köstliche Mahlzeit; wenn ich heute etwas recht Gutes haben will, das kostet außerordentliche Anstrengungen aller Art; ach, wenn man nie und nie einen Mangel zu leiden hat, wie wird man da arm!

Und wie war ich so reich damals, als ich arm war!

Als ich nach der Mahlzeit mein Doppelbündel wieder auflud, war's ein Spaß mit ihm, flink ging es voran. Als ich später in die Bergwälder hinaufkam und der graue Nebel dicht in den schneebeschwerten Bäumen hing, dachte ich an den Grabler Hansel. Das war ein Kohlenführer, der täglich von Alpel seine Fuhre ins Mürztal lieferte. Wenn er auch heute gefahren wäre! Und wenn er jetzt heimwärts mit dem leeren Schlitten des Weges käme und mir das Bündel auflüde! Und am Ende gar mich selber! Daß es so heiß sein kann im Winter! Mitten in Schnee und Eisschollen schwitzen! Doch morgen wird alle Mühsal vergessen sein. – Derlei Gedanken und Vorstellungen verkürzten mir unterwegs die Zeit.

Auf einmal roch ich starken Tabakrauch. Knapp hinter mir ging – ganz leise auftretend – der grüne Kilian. Der Kilian war früher einige Zeit lang Forstgehilfe in den gewerkschaftlichen Waldungen gewesen, jetzt war er's nicht mehr, wohnte mit seiner Familie in einer Hütte drüben in der Fischbacher Gegend, man wußte nicht recht, was er trieb. Nun ging er nach Hause. Er hatte einen Korb auf dem Rücken, an dem er nicht schwer zu tragen schien, sein Gewand war noch ein jägermäßiges, aber hübsch abgetragen, und sein schwarzer Vollbart ließ nicht viel sehen von seinem etwas fahlen Gesichte. Als ich ihn bemerkt hatte, nahm er die Pfeife aus dem Munde, lachte laut und sagte: „Wo schiebst denn hin, Bub?"

„Heim zu", meine Antwort.

„Was schleppst denn?"

„Sachen für den Christtag."

„Gute Sachen? Der Tausend sapperment! Wem gehörst denn zu?"

„Dem Waldbauer."

„Zum Waldbauer willst gar hinauf! Da mußt gut antauchen."

„Tu's schon", sagte ich und tauchte an.

„Nach einem solchen Marsch wirst gut schlafen bei der Nacht", versetzte der Kilian, mit mir gleichen Schritt haltend.

„Heut wird nicht geschlafen bei der Nacht, heut ist Christnacht."

„Was willst denn sonst tun, als schlafen bei der Nacht?"

„Nach Kathrein in die Mette gehen."

„Nach Kathrein?" fragte er, „den weiten Weg?"

„Um zehn Uhr abends gehen wir von Haus fort, und um drei Uhr früh sind wir wieder daheim."

Der Kilian biß in sein Pfeifenrohr und sagte: „Na, hörst du, da gehört viel Christentum dazu. Beim Tag ins Mürztal und bei der Nacht in die Mette nach Kathrein! So viel Christentum hab' ich nicht, aber das sage ich dir doch: Wenn du dein Bündel in meinen Buckelkorb tun willst, daß ich es dir eine Zeitlang trag und du dich ausrasten kannst, so hast ganz recht, warum soll der alte Esel nicht auch einmal tragen!"

Damit war ich einverstanden, und während mein Bündel in seinen Korb sank, dachte ich: Der grüne Kilian ist halt doch ein besserer Mensch, als man sagt.

Dann rückten wir wieder an, ich huschte frei und leicht neben ihm her.

„Ja, ja, die Weihnachten!" sagte der Kilian fauchend, „da geht's halt drunter und drüber. Da reden sich die Leut' in eine Aufregung und Frömmigkeit hinein, die gar nicht wahr ist. Im Grund ist der Christtag wie jeder andere Tag, nicht einen Knopf anders. Der Reiche, ja, der hat jeden Tag Christtag, unsereiner hat jeden Tag Karfreitag."

„Der Karfreitag ist auch schön", war meine Meinung.

„Ja, wer genug Fische und Butter und Eier und Kuchen und Krapfen hat zum Fasten!" lachte der Kilian.

Mir kam sein Reden etwas heidentümlich vor. Doch was er noch weiteres sagte, das verstand ich nicht mehr, denn er hatte angefangen, sehr heftig zu gehen, und ich konnte nicht recht nachkommen. Ich rutschte auf dem glitschigen Schnee mit jedem Schritt ein Stückchen zurück, der Kilian hatte Fußeisen angeschnallt, hatte lange Beine, war nicht abgemattet – da ging's freilich voran.

„Herr Kilian!" rief ich.

Er hörte es nicht. Der Abstand zwischen uns wurde immer größer, bei Wegbiegungen entschwand er mir manchmal ganz aus den Augen, um nachher wieder in größerer Entfernung, halb schon von Nebeldämmerung verhüllt, aufzutauchen. Jetzt wurde mir bang um mein Bündel. Kamen wir ja doch schon dem Höllkogel nahe. Das ist jene Stelle, wo der Weg nach Alpel und der Weg nach Fischbach sich gabeln. Ich hub an zu laufen; im Angesichte der Gefahr war alle Müdigkeit dahin, ich lief wie ein Hündlein und kam ihm näher. Was wollte ich aber anfangen, wenn ich ihn eingeholt hätte, wenn ihm der Wille fehlte, die Sachen herzugeben, und mir die Kraft, sie zu nehmen? Das kann ein schönes Ende werden mit diesem Tage, denn die Sachen lasse ich nicht im Stich, und sollte ich ihm nachlaufen müssen bis hinter den Fischbacher Wald zu seiner Hütte!

Als wir denn beide so merkwürdig schnell vorwärts kamen, holten wir ein Schlittengespann ein, das vor uns mit zwei grauen Ochsen und einem schwarzen Kohlenführer langsam des Weges schliff. Der Grabler Hansel. Mein grüner Kilian wollte schon an dem Gespann vorüberhuschen, da schrie ich von hinten her aus Leibeskräften: „Hansel! Hansel! Sei so gut, leg mir meine Christtagsachen auf den Schlitten, der Kilian hat sie im Korb, und er soll sie dir geben!“

Mein Geschrei muß wohl sehr angstvoll gewesen sein, denn der Hansel sprang sofort von seinem Schlitten und nahm eine tatbereite Haltung ein. Und wie der Kilian merkte, ich hätte hier einen Bundesgenossen, riß er sich den Korb vom Rücken und schleuderte das Bündel auf den Schlitten. Noch knirschte er etwas von „dummen Bären“ und „Undankbarkeit“, dann war er aber auch schon davon.

Der Hansel rückte das Bündel zurecht und fragte, ob man sich draufsetzen dürfe. Das, bat ich, nicht zu tun.

So tat er’s auch nicht, wir setzten uns hübsch nebeneinander auf den Schlitten, und ich hielt auf dem Schoß sorgfältig mit beiden Händen die Sachen für den Christtag. So kamen wir endlich nach Alpel. Als wir zur ersten Fresenbrücke gekommen waren, sagte der Hansel zu den Ochsen: „Oha!“ und zu mir: „So!“ Die Ochsen verstanden und blieben stehen, ich verstand nicht und blieb sitzen. Aber nicht mehr lange, es war ja zum Aussteigen, denn der Hansel mußte links in den Graben hinein und ich rechts den Berg hinauf.

„Dank dir’s Gott, Hansel!“

„Ist schon gut, Peterl.“

Zur Zeit, da ich mit meiner Last den steilen Berg hinanstieg gegen mein Vaterhaus, begann es zu dämmern und zu schneien. Und zuletzt war ich doch daheim.

„Hast alles?“ fragte die Mutter am Kochherd mir entgegen.

„Alles!“

„Brav bist. Und hungrig wirst sein.“

Beides ließ ich gelten. Sogleich zog die Mutter mir die klingendhart gefrorenen Schuhe von den Füßen, denn ich wollte, daß sie frisch eingefettet würden für den nächtlichen Mettengang. Dann setzte ich mich in der warmen Stube zum Essen.

Aber siehe, während des Essens geht es zu Ende mit meiner Erinnerung. – Als ich wieder zu mir kam, lag ich wohlausgeschlafen in meinem warmen Bette, und zum kleinen Fenster herein schien die Morgensonne des Christtages.

6. Dezember – Nikolaus

Kein anderer Heiliger ist so volkstümlich wie St. Nikolaus.

Nikolaus wurde in Myra geboren, einer Stadt an der Südwestküste der heutigen Türkei. Sein Vater war ein reicher Mann. Von Kindheit an führte Nikolaus ein gottesfürchtiges Leben voller Güte und Sorge um die Armen. Er verschenkte nach dem Tode der Eltern sein ganzes Vermögen, lebte als Abt in einem Kloster und wurde später zum Bischof von Myra gewählt.

Es wird erzählt, daß er die Töchter eines verarmten Edelmannes dadurch vor dem falschen Weg bewahrte, indem er jeder einen Beutel Goldstücke in der Nacht durch das Fenster warf. Außerdem wird erzählt, daß er nicht nur Seeleute aus Seenot rettete, sondern auch drei getötete Kinder wieder zum Leben erweckte.

Aus seinem nächtlichen Schenken und der Hinwendung zu den Kindern ist zu seinem Andenken der Brauch entstanden, die Kinder in der Nacht vom 5. zum 6. Dezember mit Geschenken zu überraschen.

St. Nikolaus ist der Schutzheilige der Seeleute, Schüler, Schneider, Weber und Notare.

In vielen Gegenden kommt St. Nikolaus selbst und mit Gefolge, wie zum Beispiel dem ziegenhaarigen Krampus, der mit einer Rute um sich drischt. In Holland kommt er mit dem Schiff angefahren, reitet auf einem Schimmel durch das Land und wird von seinem Mohren, dem Schwarzen Pitt, begleitet.

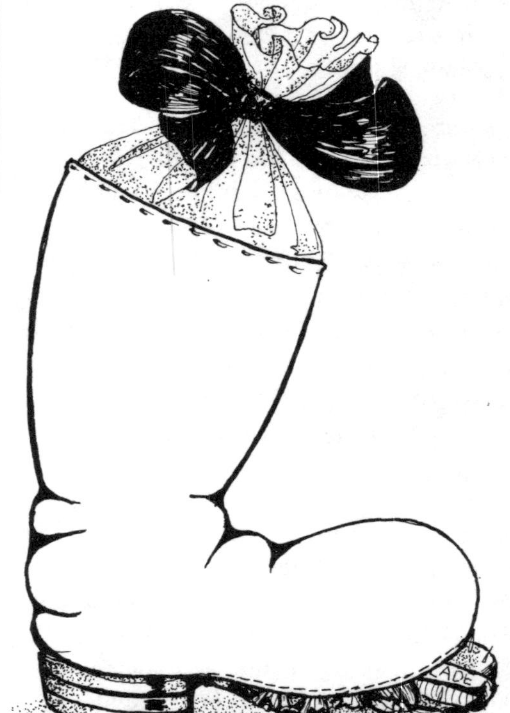

Ein Lied hinterm Ofen zu singen

Matthias Claudius

Der Winter ist ein rechter Mann,
Kernfest und auf die Dauer;
Sein Fleisch fühlt sich wie Eisen an,
Und scheut nicht Süß noch Sauer.

War je ein Mann gesund wie er?
Er krankt und kränkelt nimmer,
Er trotzt der Kälte wie ein Bär
Und schläft im kalten Zimmer.

Er zieht sein Hemd im Freien an
Und läßt's vorher nicht wärmen
Und spottet über Fluß im Zahn
Und Grimmen in Gedärmen.

Aus Blumen und aus Vogelsang
Weiß er sich nichts zu machen,
Haßt warmen Drang und warmen Klang
Und alle warmen Sachen.

Doch wenn die Füchse bellen sehr,
Wenn's Holz im Ofen knittert,
Und um den Ofen Knecht und Herr
Die Hände reibt und zittert;

Wenn Stein und Bein vor Frost zerbricht
Und Teich' und Seen krachen:
Das klingt ihm gut, das haßt er nicht,
Dann will er tot sich lachen. –

Sein Schloß von Eis liegt ganz hinaus
Beim Nordpol an dem Strande;
Doch hat er auch ein Sommerhaus
Im lieben Schweizerlande.

Da ist er denn bald dort, bald hier,
Gut Regiment zu führen;
Und wenn er durchzieht, stehen wir
Und sehn ihn an und frieren.

Schnüpperle backt Pfefferkuchen

Barbara Bartos-Höppner

In der Adventszeit muß Pfefferkuchen im Haus sein, sagt Mutter immer, deshalb backt sie heute. Noch nicht alles, nur so zum Kosten und Knabbern.

„Pfefferkuchen schmeckt vor Weihnachten ohnehin am besten", behauptet Vater.

Mutter lacht. „Und wer langt an den Feiertagen am meisten zu?" fragt sie.

„Schnüpperle", sagt Vater.

„Gar nicht wahr, du futterst am meisten. Und immer sagst du: das ist der letzte, sonst werd ich zu dick."

„Sag ich das?"

„Ja, und dann nimmst du doch wieder einen."

„Den allerletzten", sagt Vater.

„Und dann den alleralllerletzten!" sagt Schnüpperle. „Bis dir der Bauch weh tut."

Als Vater gegangen ist, holt Mutter die Schüssel mit dem braunen Pfefferkuchenteig aus dem Keller. Sie schneidet einen dicken Klumpen heraus, und Schnüpperle bekommt ein Stück davon ab. Er kann damit backen, was er will.

„Ich mach einen Hund", sagt Schnüpperle.

Mutter rollt ihm den Teig platt, dann nimmt sie sich ihren Klumpen vor. Sie sticht Herzen mit der Form heraus und Sterne und Halbmonde. Schnüpperle müht sich derweil mit dem Teigschaber ab.

„Ich glaube, ein Hund ist zu schwer", sagt Schnüpperle. „Ich krieg den Kopf nicht richtig hin, und die Beine sind viel zu lang, wie'n Pferd!"

„Hals hat er auch keinen", sagt Mutter.

„Was könnte ich denn sonst machen?"

„Ich wüßte was Einfaches, aber ob es dir gefällt..."

„Was denn?"

„Einen Schneemann."

„Einen Schneemann? Aber braunen Schnee gibt's doch gar nicht", sagt Schnüpperle.

„Wir könnten deinen Schneemann aber mit weißem Zuckerguß bestreichen."

„O ja! Und die Augen?"

„Haselnüsse."

„O ja! Und die Knöpfe auf dem Bauch?"

„Mandeln."

„O ja! Und die Nase?"

„Ein Stückchen Zitronat."

F.R.

„O ja!“ Schnüpperle knautscht den Teig zusammen, und Mutter rollt ihn wieder aus. Dann hilft Mutter mit.

Schnüpperle sticht eigentlich nur den Bauch aus. Brust, Kopf und Arme formt Mutter. Aber die Arme sind auch besonders schwer anzukneten, weil der Schneemann sie in die Seiten stemmt.

Ganz vorsichtig legt Mutter den Teigmann aufs Backblech und schiebt es in den Ofen. Nach fünf Minuten sieht sie nach, wie weit der Schneemann ist. Schnüpperle darf auch gucken.

„Ooch, ist der aber dick geworden! Der bläst sich ja auf wie'n Luftegong.“

„Luftballon heißt es.“

„Weiß ja, aber ich hab' doch immer so gesagt, als ich noch klein war.“

Mutter rührt schnell Puderzucker mit Wasser an. Jetzt ist der Schneemann auch fertig gebacken. Mit dem Messer nimmt sie ihn vom Blech ab. Schnüpperle wartet schon mit dem Pinsel. Er taucht ihn in den Zuckerbrei und bestreicht den braunen Mann. Mutter setzt zwei Haselnußaugen ins Gesicht und eine spitze grüne Zitronatnase. Schnüpperle drückt die Mandelknöpfe auf den dicken Bauch.

„Ooch, sieht der hübsch aus!“ sagt Schnüpperle. „Bloß gut, daß ich keinen Hund gemacht habe, den hätte ich nicht so gut gekonnt.“

„Jetzt muß er trocknen“, sagt Mutter. Sie legt den Schneemann beiseite, damit sie weiter Herzen und Sterne ausstechen kann.

Alle Augenblicke fragt Schnüpperle:

„Ist er jetzt trocken?“

„Nein, noch nicht.“

„Jetzt?“

„Nein. Warum hast du's denn so eilig?“

„Weil ich mich freue, daß er mir so gut geraten ist. Wo stell ich ihn bloß hin, damit ihn viele sehen können? Ans Fenster?“

„Am Fenster ist es zu feucht, da wird er weich und fällt zusammen. Aber ich wüßte was“, sagt Mutter.

„Wohin denn?“

„Wir hängen ihn zwischen die grünen Zweige am Treppengeländer, da sieht ihn auch jeder, der zu uns kommt.“

„O ja! Aber wie hängen wir ihn denn auf? Kloppen wir einen Nagel durch?“

Mutter überlegt. „Ich weiß“, sagt sie. „Wir binden ihm eine Schleife um den Bauch und hängen ihn hinten daran auf.“

„Ja?“ fragt Schnüpperle. „Ja? Aber einen Schneemann mit Schleife um den Bauch habe ich überhaupt noch nicht gesehen.“

„Unserer ist ja auch ein ganz besonderer. Er schmilzt nicht, er riecht gut und schmeckt süß. Da kann er ruhig eine Schleife haben.“

„O ja!“ sagt Schnüpperle, „er ist ein richtiger Pfefferkuchenweihnachtsschneemann.“

Vom Klöckln gehn

Luis Oberkalmsteiner

In den drei Donnerstagnächten vor dem Weihnachtsfest ziehen in Südtirol die „Klöckler" über die verschneiten Sarntaler Berge auf vereisten Wegen von Einödhof zu Einödhof, um ihr Lied mit seiner uralten Melodie zu singen.

Die Klöcklergruppen in ihrer furchterregenden Vermummung, die mit Lärm und Zaubersprüchen den langen Winter besiegen, die kraftlose Wintersonne zu neuem Leben und die tote Erde zu neuer Fruchtbarkeit erwekken sollten, sahen in ihrem Tun und Treiben das Mittel, die finsteren Dämonen zu verjagen und den hellen Geistern zum Siege zu verhelfen.

Bei Einbruch der Dunkelheit treffen sich die Burschen auf einem bestimmten Bauernhof. Ihre Kleidung wirkt grotesk, die Gesichter werden bis zur Unkenntlichkeit verschmiert. Das Klöcklweibele in seinem strohgeflochtenen Kittel, dessen Herstellung viel Geschicklichkeit und noch mehr Geduld erfordert, und das Klöcklmandl sind die Hauptfiguren. Dazu kommen sechs bis sieben Sänger, von denen der eine oder andere eine verbeulte Trompete mit sich führt, der Ziehharmonikaspieler, der rettend einspringt, wenn die Melodie aus dem Leim zu gehen droht, der Bockshornbläser, der aus seinem Instrument die schauerlichsten Töne hervorbringt, und der „Lottersackträger".

Vor allen Häusern wird haltgemacht, das Klöckllied besser oder schlechter vorgetragen, und der „Lottersackträger" waltet seines Amtes – die Spende besteht im Dorf meist in klingender Münze, auf den Höfen jedoch gibt die Bäuerin einen ordentlichen Henkel Selchfleisch oder Bratwürste, und weiter geht es zur nächsten Häusergruppe. Jeder Bauernhof wird besucht, und in diesen Nächten sind selbst die Kinder nicht ins Bett zu bringen, bevor die Klöckler nicht vorbei sind.

Jahrhundertelang ist der Christstollen der traditionelle Weihnachtskuchen.

Der berühmteste Christstollen wurde im Jahr 1730 gebacken. Der Dresdner Bäcker Zacharais stellte ihn für August den Starken her.

Der Stollen war 18 Ellen (etwa 10 Meter) lang. acht Ellen breit und eineinhalb Fuß hoch. Der Bäcker Zacharias brauchte dazu 18 Scheffel (etwa 1800 Liter) Mehl, 326 Kannen Milch, 360 Eier, anderthalb Tonnen Hefe und drei Pfund Muskatblüte.

Ein neuer Ofen wurde für den Riesenstollen gebaut, und als er fertig war, wurde er mit Rollen und Ketten von einer Maschine wieder herausgezogen. Mit acht Pferden mußte er zum Festplatz gefahren werden und die Messer zum Zerschneiden waren so groß wie Säbel.

Die Weihnachtsgans

Barbara Bartos-Höppner

Mutter ist einkaufen gegangen. Schnüpperle steht auf einem Stuhl am Fenster und sieht auf die Terrasse hinunter. Unten an der Hauswand lehnt der Christbaum. Schnüpperle kann sich nicht satt daran sehen.

„Warum kommt denn Susanne immer noch nicht raus", sagt Schnüpperle vor sich hin. „Ich möchte ihr doch so gern unseren Christbaum zeigen. Olle Schlafmütze."

Da läutet es an der Haustür. Schnüpperle rennt die Treppe hinunter und ruft durch den Briefkastenschlitz:

„Mutter, bist du's?"

„Nein", sagt eine fremde Stimme, „ich bin..."

„Ich darf nicht aufmachen", ruft Schnüpperle, „weil ich allein bin und weil du vielleicht ein Einbrecher bist."

„Ich bin kein Einbrecher. Ich bin der Bauer Hoppe."

„Ich darf aber nicht aufmachen, weil Mutter einkaufen gegangen ist und weil Einbrecher immer Ausreden haben und was anderes sagen, und dann sind sie schon drin."

„Ich hab' keine Ausreden", sagt der Mann draußen, „ich bring euch bloß die Weihnachtsgans, die euer Vater bestellt hat."

„Eine Gans?" fragt Schnüpperle. „Eine richtige Gans?"

„Ja, was denn sonst!"

„O fein, laß sie mal schnattern!" Schnüpperle hebt mit der Hand den Briefkastenschlitz hoch.

„O je, o je!" Der Mann draußen seufzt.

„Ich hör noch gar nichts", ruft Schnüpperle. „Will sie nicht?"

„Sie kann nicht."

„Warum kann sie nicht? Ist sie krank?"

Der Mann vor der Tür fängt an zu lachen. „Die ist nicht krank", sagt er.

„Dann laß sie mal durch den Briefschlitz gucken!"

„Geht nicht. Sie ist eingepackt."

„Siehste, du bist doch ein Einbrecher! Du hast Ausreden und willst bloß rein."

„Junge!" kommt's von draußen, „ich will doch die Gans loswerden."

„Hast du auch bestimmt eine?"

„Ja doch!"

„Ich guck jetzt mal durchs Schlüsselloch", sagt Schnüpperle, „und wenn ich sie sehe, mach ich vielleicht auf, und wenn ich sie nicht sehe, kommt's nicht in Frage."

Schnüpperle hört Papier rascheln. „Ihren Schnabel seh ich schon, zeig mehr! Du, die hat ja einen verbundenen Kopf. Jetzt weiß ich, warum sie nicht geschnattert hat. – Du, du dort draußen, die ist ja ganz nackt! So eine hat Vater bestimmt nicht bestellt. Wir wollen doch eine mit Federn."

Der Mann vor der Tür lacht so sehr, daß er eine Weile nicht sprechen kann. „Nein", sagt er dann, „dein Vater hat eine ohne Federn bestellt."

„Hatte sie zuerst mal welche?"

„Ja, früher."

„Hast du sie ihr abrasiert?"

„Abrasiert nicht gerade."

„Wie hast du's denn gemacht?"

„Ich hab' die Gans gerupft."

„Gerupft?" fragt Schnüpperle. „Alle Federn rausgerupft? Da muß sie doch sehr geschrien haben, nicht? Ich hab' Annerose mal am Pferdeschwanz gerupft, und da hat Annerose auch ganz furchtbar geschrien."

„Die Gans hat aber nicht geschrien."

„Nein, warum nicht?"

„Weil ich sie vorher geschlachtet habe, und dann habe ich sie erst gerupft, damit ihr zu Weihnachten einen ordentlichen Gänsebraten essen könnt. Machst du mir jetzt auf?"

„Nein!" ruft Schnüpperle, und gleich noch einmal: „Nein! So einem wie dir mach ich überhaupt nicht auf."

„Gut", sagt Bauer Hoppe, „dann leg ich die Gans eben vor eure Haustür, und wenn ich fortgegangen bin, holst du sie rein. Hast du mich verstanden?"

„Nein, ich hab's nicht verstanden, kein Wort! Und ich hol sie auch nicht rein!"

Schnüpperle hört Schritte, und dann sagt Bauer Hoppe:

„Ach, da kommt ja die Mama. Na, jetzt werd ich den Vogel wohl doch noch los."

Gebratne Äpfel

Hoffmann von Fallersleben

Gebratne Äpfel, süßes Wort,
O Wort voll Trost und Leben!
O möcht's für mich doch immerfort
Gebratne Äpfel geben!

Des Abends spät, da denk' ich noch,
Bevor ich muß zu Bette:
Wenn ich gebratne Äpfel doch,
Ach! wenn ich sie doch hätte!

Des Nachts, da schlaf' ich, was ich kann,
Doch träum' ich auch mitunter:
Gebratne Äpfel machen dann
Mich oftmals wieder munter.

Des Morgens, wenn ich werde wach,
So ist mein erstes Denken:
Wer wird gebratne Äpfel, ach!
Den heut'gen Tag mir schenken?

Gebratne Äpfel sind allein
Mein Sinnen, Dichten, Trachten.
Gebratne Äpfel, stellt euch ein!
Laßt mich nicht länger schmachten!

Gebratne Äpfel, süßes Wort,
O Wort voll Trost und Leben!
O möcht's für mich doch immerfort
Gebratne Äpfel geben!

Die Reise nach Bethlehem

Rudolf Otto Wiemer

Bredelem heißt unser Ort. Er kann nichts dafür, daß er so heißt, auch wenn es mitunter aussieht, als wollten die Leute uns deshalb verspotten. „Machen wir mal eine Reise nach Bethlehem!" sagen sie. Ein Spaß, nichts weiter, aber damals, als die Geschichte mit Mausche Grendel passierte, mußte man vorsichtig sein mit Späßen. Lehrer Fricke jedenfalls wurde stets giftig und sagte, wir sollten es nicht dulden, wenn jemand unserem Ort etwas anhängen will.

Wir nickten, weil wir immer nickten bei Lehrer Fricke; sonst hatten wir nichts gegen Bethlehem. Es war uns auch gleich, worüber die Erwachsenen Späße machten. Wir klopften Pfeifen aus Holunder. Wir fingen Stichlinge mit dem Käscher. Dann ließen wir Drachen steigen. Dann rauchten wir heimlich Hopfenstengel. Dann schneeballerten wir. Dann schnitten wir wieder Holunder und klopften Pfeifen. Dann machten wir den Schulausflug zur Dobeler Burg, im Juni, die ganze Schule, zwanzig Jungen und siebzehn Mädchen.

Jedes Jahr fuhren wir mit dem Bus zur Dobeler Burg, wenn dort auch nur ein Turm, ein paar schiefe Mauern und ein Kellergewölbe zu sehen sind. Aber Lehrer Fricke sagte, das wäre eine stolze Vergangenheit. Wir nickten und zählten die Stufen. Sechsundachtzig waren es. Und ganz unten gab es ein Verlies mit Spinnweben und Ratten, wo es nach verfaultem Stroh roch. „Da haben die Kaufleute dringesessen", sagte Herr Fricke, „und geschmachtet, bis das Lösegeld kam. Wenn es nicht kam, mußten sie verhungern." Wir machten große Augen. So etwas geschieht heute ja nicht mehr, doch es ist angenehm gruselig zu hören. Und Herr Fricke sagte: „Andere Zeiten, andere Sitten."

Hinter der Burg war eine hölzerne Bude, wo es Bonbons und Limonade zu kaufen gab. Herr Fricke trank da meist ein Helles und wickelte die Wurststullen aus. Er hatte einen kleinen Schnurrbart auf der Oberlippe und trug Marschstiefel, weil er seit kurzem bei der SA war. Davon erzählte er oft. Wie forsch es da zuging und wie sie einen Gepäckmarsch gemacht haben, zwölf Kilometer von Bredelem weg und zwölf zurück, mit vier Backsteinen im Tornister. Und es war so heiß, daß der Schweiß aus den Uniformärmeln tropfte, aber keiner hat gemuckt. „Und ihr", sagte Herr Fricke spöttisch, „deutsche Jungen wollt ihr sein und im Bus fahren zur Dobeler Burg? Haha!"

Es war aber stets so gewesen, daß wir mit dem Bus fuhren. Wir liefen dann den Burgberg hoch. Wir spielten Raubritter und Kaufmann, die Mädchen hüpften oder hatten einen Ball. Und wenn wir genug gespielt hatten und Herrn Frickes Bierglas leer war, zog er eine Trillerpfeife aus der Tasche und ließ uns antreten. Er gab scharfe Kommandos, dann marschierten wir in Dreierreihen zum Schwimmbad, das eine knappe Stunde hinter dem Berg auf einer Wiese lag, bei Groß-Dobeln. Dort holte uns der Bus ab. Wir sangen, wir lutschten Bonbons und fuhren nach Hause.

Herr Fricke bezahlte das alles aus der Reisekasse. Sogar die Limonade bezahlte er, nur die Bonbons nicht. „Weil das den Zähnen schadet“, sagte er. Und er war sehr stolz auf die Reisekasse, denn sie ist seine eigene Erfindung gewesen. Niemand brauchte etwas einzuzahlen. Trotzdem war stets, wenn wir zur Dobeler Burg fuhren, genau soviel Geld drin, wie es kostete. Das klingt nach Zauberei, es ist aber leicht zu erklären. Wir führten nämlich jedes Jahr zu Weihnachten ein Theaterstück auf, das ist ebenfalls eine Erfindung von Herrn Fricke gewesen. Er hatte es gedichtet, als er noch nicht in der SA war: von Maria und Joseph, von den Hirten und von den Weisen aus Morgenland und den Engeln. Vorläufig will ich aber nur sagen, daß es ein schönes Theaterstück war und daß wir kurz nach Bußtag damit anfingen. Das meiste konnten wir schon vom Vorjahr auswendig. Klaus Schöpke zum Beispiel war der Herodes, weil er Stimmbruch hatte und fast so tief sprechen konnte wie Herr Fricke. Renate Schüddekopp spielte die Maria, Glombitza einen Hirten. Udo Voß, weil er groß und dürr war, mußte der Joseph sein. Die Mädchen waren natürlich Engel. Und ich der Mohrenkönig. Ich schmierte mir das Gesicht mit Ofenruß schwarz und schnitt eine Krone aus Seifenkarton, die bemalte ich mit Goldbronze.

Die Aufführung fand stets zwei Tage vor Heiligabend im „Weißen Roß“ statt. Es war proppenvoll, das freute uns, denn jeder, der es sehen wollte, mußte fünfzig Pfennige Eintritt bezahlen. Das taten die Leute auch, hauptsächlich weil Mausche Grendels Esel mitspielte. Es gab da öfter etwas zu lachen, wenn der Esel zum Beispiel was fallen ließ oder wenn er die Vorderbeine gegen die Bretter stemmte. Maria, die auf dem Esel saß, mußte ihm dann, so hatte Mausche gesagt, den Hals klopfen. Auf diese Art besann sich der Esel. Er trottete weiter zu Willi Teuteberg, dem dritten Wirt, der so leise sprach, daß Herr Fricke den Text meist aus der Kulisse rufen mußte: „Weiß nicht, wo ich euch aufnehmen soll, alle Kammern sind mir von Gästen voll, habe nur noch, daß Gott erbarm, einen Stall dunkel und niedrig und arm“, oder so ähnlich.

Der Esel, sobald er etwas vom Stall hörte, stellte die Ohren aufrecht. Mitunter stieß er auch einen Schrei aus. Deswegen hauptsächlich kamen die Leute und bezahlten. Unser Dorf ist ja klein, es hat nicht mal ein Kino, und man kriegt sonst nicht viel zu sehen, wenigstens damals nicht, als wir unsere Ausflüge zur Dobeler Burg machten. Immerhin, das Geld für die Reisekasse kam reichlich zusammen. Lehrer Fricke rechnete es an der Tafel aus. Zuletzt sagte er: „Tja, wenn wir Mausche Grendels Esel nicht hätten!“ Damit hatte er recht, denn die Geschichte von Maria und Joseph, da ist nicht viel Neues dran, man kennt sie. Aber der Esel, der war sehenswert.

Er hieß Bileam, glaube ich. Er hatte ein zotteliges, zernarbtes Fell und wässerige Augen. Vielleicht ist er schon alt gewesen, doch das war sein Herr auch.

Mausche Grendel verkaufte Schnürsenkel,

Zwirn, Strümpfe, Wollgarn, Sicherheitsnadeln, Bleistifte, Radiergummi, Malbücher, Seife, Parfüm, lauter Kleinkram. Man hätte es ebensogut im Dorfladen kaufen können, aber bei Mausche Grendel war alles ein paar Pfennige billiger. Außerdem kriegte man, wenn man für eine Mark kaufte, einen Ring geschenkt, einen Fingerring mit grünem oder rotem Stein. Und vor Weihnachten hatte er natürlich auch Engelshaar, Schneewatte, Lametta, Glaskugeln, Wunderkerzen und Rauschgoldsterne. Mausche machte kein schlechtes Geschäft, sehr zum Ärger des Kaufmanns, der sagte, es wäre alles Schund, man sollte zu ihm kommen, da hätte man reelle Ware. Wir gingen aber lieber zu Mausche.

Er stand mit seinem Wägelchen bei Ebecke unten im Dorf, und der Esel stand in Ebeckes Scheune. Er war am Pflock festgebunden und streckte den Kopf zwischen den Balken durch. Meist schneite es, oder es regnete, dann blickte uns der Esel noch trauriger an.

„Is müde, das Eselche", sagte Mausche.

Er füllte die Tüte mit Pfeffernüssen und zwinkerte, indem er die rechte Augenbraue hochzog.

Mausche Grendel hatte ein zerknittertes, blasses Gesicht. Über den Schläfen kräuselten sich Büschel pechschwarzer Haare. Auch seine Brauen, in denen der Schnee hing, waren schwarz. Er trug Schaftstiefel, wie Lehrer Fricke, nur waren sie längst nicht so neu und blank gewichst. Der Mantel, an dem zwei Knöpfe fehlten, hing schlottrig an ihm herunter. Nachts, sagten die Leute, wickelt er sich in den Mantel und legt sich neben dem Esel Bileam ins Stroh. Deswegen sah man meist Halme oder Spelzen am Mantel haften, aber das machte Mausche Grendel nichts aus. Er hatte, sagten die Leute, keine Frau mehr, die auf ihn achten konnte. Nur eine Tochter hatte er, die war krank. Wer sollte ihm da den Mantel bürsten und die Knöpfe annähen? Aber er hatte sie sehr gern, die Tochter. Und den Esel fast ebensogern.

Vielleicht war Mausche sogar stolz darauf, daß der Esel in unserem Stück mitspielen durfte. Es sah prächtig aus, wenn Renate Schüddekopp in ihrem blauen Mantel dahergeritten kam. Mausche stand dann hinten im Saal und gab acht, daß der Esel nichts verpatzte. Und sooft man den Bileam lobte, zwinkerte der Alte und sagte: „O bitte särr! Is a gutts Eselche! A gutts Eselche!"

Das zerknitterte Gesicht wurde dann glatt und glänzend, und er wollte keine Entschädigung annehmen, nein, nichts, keinen Pfennig, nicht mal ein Schnäpschen.

„Is ja eine Ehre", sagte er, die Hände hebend, „eine große Ehre! Bitt scheen, die Herrschaften, das macht der Bileam umsonstig!"

Alljährlich richtete Mausche es so ein, daß er kurz vor Heiligabend in unser Dorf kam. Wir warteten schon tagelang auf ihn und gingen an die Westerbecker Kreuzung hinauf, wo man die Straße bis an den Wald überblicken kann. Und sobald Mausche Grendel mit dem Wägelchen unten in der Waldschneise auftauchte, liefen wir ihm entgegen, nahmen ihm die Zügel aus der Hand und schoben das Wägelchen so rasch vorwärts, daß der Esel sich 251 erstaunt umsah. Mausche lachte und wischte sich den Schweiß ab: „So gutt mecht er's halt immer haben, der Graue!"

Noch ehe wir ins Dorf zogen, lief einer voraus und meldete Lehrer Fricke: „Der Esel ist da!“

Herr Fricke hatte sich womöglich schon Sorgen gemacht, ob Mausche nicht etwa krank wäre. Man weiß ja, wie es in der Welt zugeht und wie unverhofft es kommen kann.

In dem Jahr allerdings, von dem ich erzählen will, es war das Jahr, als Lehrer Fricke die Marschstiefel anzog und manchmal mit braunen, geschweiften Hosen in die Schule kam und mit einem Koppel um den Bauch, da machte er sich keine Sorgen um Mausche Grendel. Wenn wir ihn fragten, ob es nicht bald Zeit wäre, zuckte er die Achseln. Und Schöpke Herodes, der einen vorlauten Mund hatte, als er sagte: „Ohne den Esel spielen wir nicht“, da wurde Herr Fricke giftig, was jetzt öfter vorkam, und er schrie, wir sollten es bleiben lassen.

„Die Geschichte ist sowieso nicht zeitgemäß“, sagte er, etwas ruhiger; es täte ihm fast leid, daß er so etwas geschrieben hat, aber man ist ja früher blind gewesen, jetzt ist das nicht mehr der Fall, jetzt durchschaut man die Sache.

Wir wußten nicht genau, wie Lehrer Fricke das meinte. Es war kein Spaß, soviel sahen wir ihm an. Er reckte die Schultern und ging stramm in der Klasse auf und ab, daß die Dielen knarrten. Und Schöpke Herodes, der noch etwas sagen wollte, bekam von Glombitza, dem Hirten, einen Wink, er solle bloß still sein, damit Lehrer Fricke nicht mehr so böse wird und uns das Doppelte aufgibt an Schularbeiten. Das hatten wir schon erlebt.

Natürlich gingen wir an die Westerbecker Kreuzung. Es schneite, wir konnten nicht weit sehen. Aber als wir eine halbe Stunde Schneebälle gegen den Telegraphenmast geworfen hatten, daß er von oben bis unten gesprenkelt war, hörte es auf zu schneien. Ein Schwarm Krähen flog über uns weg, es war nachmittags gegen halb vier, fast dämmrig, da sagte Udo Voß: „Dort kommt was.“

Wir starrten gegen die Waldschneise. Die Straße war weiß, der Wald auch weiß, aber nur auf der Windseite. Auf der anderen Seite war er dunkelgrün, fast schwarz. Und dort, zwischen dem Schwarzen und Weißen, da sahen wir etwas sich bewegen, langsam, viel langsamer als sonst.

„Ein Wagen“, sagte Glombitza.

Wir kniffen die Augen zusammen. Ein Wagen, jawohl, aber kein Esel.

Wir rannten die Straße hinunter. Jetzt sahen wir, daß Mausche einen Riemen quer über Brust und Schultern trug, und dieser Riemen war an der Achse des Wägelchens befestigt.

Mausche lächelte dünn, als er uns gewahrte. Er nahm den Hut ab und wischte den Schweiß von der Stirn. Die Haare waren verklebt vor Nässe, das Gesicht schmal und spitznäsig. Es war der gleiche Mausche wie sonst, und doch sah er anders aus.

„Wo ist der Esel?“

Mausche hob die Hände, als wäre es ihm lieber, die Frage nicht zu beantworten. Er versuchte zu zwinkern, aber es ging nicht.

„Sie haben ihn doch nicht verkauft?“

Der feuchte, filzige Mantel Mausches war fast noch länger und schlottriger geworden.

Niemand hatte ihm die fehlenden Knöpfe angenäht. Von Zeit zu Zeit blieb der Alte stehen. Er sprach kein Wort.

„Wie geht es der Tochter?" fragte Glombitza. Er fragte vielleicht nur, damit der Alte merken sollte, daß wir nichts vergessen hatten.

„Tot", sagte Mausche. Er blickte uns groß an. „Hat nicht mehr wollen läbben, das Töchterche. Aber der Mausche, der muß. Der muß läbben."

Er schüttelte verzweifelt den Kopf. Es war ja auch schwer zu verstehen, daß die junge Tochter sterben mußte, und der alte Mausche, der mußte leben. Er setzte den Hut auf und stemmte sich gegen den Riemen.

Wir schoben das Wägelchen den Berg hinauf. Es ging ganz leicht für Mausche Grendel. Er freute sich, trotz seines Kummers, daß wir ihn abgeholt hatten. Unterwegs hörten wir, daß er den Esel verkauft hatte, an einen Fabrikanten, der ihn den Kindern zu Weihnachten schenken wollte, damit sie darauf reiten könnten. Der Fabrikant war nach Mausches Beschreibung ein freundlicher Herr. Er hatte mehr als das Doppelte geboten, man kriegte ja nirgends Esel. Und dem Bileam ging es gut dort. Er konnte fressen, soviel er wollte. Und Mausche konnte die Begräbniskosten bezahlen. Ein paar Mark hatte er sogar übrig. Die kamen in die Reisekasse.

Wie? Hatte Mausche Grendel auch eine Reisekasse?

„Wollen Sie weg?" fragte Udo Voß.

Der Alte tat, als hätte er die Frage nicht gehört. Überhaupt hatte er, wie es uns vorkam, ein seltsames Wesen. Er blickte mitunter scheu von einem zum anderen. Er zuckte, wenn man ihn anredete. Es war, als hätte er Angst, zu lächeln. Er schämte sich womöglich, weil er uns darum gebracht hatte, mit dem Esel auf der Bühne großzutun.

Kaum trauten wir uns, Herrn Fricke die Ankunft Mausche Grendels zu melden. Es ginge ihm nicht besonders, sagten wir. Er wolle den Handel aufstecken und verreisen.

„Soll er", sagte Lehrer Fricke. „Soll bloß abhauen, der Mausche. Möglichst bald. Und weit weg. Am besten nach Bethlehem."

Wir dachten, das wäre Spaß. Deshalb sagte Glombitza: „Aber er macht doch jedes Jahr die Reise nach Bethlehem! Zu uns, ins Dorf!"

Lehrer Fricke drehte sich wütend um. „Ich meine natürlich das richtige Bethlehem! Das, wohin die Meschpoke gehört!"

Nach dem Esel hatte er überhaupt nicht gefragt. Wir blickten auf seine Stiefel und schwiegen.

Mausche schlief, wie immer, in Ebeckes Scheune. Das heißt, Ebecke sagte, er wolle es nicht erlauben; aber wenn es so wäre, wüßte er von nichts. Mausche machte keinen Besuch bei Ebecke, wie er es sonst immer getan hatte.

Am nächsten Tag gingen wir zu ihm, Glombitza und ich. Wir holten uns Wunderkerzen, Schnürsenkel und Gummiband. Doch Renate Schüddekopp sagte, ihre Mutter hätte es verboten.

„Bei Mausche kauft man nicht", sagte sie.

Wir kamen uns fast so vor, als hätten wir gestohlen, zumal der Kaufmann grüne Zettel mit Sternen in die Häuser schickte, darauf stand, daß es immer noch Einwohner gäbe, die ihre Ehre um ein paar Pfennige verleugnen, und diejenigen, welche das täten, sollten hiermit gewarnt sein.

Bald war es soweit, daß Mausche allein vor seinem Wägelchen hockte. Von Tag zu Tag ließ er den Kopf tiefer hängen.

Ich stand hinter Ebeckes Scheune und beobachtete ihn. Er blickte die leere Dorfstraße hinauf. Er ging um das Wägelchen herum und stampfte mit den Stiefeln, die Füße zu wärmen. Es fing sanft zu schneien an. Mausche hauchte in die Hände. Dann steckte er die Hände in die Manteltaschen. Mitunter blickte er zur Scheune hinüber. Er mochte sich daran erinnern, daß Bileam dort den Kopf zwischen den Balken hervorgestreckt hatte. Jetzt war nur gelbes Stroh zu sehen. Ein Brett war quer über die Luke genagelt. Auf dem Dach saßen zwei Tauben, die strichen klatschend ab, als ein Schneeball von der Straße her durch die Luft sauste. Er traf Mausche Grendel vor die linke Brust, auf den Mantel. Es sah aus, als hätte Mausche sich dort einen Orden angesteckt.

„Na, na“, sagte er kopfschüttelnd.

Da ging ich zu ihm und kaufte zwei Schachteln Engelshaar.

Er starrte mich furchtsam an, weil ich von hinten, von der Scheune her kam. Als ich gehen wollte, hielt er mich beim Rockärmel fest.

„Wer hat geworfen? Weißt du?“ Er deutete auf den Schneefleck am Mantel.

Ich wollte ihm nicht sagen, daß es Schöpke Herodes gewesen war, der jetzt am lautesten auf Mausche schimpfte, weil er den Esel nicht mitgebracht hatte. Auch sonst hatte er an Mausche allerlei auszusetzen. „Er will uns übers Ohr hauen“, sagte er. „Wir sind aber nicht so dumm und fallen darauf herein.“

„Willst einen Ring?“ fragte Mausche.

Ich schüttelte den Kopf.

Mausche blickte mich argwöhnisch an. Der Schein der Karbidlampe warf einen messerscharfen Schatten in sein Gesicht. Die Backen waren hohl und feucht. Es mochte Schnee sein, der darauf taute.

„Nimm schon“, sagte er. „E scheener Ring, sieh doch!“

Ich sah, wie Mausches Hand zitterte.

„Wollen Sie wirklich verreisen?“ fragte ich.

Mausche nickte.

„Weit fort?“

Mausche blieb unbewegt.

Ich nahm den Ring, steckte ihn in die Tasche und fragte: „Nach Bethlehem?“

Mausche blickte mich von der Seite an. Er fürchtete offenbar, ich wolle mich über ihn lustig machen.

„Schwätz nicht“, sagte er barsch und schob, weil es stärker schneite, die Wagenplane über das Brett, auf dem er den Flitterkram zum Verkauf ausgelegt hatte. „Soviel Geld“, sagte er, „hat der Mausche nicht, daß er mecht kommen bis Bethlehem.“

„Und die Reisekasse?“

Mausche lächelte verlegen. „I, das mecht vielleicht reichen fier weniger. Die Reise zum Töchterche, weißt?"

Ich sagte, ich wollte außer dem Engelshaar auch Lametta haben. Mir war eingefallen, daß ich noch Geld in der Hosentasche hatte.

Mausche gab mir Lametta. Er zwinkerte wie in alten Zeiten. „Das schenkt dir der Mausche. Damit du wirst denken an ihn, wenn er wird sein unterwegs, auf der Reise. Willst du?"

Er hob die Schultern, daß der Kopf fast im Mantelkragen verschwand. Dann ließ er die Schultern wieder herabfallen und wendete sich ab.

„Heute abend", sagte ich, um ihn aufzumuntern, „Sie kommen doch ins Gasthaus? Zuschauen?"

„Nein. Man wird nicht hereinlassen den alten Grendel." Ich verdrückte mich, weil ich glaubte, ich hätte Renate Schüddekopp auf der Straße gesehen.

„Wetten", sagte Schöpke Herodes, als er soweit war. Er zog sich gerade den roten Mantel an.

„Was – wetten?"

„Daß er sich nicht traut!"

Mausche Grendel kam aber doch. Wir linsten durch den Vorhang. Er stand wahrhaftig im Saal, seitlich, ins Dunkle gedrückt.

„Unverschämt", sagte Schöpke Herodes.

Ich sah, wie Mausche das Taschentuch aus dem Mantel zog und die Stirn abwischte. Der Wirt hatte gut eingeheizt, weil Lehrer Fricke stets besorgt ist, die Engel in ihren dünnen Kleidern möchten sich erkälten.

Der Saal war nicht so proppenvoll wie sonst. Man sah ein paar Reihen leerer Stühle. Glombitza sagte: „Nur weil der Esel nicht da ist." Und Udo Voß, der den schönen langen Josephsbart hinter den Ohren befestigte, sagte, das nächste Mal müßten wir marschieren zur Dobeler Burg, weil nicht genug Geld einkommt für den Bus.

Ich drehte mich um. Schöpke Herodes flüsterte aufgeregt mit Lehrer Fricke. Herr Fricke sah aus, als müßte er etwas unternehmen. Er strich über das Bärtchen. Das tat er immer, wenn er anfing, giftig zu werden.

Ich hatte mir inzwischen das Gesicht schwarz gemacht. Ich setzte die Krone auf, die ich aus dem Seifenkarton geschnitten hatte. Maria stand in ihrem blauen Mantel neben Udo Voß. Beide warteten auf Herrn Frickes Zeichen, damit sie sich auf die Reise machen könnten, diesmal zu Fuß. Udo Voß sagte: „Wir haben ja junge Beine." Und weil er dabei nach Renate Schüddekopps Beinen schielte, mußten wir lachen, die Hirten, die Könige, auch ein paar Engel.

Da hörte ich Schritte. Energische Stiefelschritte, dicht neben mir. Dann eine Stimme. Herr Fricke konnte manchmal so reden, wenn er uns 'runtermachte. Jetzt sagte er: „Wie ich erfahre, befindet sich jemand im Saal, der hier fehl am Platze ist."

Und eine andere Stimme unter den Zuschauern, ich glaube, es war der Sohn des Kaufmanns, rief noch etwas, das ich nicht verstand.

Es war eine Weile still. Dann hörte man einen leisen, schleppenden Schritt. Die Tür klappte. Und wir fingen an.

Als das Spiel zu Ende ging und wir alle vor der Krippe gekniet hatten, rannte ich aus dem Saal, so wie ich war, mit Ofenruß und Krone.

Ich kam zu Ebeckes Scheune. Wo Mausche Grendels Wagen gestanden hatte, war ein dunkler Fleck, den der Schnee mehr und mehr verdeckte. Eine Räderspur, gerade noch zu erkennen, führte zum Dorf hinaus. Ich sah nichts als wirbelnde Flocken, doch ich glaubte zu sehen, wie Mausche sich gegen den Riemen stemmte, wie er den Wagen zog, Schritt für Schritt, wie er keuchte, wie er stehenblieb und sich ängstlich umblickte, als kämen die Marschstiefel hinter ihm her.

„Ein prächtiger König warst du", sagte die Mutter, als ich heimkam.

Ich schwieg. Rasch ging ich in die Kammer, legte die Krone weg und wusch mir die Schwärze aus dem Gesicht.

21. Dezember – Hl. Thomas

Thomas lebte als Fischer in Galiläa, bevor er sich Jesus anschloß. Er war der Zweifler unter den Jüngern, der „ungläubige Thomas". Erst als ihm der auferstandene Christus gegenüberstand, bekannte er: „Mein Herr und mein Gott." Thomas ging als „Baumeister" des christlichen Glaubens nach Indien und erlitt das Martyrium des Todes auf einem Felsen bei Madras.

Er ist der Schutzheilige der Architekten, Maurer und Zimmerleute.

In der Thomasnacht fangen die geheimnisvollen Rauhnächte an, in denen alle Luft- und Erdgeister ihr unheimliches Wesen treiben.

Gruß an Bord

Aus der Weihnachtssendung für Seeleute in aller Welt

Jedes Jahr am Heiligen Abend wird diese Seemannssendung vom Norddeutschen und Westdeutschen Rundfunk ausgestrahlt und vom Rias Berlin, an den sich München mit seiner Kurzwelle anschließt. Mit Hilfe der Küstenfunkstation Norddeich Radio bringt sie Weihnachtsgrüße an die Schiffe auf See und von den Schiffsbesatzungen an ihre Angehörigen in der Heimat. Betreut wird die Sendung von Hermann Rockmann und Hans Hermann Schlünz.

„Hier ist Hamburg, hier ist Hamburg, hier ist die Küste, der Hafen und die Sendung ‚Gruß an Bord'.

Wir wünschen Ihnen, liebe Seeleute überall in der Welt, ein ruhiges und zufriedenes neues Jahr. Aus Hamburg grüßen am Heiligen Abend die Glocken der Michaeliskirche.

Liebe Seeleute in Nord und Süd, in Ost und West. Im 23. Jahr möchten wir die Grüße Ihrer Familien und Freunde an Sie übermitteln und Ihre Grüße an die Angehörigen zurückgeben. Die allgemeinen Sorgen der Seefahrt wurden in diesen Tagen überschattet von der Katastrophe des Lash-Frachters ‚München' und einer Reihe schwerer Unfälle zur See und in der Luft.

Am 12. Dezember war der 37000 Tonnen große Hapag-Lloyd-Frachter ‚München' mit siebenundzwanzig Besatzungsangehörigen und der Ehefrau eines Offiziers an Bord einige hundert Seemeilen nördlich der Azoren in Seenot geraten. Länger als zehn Tage wurde von internationalen Verbänden, einer Gemeinschaft der Retter der See, gesucht, dann wurde die Suche abgebrochen. Wir gedenken der Menschen, die an Bord waren, und der Angehörigen, die tage- und nächtelang auf eine gute Nachricht gehofft hatten.

Liebe Fahrensleute überall in der Welt! Wir grüßen Sie an Bord und in der Heimat. Wir grüßen am heutigen Abend den Seemann, der keine Angehörigen hat. Unsere Gedanken sind bei den vielen Seemannsfrauen, die wiederum allein zu Hause sind. Wir denken heute an die kranken Seeleute. Wir denken wie immer an die Oldtimer der christlichen Seefahrt, die heute in ihren Heimen an der Küste oder zu Hause auf Freiwache sind. Gute Ruh'.

„Hier meldet sich zum ersten Mal Norddeich Radio mit einem Seefunkgespräch":

„Hier ist die ‚Columbus Viktoria'! Wir sind in der Tasman-See, das ist das Gewässer zwischen Australien und Neuseeland, und wir befinden uns nun auf dem Wege nach Neuseeland, und zwar nach Auckland. Wir haben die Datumsgrenze noch nicht überschritten, sind aber ganz in der Nähe."

„Erzählen Sie, was der Koch in der Pfanne hat für heute."

„Ja, was der Koch in der Pfanne hat? Das hat er nicht mehr in der Pfanne, weil wir bereits gegessen haben. Aber ich will Ihnen kurz sagen, was es war. Und zwar hatten wir eine Schildkrötensuppe, ein spezielles Toast, dann Steak, und als Nachspeise hatten wir Eiskrem und so eine Birne da, so eine – Birne Helene, sagt mein Kapitän, der übrigens neben mir sitzt und die Hörer grüßen läßt."

„Ja, hier ist also der Kapitän der ‚Columbus Viktoria'. Ich möchte gerne die Chance wahrnehmen, die Familienmitglieder meiner Besatzung herzlich zu grüßen und ein frohes Weihnachtsfest zu wünschen und meiner Familie genauso. Wir haben hier Sommer und haben 24 Grad. Die Sonne ist eben untergegangen, wir sitzen draußen bei ruhigster See und können direkt an Deck feiern."

„Mein lieber Papa, ich wünsch' dir ein frohes Weihnachtsfest und einen guten Rutsch ins neue Jahr."
„Mein lieber guter Schatz, an Deinem Geburtstag denken wir so viel an dich. Ich wünsche dir ein frohes Fest an Bord und für das neue Jahr alles Gute und daß dein Schiff Europa ansteuert. Auch an die Besatzung alles Gute und viele Grüße."

„Hier ist das Feuerschiff ‚Amrum-Bank' auf der Station in der Deutschen Bucht. Das Wetter ist 6 bis 7, und wir haben ziemliche Dünung. Wir mußten unseren Weihnachtsbaum laschen, damit er nicht umfällt. Wir möchten unsere Frauen und unsere Kinder zu Hause grüßen, vor allem unseren Heimathafen Wilhelmshaven."

„Der traditionelle Gruß der Mauritius-Schule aus Hildesheim an ihre Patenschiffe darf auch in unserer heutigen Sendung nicht fehlen."

„Stellvertretend für Eltern, Lehrer und Schüler unserer Patenschule und für die unzähligen Patenfreunde in Stadt und Land grüße ich Sie alle auf den verschiedenen Schiffen, vom Smutje und Bootsmann bis hin zum Kapitän. Unser Gruß gilt unseren bekannten Fischdampferbesatzungen und den befreundeten Reedereien Nordsee, Hapag-Lloyd und Kosmos Burgschiffahrt.

Fröhliche Weihnachten und allzeit gute Fahrt in das Jahr 1979 wünscht Ihnen allen auf See Ihr Patenfreund…“

„Hier ist die ‚Werdertor‘. Wir befinden uns etwa südlich von Las Palmas, haben südlichen Kurs auf der Karte gesetzt und befinden uns mit dem Schlepp ‚Sedko 708‘, das ist eine große Bohrinsel, ein Halbtaucher, auf dem Wege nach Südafrika.

Unsere Reise hat begonnen am 4. Dezember in Foynes, wo wir ausgelaufen sind bei sehr schlechtem Wetter. Wir haben 60 bis 70 Fuß See gehabt, und Orkanböen sind über uns hinweggegangen. Danach wurde das Wetter dann etwas besser, und in der Höhe von Portugal haben wir dann mit 7 Knoten einen wunderbaren Schleppspeed gemacht.

Wir freuen uns auf eine Wiederkehr und hoffen, daß wir dann Anfang des Jahres bei unseren Angehörigen wieder zu Hause sein können.“

Herrscht in der Adventswoche strenges, kaltes Wetter, so soll dasselbe acht Wochen lang anhalten.

Nußernte
Karl Krolow

Süßer Kern und bittrer Kern.
Schlagt mit Stangen an die Äste!
Mächtig trägt der Walnußbaum.
Feiert schwelgerische Feste,
schmeckt das Fleisch und seid voll Traum!
Süßer Kern und bittrer Kern.

Dunkle Erde, schöner Stern!
Beizt die Haut das Unkrautfeuer,
brennt der Strauch der Hasel rot,
schlingt Klematis am Gemäuer;
Nußkern nehmt zum Bauernbrot!
Dunkle Erde, schöner Stern.

Buben mögen Nüsse gern:
füllen sich die Körnersiebe,
liegt zum Trocknen Nuß bei Nuß,
lauern schon die ersten Diebe,
nahen sich mit bloßem Fuß…
Buben mögen Nüsse gern.

Schreit die Kranichschar von fern,
ist die letzte Nuß geschlagen,
schwebt im Dunst der Walnußbaum,
wollen wir uns nicht versagen
herben Nußschnaps. – Wie im Traum
schreit die Kranichschar von fern.

Das Weihnachtsevangelium

Lukas 2, 1–20

Es begab sich aber zu der Zeit, daß ein Gebot vom Kaiser Augustus ausging, daß alle Welt geschätzt würde. Und diese Schätzung war die allererste und geschah zu der Zeit, da Cyrenius Landpfleger in Syrien war. Und Jedermann ging, daß er sich schätzen ließe, ein Jeglicher in seine Stadt.

Da machte sich auch auf Joseph aus Galiläa, aus der Stadt Nazareth, in das jüdische Land, zur Stadt Davids, die da heißt Bethlehem, darum daß er von dem Hause und Geschlecht Davids war, auf daß er sich schätzen ließe mit Maria, seinem vertrauten Weibe, die war schwanger. Und als sie daselbst waren, kam die Zeit, daß sie gebären sollte. Und sie gebar ihren ersten Sohn und wickelte ihn in Windeln und legte ihn in eine Krippe, denn sie hatten sonst keinen Raum in der Herberge.

Und es waren Hirten in derselben Gegend auf dem Felde bei den Hürden, die hüteten des Nachts ihre Herde. Und siehe, des Herrn Engel trat zu ihnen, und die Klarheit des Herrn leuchtete um sie; und sie fürchteten sich sehr. Und der Engel sprach zu ihnen: Fürchtet euch nicht; siehe, ich verkündige euch große Freude, die allem Volk widerfahren wird; denn euch ist heute der Heiland geboren, welcher ist Christus, der Herr, in der Stadt Davids. Und das habt zum Zeichen: Ihr werdet finden das Kind in Windeln gewikkelt, und in einer Krippe liegen. Und alsbald war da bei dem Engel die Menge der himmlischen Heerscharen, die lobten Gott und sprachen: Ehre sei Gott in der Höhe, und Friede auf Erden, und den Menschen ein Wohlgefallen!

Und da die Engel von ihnen gen Himmel fuhren, sprachen die Hirten untereinander: Laßt uns nun gehen gen Bethlehem, und die Geschichte sehen, die da geschehen ist, die uns der Herr kundgetan hat. Und sie kamen eilend und fanden beide, Maria und Joseph, dazu das Kind in der Krippe liegen.

Da sie es aber gesehen hatten, breiteten sie das Wort aus, welches zu ihnen von diesem Kinde gesagt war. Und alle, vor die es kam, wunderten sich der Rede, die ihnen die Hirten gesagt hatten. Maria aber behielt alle diese Worte und bewegte sie in ihrem Herzen. Und die Hirten kehrten wieder um, priesen und lobten Gott um alles, was sie gehört und gesehen hatten, wie denn zu ihnen gesagt war.

Die heiligen drei Könige

Heinrich Heine

Die heil'gen drei Kön'ge aus Morgenland,
sie frugen in jedem Städtchen:
„Wo geht der Weg nach Bethlehem,
ihr lieben Buben und Mädchen?"
Die Jungen und Alten, sie wußten es nicht,
die Könige zogen weiter,
sie folgten einem goldenen Stern,
der leuchtete lieblich und heiter.
Der Stern bleibt stehn über Josephs Haus,
da sind sie hineingegangen;
das Öchslein brüllte, das Kindlein schrie,
die heil'gen drei Könige sangen.

Eine Weihnachtsgeschichte

Selma Lagerlöf

Und dann kam der Weihnachtsabend. Die jüngsten Kinder hatten in der Dämmerung ihren Bruder mit sich in eine Ecke des Eßzimmers gelockt und ihn gebeten, Märchen zu erzählen. Er war wohlgeübt in der Kunst, aus freier Hand die wunderbarsten Geschichten zu verfassen. Und nun dichtete er eine Weihnachtssage:

„Als das Kloster dort drüben", sagte er, „seine machtvollsten Tage hatte und mit fleißigen Mönchen gefüllt war, da gab es dort auch einen überaus frommen Abt. Vater Anselm wurde er genannt, und mit ihm war es das Merkwürdige, daß er nicht nur fromm, sondern auch weise und gelehrt war. Die Leute sagten von ihm, er könne zaubern und verstünde die Kunst, Gold zu machen; aber das war nicht wahr. Gewiß hatte er immer mit ängstlichem Eifer nach dem Stein der Weisen geforscht, der die langsame Entwicklung der Metalle beschleunigt und sie in ein paar Stunden zu Gold macht, denn alle Metalle sind eigentlich Gold, das in seiner Entwicklung mißglückt ist. Doch das war wahr, daß er vieles von den wunderbaren Geistern wußte, die in den Pflanzen und in der Luft und im Wasser wohnen, und er kannte deren Zeichen.

Als die Mitternachtsmesse in der Weihnachtsnacht gelesen werden sollte, führte dieser fromme Abt Anselm seine Mönche nicht in die Klosterkirche, ohne daß er mit ihnen durch den Garten zog. Rauchfässer schwingend und Hymnen zu Ehren des Gottessohnes und seiner Mutter singend, schritten die frommen Männer rund um den von hohen Mauern geschützten Klostergarten. Der Abt schwang den Weihwasserwedel über die kahlen Bäume und die gefrorene Mark. Er wollte, daß die Natur teilhaben sollte an der großen Freude, welche die Weihnachtsnacht allen Wesen der Welt gebracht hat.

Und da geschah es, daß sich innerhalb der schützenden Mauer das wunderbarste Leben entwickelte. Ein Südwind brauste heran und fegte Kälte und Schnee hinweg. Aus der Erde sprossen grünes Gras und schöngefärbte Blumen. Die Knospen warfen ihre schützenden Hüllen ab, und die flaumigen Frühlingsblätter drängten sich hervor. Die Freude darüber, daß Gottes Sohn einmal in die Welt der Menschen eingetreten war, gab den Pflanzen eine solche Kraft, daß sie es vermochten, den Schlaf des Winters und die Fesseln der Kälte zu durchbrechen.

Und nicht früher war der Garten grün gekleidet, ehe nicht alle frierenden Vögel des Waldes hereinkamen, gelockt vom Duft und den warmen Winden, die über ihm spielten. Eichelhäher kamen auf ihren schönen Schwingen und ahmten den Gesang aller Vögel des Sommers nach, während sie sich auf den Zweigen niederließen. Die rote Brust der Dompfaffen glänzte unter dem lichten Laubwerk, die kleinen Zaunkönige kamen staunend mit ihren goldenen Büscheln auf dem Kopf, und alle Spatzen der Bauernhöfe verließen ihre Weihnachtsgarben und kamen und drängten sich in den Büschen mit Seidenschwänzchen und Elstern. Und sogar die Eichhörnchen schwangen sich knurrend vor Wohlbehagen über die Mauer, und die Rehe kamen bis an die Gitterpforte des Gartens und blickten mit ihren schönen Augen herein.

Da ließ der gute Abt die Gartenpforte weit öffnen, damit alle Tiere des Waldes hereinkommen konnten, um sich zusammen mit Pflanzen und Menschen zu freuen.

Das Merkwürdigste von allem war jedoch, daß man auf einmal ein starkes Sausen in der Luft vernahm, als ob ein gefederter Pfeil durch die Luft geflogen kam, und dann senkte sich ein Storch in zierlichen Kreisen herab zu dem guten Abt. Das war des Klosters eigener Storch, der jeden Herbst hinunter nach Ägypten zog. Man kannte ihn wohl. Er hielt eine kleine Flasche im Schnabel und legte sie vor die Füße des Abtes. Der fromme Mann hob sie auf und besah sie und erbebte vor Freude. Sie war mit einer glitzernden Flüssigkeit gefüllt, die er wohl kannte, es war das Wasser des Lebens, oder der Stein der Weisen, das Fluidum, das die großen Meister beschrieben haben. Ein Tropfen davon genügte, um alle Kullersteine des Landes in Gold zu verwandeln. Das war die Weihnachtsglocke der Natur an den frommen Abt, der sie teilnehmen ließ an der Freude der Weihnachtsnacht.

Als die Mitternachtsmesse verrichtet war und Nordwind und Kälte wieder ihre Herrschaft über den Klostergarten angetreten hatten und der gute Abt wieder in seine Zelle gekommen war, füllte er einen Becher mit Wasser und in diesen träufelte er einen einzigen Tropfen von der glitzernden Flüssigkeit. Alles Wasser wurde da auf einmal zu schäumendem und duftendem Wein, und eifrig streckte der Abt seine Hand aus, um den Becher an seine Lippen zu heben und Unsterblichkeit zu trinken.

Aber im gleichen Augenblick gellten Schreie, Rufe und Waffenlärm durch das stille Kloster. Der alte Feind seiner Einwohner, der wohlgeborene Herr Jens Kruse, hatte mit seinen Knechten das Kloster angefallen. Sie hatten die Gartentür offen gefunden und sich eingeschlichen und warfen sich nun über die Mönche in ihren Zellen, um ihnen die Schätze des Klosters zu entreißen. Zu Vater Anselm kam ein rauher Knecht, der lachte, ihn mit dem schäumenden Becher vor sich zu finden. Der Krieger stürzte sich auf ihn, band seine Hände und leerte seinen Becher. Die Flasche mit dem Wasser des Lebens warf er auf den Boden, und wie Funken flogen die Tropfen in der Zelle umher.

Dieser Kriegsknecht zog danach in vielen Kriegen umher und war bei vielen Abenteuern dabei. Und dann fühlte auch er sich alt, seine Freunde starben, er stand einsam ohne Verwandte und Heim, und er wünschte sich den Tod. Aber der Tod kam nicht. Er rief ihn, er versuchte selbst den Langsamen zu beeilen, aber der Tod wich ihm aus. Er kam zu den entsetzlichsten Übeltätern und Verbrechern, aber nicht zu ihm. Mit Angst begann er zu glauben, daß der Tod ihn nicht erreichen konnte. Da erinnerte er sich an den Wein, den er bei dem zauberkundigen Abt getrunken hatte, und an die kleine Flasche, die mit Funken und Sternen gefüllt war. Da zog er hierher, um den Abt nach der Sache zu fragen.

Als er herkam, waren die Mönche vertrieben, der Abt tot und das Kloster niedergebrannt. Die Reformation und Herr Jens Kruse hatten diese Arbeit ausgeführt. Aber er suchte sich durch die Ruinen, bis er in die Keller hinunterkam, wo die Bücher des Klosters im feuerfesten Gewölbe verwahrt wurden. Er brach die schweren Folianten von den Ketten und Schlössern los, die sie an den Mauern befestigten, und setzte sich hin, um danach zu forschen, wie es sich mit dem Zaubertrunk des Abtes verhielt. Liebe Kinder, da unten im Klosterkeller sitzt er noch heute und forscht und liest in den schweren Schwarzkunstbüchern. Sie zu deuten ist keine leichte Arbeit für einen alten Landsknecht. Hundert Jahre brauchte er, um Latein zu lernen, hundert Jahre, um die Kabbala durchzubuchstabieren, und noch hundert Jahre muß er leben, um die Kunst des Sterbens zu lernen. Er weiß, daß ich ein gelehrtes Haus bin, deshalb besucht er uns öfters. Gestern stand er hinter mir und sah in meine griechische Grammatik. Bald kommt er und bittet mich, ihn Griechisch zu lehren."

„Hurra", riefen die Kinder, „nun wissen wir, wer der Mann ist."

„Ruhig, ruhig, Kinder, zeigt nicht allzu deutlich, wie dumm ihr seid. Ich habe nicht von einem Mann erzählt, sondern vom Krieg, vom Krieg, der vor vielen hundert Jahren das Wasser des Lebens trank und seitdem nicht mehr die Kunst versteht, zu sterben."

In den Rauhnächten, vom 21. Dezember bis 6. Januar, hat sich viel heidnisches Brauchtum bewahrt, bei dem Berchta oder Perchtel, die Anführerin des Geisterzuges, eine besondere Rolle spielt.

Früher durften in dieser Zeit nur die notwendigsten Arbeiten verrichtet werden. Auf keinen Fall war das Spinnen erlaubt oder den Spinnrocken nicht leergesponnen zu haben.

In der Steiermark glaubt man, daß die Perchtel aus einem Haus, das zu Weihnachten nicht saubergemacht worden ist, die Kinder verschwinden läßt.

Knecht Ruprecht

Theodor Storm

Von drauß', vom Walde komm' ich her;
Ich muß euch sagen, es weihnachtet sehr!
Allüberall auf den Tannenspitzen
Sah ich goldene Lichtlein sitzen;

Und droben aus dem Himmelstor
Sah mit großen Augen das Christkind hervor.
Und wie ich so strolcht' durch den finstern Tann,
Da rief's mich mit heller Stimme an:
„Knecht Ruprecht", rief es, „alter Gesell,
Hebe die Beine und spute dich schnell!
Die Kerzen fangen zu brennen an,
Das Himmelstor ist aufgetan,
Alt' und Junge sollen nun
Von der Jagd des Lebens einmal ruhn;
Und morgen flieg' ich hinab zur Erden,
Denn es soll wieder Weihnachten werden!"
Ich sprach: „O lieber Herre Christ,
Meine Reise fast zu Ende ist;
Ich soll nur noch in diese Stadt,
Wo's eitel gute Kinder hat."
– „Hast denn das Säcklein auch bei dir?"
Ich sprach: „Das Säcklein, das ist hier;
Denn Äpfel, Nuß und Mandelkern
Fressen fromme Kinder gern."
– „Hast denn die Rute auch bei dir?"
Ich sprach: „Die Rute, die ist hier;
Doch für die Kinder nur, die schlechten,
Die trifft sie auf den Teil, den rechten!"
Christkindlein sprach: „So ist es recht;
So geh mit Gott, mein treuer Knecht!"

Von drauß', vom Walde komm' ich her;
Ich muß euch sagen, es weihnachtet sehr!
Nun sprecht, wie ich's hierinnen find'!
Sind's gute Kind', sind's böse Kind'?

Am Weihnachtsabend

Frans Eemil Sillanpää

Wenn ihr in der Stille eurer Einsamkeit leise das Wort Weihnachten vor euch hinsagt, dann verflüchtigen sich alle nur äußerlichen Freuden und alle eitlen Nutzlosigkeiten, und es kehrt bei euch die Stimmung ein, die dieses eine Wort allein euch schenkt. Das Bild eines Augenpaares, das mit warmem Glanz auf euch niederblickt, wird euch innerlich gegenwärtig – zwei Augen, deren Leuchten nie und nimmer in eurer Seele erlöschen kann: die Augen eurer Mutter.

Ich bin kein gelehrter Mann der Kirche, und deshalb darf man von mir keine Weihnachtspredigt erwarten. Ich bin ja nur ein kleiner Kätnerjunge aus der Landschaft im Herzen Finnlands. Und mein Glaube schließt in sich, daß die Vorstellungen eines jeden Menschen vom Weihnachtsfest darauf beruhen, welche Eindrücke die Weihnachtsfeste seiner Kindheit ihm hinterlassen haben. Laßt mich deshalb in dieser festlichen Stunde erzählen, wie die Weihnachtsstimmung meiner eigenen Kindheit war. Bestimmt habe ich mich schon früher einmal an so etwas versucht, aber mir will im Augenblick scheinen, daß ich mich trotzdem nicht ernstlich wiederhole. Weihnachten selbst ist ja doch geistig und leiblich eine unaufhörliche Wiederholung. Folge mir also bei meinem Versuch, mein lieber Nächster!

...So war es denn mit Franssu und Miina – nachdem sie sich gefunden hatten und miteinander im Stande der Ehe vereint worden waren – so weit gekommen, daß sie ihre unvergeßliche Kate gebaut und ihr den Namen Sillanpää gegeben hatten. (Sillanpää = wörtlich: Brückenkopf; d. Übers.). Alles, was sie an Umzugsgut besaßen, hatte auf einer kleinen Fuhre Platz, und meine Mutter Miina wurde niemals müde, das hervorzuheben, wenn die Rede auf dieses Ereignis kam. Und in der Sillanpää-Kate hielt dann ihre erste gemeinsame Weihnacht Einzug. Ein so ungeheuer stattliches Fest war das nun gerade nicht, und doch fühlten sie es; in allen den kleinen Dingen, in allen den sogenannten Schattierungen des Lebens konnten sie es sehen, hören, riechen, schmecken und – vor allem fühlen zu innerst in ihren Herzen. Eine kleine Kätnerstelle im Herzen Finnlands, in deren nächstem Umkreis auch nicht der Rauch aus einem einzigen anderen Schornstein zu entdecken war, aber deren kleinste Hütte und alle anderen unansehnlichen Nebengebäude ihr eigen waren – das war ihr heiß und teuer erworbener Schatz.

„Und wenn es auch nur drei Ecken hat – Hauptsache ist, daß es einem selbst gehört!" Das war die feste Überzeugung und Wohnungspolitik von Frans Henrik Henrikssohn Koskinen, nachmals Sillanpää. Hier konnten er und seine Frau und später auch ihr Sohn ein- und ausgehen, wie ihnen behagte. Hier waren die Ritzen zwischen den Balken der Wände sorgfältig gedichtet, und als später Ecken und Wände sich gesetzt hatten, erhielten sie einen Bewurf aus Lehm. Hier gab es weder einen kalten Zug noch sonst etwas Abträgliches, was auf ein liederliches Bauen zurückzuführen gewesen wäre. Und vor allen Dingen: es war ihr eigen.

Nun hatte es sich durch den Willen des alles lenkenden Höchsten für Franssu und Miina so gefügt, daß sie jäh und auf tragische Weise alle ihre Kinder verloren hatten – alle außer dem Jüngstgeborenen, eben jenem Frans Eemil, der jetzt hier vor euch sitzt und euch sein unvollkommenes Machwerk vorliest. Und als das Leben diese Wendung genommen hatte, machte sich das äußerlich für sie wie für mich bemerkbar. Da ich das einzige Kind auf der kleinen Kätnerstelle war, wollten meine Eltern mir eine für mein Alter passende Gesellschaft zum Weihnachtsfest besorgen. Und weil sie darauf bedacht waren, werde ich ihrer stets mit ehrfurchtsvoller Dankbarkeit gedenken. Sie wußten, daß zum Schönsten am Weihnachtsfest die helle Kinderfreude gehört, und ohne ihr fürsorgliches Zutun wäre die von ihrer Kate ferngeblieben.

...So war es denn Weihnachten geworden in der Sillanpää-Kate, die in der Hämeenkyrö-Gemeinde lag und zum Ollikkala-Hof gehörte, und Syrjäläs wackerer Väinö war zur Gesellschaft und zur Freude des kleinen Franz Eemil da. Väinö habe ich's zu verdanken, daß ich damals einen richtigen Weihnachtsbaum bekam; denn schwerlich wäre mein etwas bärbeißiger Vater in den schneeverwehten Wald hinausgewatet, um mir einen zu holen. Mit Väinö zusammen aber holten wir uns einen von irgendwoher, stellten ihn in der Stube auf und wollten ihn schmükken. Doch im Rahmen der Möglichkeiten, die damals zu Gebote standen, einen Weihnachtsbaum zu schmücken, das hielt schon viel schwerer. Den schönsten Schmuck bildete ein schmaler, langer, bunter Papierstreifen, der auf eine besondere Art und Weise so gefaltet und geschnitten wurde, daß er, wenn man ihn auseinanderzog, eine Art Netz bildete, das sich der Länge nach dehnen ließ. Auseinandergezogen, wurde dieser Streifen an den Zweigen der Tanne aufgehängt und schmückte auf diese Weise den ganzen Baum. Der eßbare Schmuck wurde mit Drähten an den Enden der Zweige befestigt. Um jene Zeit gab es auf den Christbäumen der Waldbewohner keine Watte und kaum Kerzen. Auf dem Fußboden der Stube aber war Stroh ausgebreitet, und das war es, wovon die höchste und innigste Festtagsstimmung ausging.

Erst gingen Mutter und ich allein in die Badstube. Und dort, oben auf der Schwitzbank, fing meine Mutter an zu lauschen und hieß auch mich, die Ohren dafür aufzutun, wie Weihnachten kam. Tatsächlich, man kann mir's glauben: der kleine Junge meinte, durch den pochenden Schlag seines Blutes hindurch zu hören, wie es geschah: daß Weihnachten kam. Denn gekommen war es. Als wir in die Stube zurückkehrten, nackt und nur das Hemd in der Hand, war die Mitte der Stube mit frisch duftendem Roggenstroh ausgelegt. Alles, was an der sorgsam geputzten Lampe aus Metall war, lächelte dem Jungen mit den großen Augen freundlich entgegen, und er spürte in seinen sauberen Nasenflügeln den würzigen Duft des wohlbekannten Weihnachtsmahls. Der vorbereitende Teil des Weihnachtsfestes war damit zu

Ende. Das große Fest hatte begonnen. Es fiel kein Wort. Dies war eine der Stunden, da der unansehnliche Sohn der unansehnlichen Hütte den hohen Wert des Schweigens zu würdigen verstand. Und dies war der einzige Abend im ganzen Jahre, an dem der Junge nach dem Besuch der Badstube wieder seine Hosen anziehen durfte. Allein in dieser Kleinigkeit lag etwas, was sich nie und nimmer mit Worten ausdrücken läßt. Da auf dem immer noch nach frischer Luft im Freien duftenden Stroh sitzen zu dürfen, das wohlige Gefühl nach der Badstube im ganzen Leibe, und Hosen anzuhaben! Ja, seht, da habt ihr die feinste Schwingung der Weihnachtszeit, und nichts – bis auf meine alten Tage – hat die Wirkung dessen übertroffen. Vieles bin ich meinem eigenen Schicksal schuldig, auch daß ich diese Stimmung so ganz und so echt in mir bewahre, aus jenen Zeiten, da irgendwo weit hinter mir.

Dank Euch, liebe Mutter droben im Himmel, für alles, was Ihr getan habt; daß Ihr so vollkommen und so schön die Voraussetzungen für diese Stimmungen geschaffen habt, gerade in jenen Jahren...

Das Christkind

Robert Reinick

Die Nacht vor dem Heiligen Abend,
da liegen die Kinder im Traum.
Sie träumen von schönen Sachen
und von dem Weihnachtsbaum.

Und während sie schlafen und träumen,
wird es am Himmel klar,
und durch den Himmel fliegen
drei Engel wunderbar.

Sie tragen ein holdes Kindlein,
das ist der Heilige Christ.
Es ist so fromm und freundlich,
wie keins auf Erden ist.

Und wie es durch den Himmel
still über die Häuser fliegt,
schaut es in jedes Bettchen,
wo nur ein Kindlein liegt.

Es freut sich über alle,
die fromm und freundlich sind,
denn solche liebt von Herzen
das liebe Himmelskind.

Heut schlafen noch die Kinder
und sehen es nur im Traum.
Doch morgen tanzen und springen
sie um den Weihnachtsbaum.

Tage der goldenen Träume

Weihnachten bei Theodor Storm

Gertrud Storm

Unser Vater war ein echter, rechter Weihnachtsmann. Er wußte jedes Fest erst recht zu einem Feste zu gestalten. Den ganzen Zauber der Weihnacht seiner Kindheit wußte er in unsere Weihnacht zu übertragen. Und so feierten auch wir, seine Kinder, unsere Weihnachtsfeste ganz im Sinne unseres Vaters. Der Weihnachtsbaum wird genauso geschmückt, wie er einst von ihm geschmückt wurde, die Kuchen nach den althergebrachten Familienrezepten gebacken, wie sie schon sein Kinderherz entzückten.

Wenn das alte, liebe Weihnachtsfest wieder naht, und ich mich in eine rechte Weihnachtsstimmung versetzen will, setze ich mich in der Dämmerung in einen tiefen Lehnstuhl. Von draußen wirft die Laterne traulich ein mattes Licht durch die Fenster. Ich schließe die Augen, und bald bin ich daheim in unserem großen, alten Hause in Husum in der Wasserreihe. Meine Geschwister und ich, wir sind wieder Kinder.

Es wird wieder einmal Weihnachten, und wir Kinder leben in goldenen Träumen, bis das im Leben so seltene Wunder eintritt, daß diese Träume, in dem brennenden Weihnachtsbaum verkörpert, vor uns stehen. Draußen auf den stillen Wegen des Gartens, den Sträuchern und alten Bäumen, liegt glitzernder Schnee. Im ganzen Haus duftet es nach Tannen und braunen Weihnachtskuchen. Feststimmung guckt schon aus allen Ecken, wie eine Ahnung vom Weihnachtsabend.

Es weihnachtet sehr – die Heimlichkeiten wachsen mit jedem Tage. Vater schließt sich immer häufiger in seiner Studierstube ein, und wir Kinder, die wir um die Zeit der heiligen Weihnacht an den Türen lauschen, hören ihn die Tür des Nußbaumschrankes öffnen und leise wieder schließen. Dieser Nußbaumschrank birgt in seinem Inneren alle Geheimnisse und Wunder fürs Weihnachtsfest. In einem unbewachten Augenblick treten wir doch ins Zimmer. Vater schließt schnell den Schrank, dann nimmt er uns in seine Arme, macht ein geheimnisvolles Gesicht, sieht uns innig an und sagt mit leiser Stimme nur das eine Wort: „Weihnachten".

In der Eßstube ist großes Kuchenbacken. Unsere Mutter und die Mädchen stehen mit aufgekrempelten Ärmeln. Sie rollen weißen und braunen Kuchenteig aus, der in großen Steintöpfen um den Ofen herum steht. Große schwarze Platten stehen bereit, die verschieden geformten Kuchen aufzunehmen, die dann von den Mädchen zum Bäcker getragen werden.

Auch wir Kinder haben unseren Teil bekommen. Wir stehen an unserem kleinen Kindertisch, ein weißes Nachthemd über unsere Kleider, ein gezipfeltes Taschentuch auf dem Kopfe. Jedes von uns hat ein Klümpchen weißen und braunen Kuchenteig vor sich, der bald unter unseren geschäftigen kleinen Händen in die wunderbarsten Dinge gewandelt wird. Die Tür öffnet sich, und unser Vater tritt mit dem freundlichsten Lachen seiner blauen Poetenaugen ins Zimmer.

„Ihr seid ja alle gewaltig in Fahrt", neckt er und bewundert unsere herrlichen Schöpfungen, von denen man meistens nicht zu erkennen vermag, was sie vorstellen sollen. Es beginnt nun ein himmlisches Geflüster zwischen Vater und uns, und es gelingt uns, Vater einige kleine Weihnachtsüberraschungen verraten zu lassen, die unsere Freude am Weihnachtsabend keineswegs verringert. „Morgen wollen wir vergolden und Netze schneiden", spricht Vater verheißungsvoll.

Wenn wir in ein bestimmtes Alter gekommen waren, durften wir vergolden helfen und Netze schneiden. Die langen schmalen Streifen Rauschgold wurden freilich nur von unserem Vater geschnitten, mit seiner großen alten Papierschere.

Morgen ist heute geworden, und Vater nimmt uns mit in seine Studierstube. Die dunkle Holztäfelung der Decke, die tiefrote behagliche Färbung der Wände, an denen ringsherum die Bücherregale laufen, und über dem Tische die helleuchtende Lampe schauen uns behaglich und gar verheißungsvoll an. Auf dem Tisch ausgebreitet liegen Nüsse, Tannenzapfen, Eier und Schaumgold. Wir setzen uns alle um den Tisch und beginnen nach Vaters Anordnung Watte in Eiweiß zu tauchen, mit der wir vorsichtig die Nüsse und Tannenzapfen betupfen. Dann wird ein Stück Schaumgold auf die befeuchtete Stelle gelegt und vorsichtig mit Watte angetupft. Nun werden zwölf Netze vom feinsten weißen Konzeptpapier geschnitten. Uns Kindern klopft das Herz dabei: „Wenn wir nun die Spitze abschneiden!" In die Netze kommen große viereckige Bonbons, die wir, alter Tradition gemäß, in farbige Papiere wickeln, die durchaus die Farben Grün, Gold und Hausrot haben müssen.

Auf diese Netze, in denen schon seine Kinderträume hingen, legte unser Vater besonderen Wert. Wer von uns zum erstenmal in seinem Leben ein solches wunderbares Netz tadellos ausgeführt hatte, kam sich vor, als sei er nun erst ein fertiger kleiner Mensch geworden.

Die weißen Netze sind geschnitten und tadellos zu unseres Vaters innigster Befriedigung ausgefallen. Goldene Nüsse, Eier und Tannenzapfen heben sich leuchtend von der dunklen Tischplatte ab. Wir Kinder stehen ermüdet und wollen zu Bett gehen. Vater tritt ans Fenster, öffnet weit beide Flügel. – Der Mond scheint, und wir Kinder sehen deutlich zwischen Vaters ausgebreiteten Armen in den beschneiten Garten. Da spricht Vater leise, mit von Musik getragener Stimme:

„Mondbeglänzte Zaubernacht,
die den Sinn gefangenhält,
wunderbare Märchenwelt,
steig auf in die alte Pracht."

Wir gehen still und nehmen den Zauber dieser Stimmung mit in unsere Träume, aus denen wir mit dem seligen Bewußtsein erwachen: Heute ist er, der Heilige Abend!

Nun beginnt ein buntes Treiben im Hause. Vater trägt alle seine Schätze selbst ins Weihnachtszimmer, in dem die zwölf Fuß hohe Tanne schon ihres Schmuckes wartet. Wir Kinder schmücken in unserer Kinderstube ein kleines, bescheidenes Bäumchen für arme Kinder. Wir haben ihn von unserem eigenen Gelde erstanden. Vater und Mama schließen sich unten ins große Weihnachtszimmer ein, gleich wenn man in den Flur tritt links, und der Märchenbaum fängt an, sich zu entfalten. Die Brüder Hans und Ernst kommen heim, und Karl, unser stiller Musikant. Heute muß Vater alle seine Kinder um sich versammelt haben, um ein rechtes Weihnachtsgefühl zu empfinden. Die Fenster der Weihnachtsstube sind dicht verhangen, die vielen Türen, die ins Reich der Weihnachtswunder führen, verschlossen. Wir schleichen an die Fenster und knien vor den Türen. Meine jüngste Schwester Dodo hat ein besonderes Talent, mit unserer Mutter, verborgen in den Falten ihres Kleides, in die Weihnachtsstube zu schlüpfen.

Vom frühen Morgen an kommen Scharen von Kindern, die von Haus zu Haus ziehen und im Flur ihre hellen Kinderstimmen ertönen lassen: „Vom Himmel hoch da komm' ich her." Ein großer Korb mit Wasserkringeln steht schon bereit, mit denen die kleinen Sänger belohnt werden. Mittags wird nach althergebrachter Sitte Kaffee getrunken, werden Butterbrote gegessen. Der Kaffeekanne entströmt an diesem Tage ein wundersamer Duft, so duftet es nur einmal im Jahr, und die Butterbrote schmecken uns wie der schönste Kuchen.

Am Nachmittag wandern wir Kinder, jedes ein Körbchen am Arm, zum Kloster St. Jürgen. Wir wollen zwei alte Großtanten dort bescheren, „Tante Anna" und „Tante Christine". Tante Anna wird von uns bevorzugt. In ihrem kleinen, behaglichen Altjungfernstübchen liegen wir schließlich auf der Erde vorm offenen Ofen und schauen in die rote Glut der verglimmenden Kohlen. Die liebe alte Tante sitzt im alten Lehnstuhl neben uns, ihr feines altes Gesicht von einer weißen Spitzenhaube umrahmt. Sie erzählt uns altmodische Kindergeschichten, an die sich immer eine Moral knüpft. Wir hören interessiert zu, knacken dabei Nüsse und werfen die Schalen in die rote Glut – das knistert so schön. So vergeht die Zeit – vom Kirchturm drüben schlägt es halb fünf. Tante Anna hüllt uns sorgsam in unsere warmen Mäntel und Kapuzen, und fort geht es.

Auf den Straßen liegt tiefe Dämmerung, der Schnee knirscht unter unseren Füßen. Schwärme von Kindern begegnen uns, hier und dort dringt aus einer geöffneten Haustür Gesang zu uns heraus. Wir fassen uns an den Händen und laufen und kommen atemlos heim. Im Flur bleiben wir stehen und singen, als gehören wir zu Sängern. Die Köchin kommt aus der Küche gelaufen mit den üblichen Wasserkringeln. Sie jagt uns lachend und scheltend in die Kinderstube. Wir werden nun festlich geschmückt und gehen dann in die Studierstube unseres Vaters, wo wir schon unsere Großmutter mit ihrer getreuen Lebensgefährtin, von uns „Tante Tine" genannt, und zwei alte Freunde des Hauses in behaglichem Geplauder vorfinden.

Endlich ertönt der Klang der silbernen Glokke. Wir stürzen die Treppe hinunter, die Flügeltüren fliegen auf, wir treten ein, jung und alt. Ein starker Duft von Tannen, brennenden Lichtern und braunen Weihnachtskuchen schlägt uns entgegen – und da steht er, der brennende Baum, im vollen Lichterglanz! Ich will ihn mit meines Vaters eigenen Worten schildern:

„Mit seinen Flittergoldfähnchen, seinen weißen Netzen und goldenen Eiern, die wie Kinderträume in den dunklen Zweigen hängen." – Oder wie er in einem Brief an Freund Keller geschildert wird: „Der goldene Märchenzweig, dito die Traubenschüssel des Erlensamens und große Fichtenzapfen, an denen lebensgroße Kreuzschnäbel von Papiermaché sich anklammern. Rotkehlchen sitzen und fliegen in dem Tannengrün, und eines sitzt und singt bei seinem Nest mit Eiern. Feine weiße Netze, deren Inhalt sorgsam in Gold- und andere in Lichtfarben gewählte Papiere gewickelt ist."

Der Märchenzweig ist eine Erfindung meines Bruders Ernst. Ein großer Lärchenzweig wird ganz vergoldet und so in der Mitte des Baumes befestigt, daß er seine schlanken, feinen Zweige nach allen Seiten ausbreitet. Ein Freund unseres Hauses, Regierungsrat Petersen, der derzeit in Schleswig lebte, taufte den so vergoldeten Zweig „Märchenzweig". Freund Petersen und Vater tauschten alle Jahre kleine Weihnachtsüberraschungen aus. In einem Jahr brachte er Vater kurz vor Weihnachten das erste Paket „Lametta". Vater schreibt darüber:

„Unser Tannenbaum hat in diesem Jahr besonderes Aufsehen erregt. Freund Petersen brachte am Sonntag vor Weihnachten eine Tüte märchenhafter Silberfäden. Mit diesen feinen Silberfäden wurde der Baum umsponnen, daß er aussah wie fliegender Sommer."

Unser Karl setzt sich ans Klavier und stimmt leise an: „Stille Nacht, heilige Nacht". Wir alle stimmen ein. Das Weihnachtslied ist verklungen, wir umstehen den Baum und lassen die Wunder der Weihnacht still auf uns wirken. Vater nickt uns bewegt zu, legt den Arm um unsere Mutter und führt wie immer sie zuerst zu ihren Gaben, die geheimnisvoll umhüllt sind. Mitten auf dem Tisch steht zu Mamas grenzenloser Verwunderung Vaters Pelzmütze. Mama erfaßt sie zögernd, ihr Blick hängt fragend an dem unseres Vaters – und hervor rollt eine große Papierkugel. Ein Papier nach dem andern wird abgewickelt, bis sich schließlich in einem kleinen Kästchen verborgen ein feiner goldener Ring dem erstaunten Blick zeigt. Eine Schlange, die sich in den Schwanz beißt, ein solcher Ring war ein langgehegter Wunsch unserer Mutter. Vater erwartet leuchtenden Auges die Wirkung seiner Überraschung. Meine Schwester Ebbe sagte einmal bei solcher Gelegenheit: „Vater hat ein Weihnachtslied in den Augen." Nun führt Vater jedes seiner Kinder zu seinen Gaben, uns kleine zuerst. Puppen – wohin wir sehen, kleine und große – und Bücher, die durften niemals auf unserm Weihnachtstisch fehlen.

Wir haben uns müde gespielt – wir nehmen unsere Weihnachtsbücher und setzen uns im trauten Schein des Lichterbaumes und lesen.

Gar verführerisch ist es, heimlich ein Stückchen Zuckerwerk abzuzupfen und es ebenso heimlich zu verzehren. Vater tritt leise zu uns unter den Tannenbaum, streicht uns sanft mit seiner schönen, schlanken Hand übers Haar und fragt: „Hab' ich's getroffen?"

Nachdem sich das erste Entzücken gelegt hat, bringt die Köchin das messingne Kohlenkomfort, auf dem gar bald der blitzblank geputzte Teekessel ein melodisches Lied anstimmt, und der Duft feinsten Tees vermischt sich mit dem der Tanne und der braunen Weihnachtskuchen. Die beiden Mädchen in den gleichen maiengrünen Festgewändern, mit Häubchen und blendendweißen Schürzen angetan, präsentieren den Tee, wir Kinder den knusprigen Weihnachtskuchen. So sitzen wir recht traut beisammen.

Da erklingt von draußen, vom Vorplatz, der Gesang einer tiefen, melodischen Altstimme zu uns herein:

„O du fröhliche,
O du selige,
Gnadenbringende Weihnachtszeit..."

Ein helles Leuchten verklärt das liebe Angesicht unseres Vaters, er steht leise auf, öffnet die Tür und zieht ein gar liebliches kleines Bettelmädchen herein.

Das Kind, mit von Kälte geröteten Wangen, strahlenden Kinderaugen, das Gesichtchen von blonden Locken umrahmt, bleibt stumm und wie verzaubert im Türrahmen stehen.

Wir alle umstehen es. Das kleine Mädchen muß noch einmal ihre glockenreine Stimme hören lassen. Dann erfaßt Vater eines ihrer schmutzigen kleinen Händchen und fragt sie liebreich: „Was willst du nun haben, etwas zu essen oder Kuchen?" – „Danke, ich habe schon gegessen", spricht das Kind zu unserer grenzenlosen Freude. Da heißt mein Vater sie, ihr Schürzchen aufzutun. Mama nimmt vom Tisch einen vollen Teller Weihnachtskuchen und schüttet ihn in die ausgebreitete Schürze.

Voll leuchtenden Dankes schaut das Kind zu Mama auf, wirft noch einen scheuen Blick auf all den Lichterglanz und die strahlenden Gesichter – und fort ist sie, die kleine Lichtgestalt; denn so erscheint sie uns trotz ihrer Lumpen.

Die Lichter sind erloschen, die glitzernde Pracht des Baumes erleuchtet nur noch im matten Dämmerlicht der Lampen. Unsere Mutter ruft zum Festessen. Wir Kinder trennen uns schweren Herzens vom Tannenbaum, unseren Puppen und Büchern. Sauerbraten und ein großer Apfelkuchen – „Tante Moritz" genannt – bilden das Festessen, Punsch – von Vater kurzweg „Landvogt" genannt – ist das Festgetränk.

Einer der alten, lieben Weihnachtsgäste wirft an jedem Weihnachtsabend zu unserer heimlichen Freude die Frage auf: „Ist das nicht Tante Moritz?" Und jedesmal folgt die prompte Antwort: „Ja, das ist Tante Moritz."

Von „Tante Moritz" ist nach einer Weile keine Spur mehr, und nun geht es noch einmal zurück ins Weihnachtszimmer. Jeder von uns folgt seinen besonderen Neigungen. Meine Brüder ergreifen mit einem wahren Festtagsausdruck ihrer blauen Augen die neuen Bücher und ziehen sich mit ihnen in irgendeinen Schmunzelwinkel zurück. Wir Kinder nehmen unsere Puppen auf den Schoß und lauschen, denn Karl, unser Musikus, singt uns ein einstudiertes Lied von Robert Franz:

„Einen schlimmen Weg ging gestern ich,
einen Weg, den ich nicht wieder geh,
zwei süße Augen trafen mich,
zwei süße Augen, lieb und blau."

Karl hat einen wunderbaren Bariton und singt einfach, mit tief zu Herzen gehendem Vortrag. Zum Schluß spielen Karl und meine Schwester Lisbeth „Nußknacker und Mauskönig" von Carl Reinecke. Vater liest den Text dazu. So ist es immer bei uns.

Lautlos lauschen wir alle, eine träumerisch-selige Stimmung umfängt uns. Der letzte Ton, das letzte Wort ist verklungen. Unsere Mutter mahnt leise zum Schlafengehen. Draußen vor den Fenstern stäubt der Schnee, aber während wir Kinder bald in einen tiefen Schlaf fallen, machen die Eltern und die großen Geschwister noch einen Besuch im brüderlichen Hause in der Süderstraße...

Jahre kommen und gehen. Es ist unserm lieben Vater nicht mehr vergönnt, alle seine Kinder um den heimatlichen Weihnachtsbaum zu versammeln. Statt dessen werden Kisten gepackt und Pakete gemacht und Weihnachtsbriefe geschrieben. An Hans nach Wörth in Bayern, wo er als Arzt lebt, an Ernst nach Toftlund und Lisbeth nach Heiligenhafen. Sie haben inzwischen selbst ein Heim.

Und Vater klagt in einem Brief an seine Tochter Lisbeth: „So haben wir denn das Weihnachtsfest gehabt, und ich fühle es recht schmerzlich, daß wir gar so getrennt sind. Es ist sehr schön, der Mittelpunkt einer großen Familie zu sein, aber recht schwer, wenn so ein alter Mensch sich in so viele Teile spalten soll. Für mich fehlen zu viele von Euch, als daß das Weihnachtsgefühl so recht hätte aufkommen können."

Noch einmal, ein letztes Mal, wird es für unseren lieben Vater „Weihnachten". Zum ersten Male fehlt eines seiner Kinder ganz, auch seine liebevollsten Gedanken vermögen es nicht mehr zu erreichen. Unser ältester Bruder Hans ist von uns gegangen. Der Baum steht noch einmal in vollem Lichterglanz, die Flügeltüren öffnen sich weit. – Vater legt den Arm um Mama, wir, die wir keine Kinder mehr sind, umstehen das Klavier, und Karl stimmt leise an: „Stille Nacht, heilige Nacht." Wie wir an die Stelle kamen „Schlaf in himmlischer Ruh" – da breitete Vater weit die Arme aus, Tränen stürzen aus seinen lieben Augen, und leise hören wir ihn die Worte sprechen: „Unten in Bayern, da ist ein einsames Grab, darüber weht der Wind, und der Schnee fällt in dichten Flocken drauf."

Wir singen nicht weiter, wir gehen zu ihm und nehmen sanft seine lieben Hände, und eine schmerzliche Ahnung, daß wir so zum letzten Male mit unserem kleinen Vater unter dem brennenden Lichterbaum stehen, durchzittert unsere Herzen. So endete das letzte Weihnachtsfest mit unserem Vater.

Auf einer Krippe

Ernst Wiechert

Komm nun wieder, stille Zeit,
Krippe, Stern und Kerzen,
Will in allem Erdenleid
Diese Welt verschmerzen.

Zwischen meinen Fingern rinnt
Still der Sand des Lebens,
Weiß nicht, was der Weber spinnt,
Doch er spinnt vergebens.

Was wir vor uns auch gebracht,
Pflugschar rauscht darüber,
Fährmann steht am Saum der Nacht,
Und es ruft: „Hol über!“

Kind und Stern und Dach und Tier,
So begann die Reise,
Und so endet's dir wie mir:
Erste, letzte Speise.

Aus den Windeln lächelt's stumm
Zu der Mutter Neigen,
Ochs und Esel stehn herum,
Und die Sterne schweigen.

Schuld und Fehle rechnen nicht,
Jedes Herz muß tragen,
Scheine wieder, sanftes Licht,
Wie in Kindertagen.

Tief darüber beug ich mich,
Gleichnis allen Lebens,
Ende fügt zum Anfang sich,
Nichts scheint mehr vergebens.

Wenn sich jede Tür verschließt,
Eins kannst du bewahren:
Daß du vor der Liebe kniest
Noch in weißen Haaren.

möchten wir Ihnen mitteilen, daß Ihre Ta
3. Grades, Ann Scrabble, in ihrem Testam
ür Sie, Mrs. MacGurk, fünfzehn Schilling
e Postanweisung über diesen Betrag ist d
beigefügt
Vermögen
kann
F.R.

Unter dem Schornstein

Rudolf Kinau

Ich war noch ein kleiner Junge und glaubte noch an den Weihnachtsmann. Nicht an den, der abends Haus für Haus geht und klopft an die Tür und fragt: „Sind die Kinder auch immer artig gewesen?“ Den kannten wir damals noch nicht. „Der kommt nur zu den Leuten, die einen eisernen Herd haben und ein enges Ofenrohr“, sagte Mutter.

Nein, soweit waren wir noch nicht. Zu uns kam immer noch der andere – der mitten in der Nacht mit einem großen Sack über Land und über die Dächer flog und warf überall, wo noch ein richtiger „deutscher Herd“ war, etwas in den Schornstein.

Wir waren fünf Kinder im Hause, und ich war das kleinste. Und wir mußten am Abend vor Weihnachten jeder einen Teller auf den Herd stellen, alle schön der Reihe nach rund um das offene Feuerloch herum. „Nicht zu weit nach der Mitte“, sagte Mutter, „sonst sieht es so unbescheiden und so gierig aus. Und auch nicht so weit weg an den Rand, sonst kriegt man nichts ab.“

Wir stellten unsere fünf Teller – jeder von uns hatte seinen eigenen Teller, und meiner war ganz besonders bunt, die stellten wir alle fünf in einem schönen Halbkreis vor das Feuerloch. Und dann beugten wir uns noch mal alle ganz weit über den Herd und guckten nach, ob der Schornstein auch wirklich offen war. Und dann sagten wir „Gute Nacht“ und kletterten einer nach dem andern in die Betten. – Mutter saß noch am Tisch und nähte.

Mitten in der Nacht wachte ich auf, und ich meinte, da hätte etwas gebrummt und geknackt, und ich dachte: „Nun ist er eben – gerade eben ist er rübergeflogen und hat was in den Schornstein geworfen!“ Und ich dachte: „Was das nun wohl gewesen ist? Was da nun wohl liegt – auf meinem Teller?“ Und weil ich meinte, ich könnte nun doch nicht wieder einschlafen – und weil draußen ganz heller Mondschein war und alles war so still im Hause –, so stand ich leise auf und schlich mich nach der Küche und guckte auf den Herd. Aber da war noch gar nicht viel zu gukken. Alle Teller waren noch leer.

„Denn mußt du dich ja wohl verhört haben“, dachte ich, und wollte mich schon umdrehen und wollte wieder ins Bett – da meinte ich plötzlich –, da kam es mir so vor, als wenn mein Teller diesmal etwas weiter zurück stände als die andern vier. Und weil ich doch gerade in diesem Jahre etwas ganz Schönes – und auch recht viel – vom Weihnachtsmann haben wollte – und weil mich niemand sah und auch keiner etwas davon wußte –, so stellte ich meinen Teller leise und vorsichtig ein ganzes Stück weiter nach vorn und schob ihn mitten unter den offenen Schornstein. – Und dann horchte ich noch mal eben und hörte mein Herz klopfen – und ging schnell wieder in die Kammer und kroch unter die Decke.

Und lag noch lange wach und wußte nicht, ob ich das nun so richtig gemacht hätte oder nicht. Aber dann dachte ich: „Ich steh' ganz früh auf, daß keiner etwas merkt. – Und wenn es ganz schlimm wird, kann ich ihnen ja auch immer noch was abgeben." – Und dann schlief ich auch bald wieder ein.

Als ich aufwachte und hochkam, waren Jakob und Greta schon in der Stube, und Jann und Heiner standen schon am Fenster und guckten aus. Ich wollte mich leise an ihnen vorbeidrücken, aber – „Halt stopp!" sagte Mutter. „Wo willst du hin?" – „Bloß mal eben sehen, ob da was in meinem Teller ..." – „Nein, hierbleiben! Und erst mal die Hose anziehen! Und Strümpfe und Stiefel! Und die Hände und den Hals waschen! Wenn du fertig bist, gehen wir alle zugleich. Und ich gehe voraus, damit es nachher keinen Streit gibt." Ich muß wohl ein ganz bedeppertes Gesicht gemacht haben, Greta guckte mich an und griente, und Jann sagte: „Nu mach man'n bißchen zu, daß du weiterkommst! Wir warten doch auf dich!" Es ging an diesem Morgen nicht so schnell, wie es eigentlich gehen sollte, aber – zuletzt war ich denn ja doch klar und stand an der Tür und wollte raus.

„Halt stopp!" sagte Mutter wieder. „Erst komm ich, und ihr kommt alle hinter mir her!" – Und dann ging sie über die Diele und stand vor dem großen Herd und reichte uns unsere Teller. Und freute sich bei jedem Teller mit; Jann hatte fünf schöne Kantäpfel und wenigstens zwanzig Nüsse und vier braune Kuchen – und ein Paar neue Schlittschuhe. Und Greta hatte auf ihren Äpfeln und Nüssen und Kuchen eine schöne weiße Schürze liegen. Und Heiner ein dickes Märchenbuch. Und Jakob einen Baukasten. Und ich – ich hatte in meinem großen bunten Teller nur einen kleinen Äpfel und eine Nuß und einen braunen Kuchen – und sonst nichts – kein Stück weiter.

„Na –? Was hat denn das zu bedeuten?" sagte Mutter. Und sie suchte den ganzen Herd ab und guckte auch noch mal in den Schornstein, ob da nichts hängengeblieben war. „Wie kommt denn das? Bist du denn nicht artig gewesen – im letzten Jahr?"

„Doch!" nickte ich nur, sagen konnte ich nichts – mir saß ein großer Klüten im Hals. Und auch als meine Geschwister mich nun halb bedauerten und halb in heimlicher Schadenfreude aufzählten, was ich verkehrt gemacht und was ich vielleicht alles ausgefressen haben konnte, schüttelte ich nur immer den Kopf: „Ne, ne – das ist es nicht."

Nein, ich wußte es besser. Und Mutter wußte es auch, das merkte ich – sie tat nur so. „Der Weihnachtsmann wird ja wohl wissen: warum", sagte Mutter, „wir können da weiter nichts bei tun. Ihr könntet ihm höchstens etwas von euren Sachen abgeben, wenn ihr mögt, aber – recht ist es ja eigentlich nicht."

Greta und Jann gaben mir jeder einen Apfel. Heiner gab mir ein paar Nüsse. Jakob gab mir zwei braune Kuchen. „Und von mir kriegst du vielleicht auch noch was", sagte Mutter, „sobald ich weiß, warum der Weihnachtsmann dich so kümmerlich bedacht hat."

Eine ganze Stunde druckste ich noch herum, dann ging ich zu meiner Mutter und sagte es ihr – leise, unter vier Augen: daß ich nachts wieder aufgestanden wäre, und daß ich meinen Teller vor die andern vier und mitten unter den Schornstein gestellt hätte.

Mutter schüttelte den Kopf. Aber dann guckte sie mir still in die Augen und strich mir über den Scheitel. „Es ist gut“, sagte sie, „wir wollen nun nicht mehr davon sprechen. Du darfst deinen Teller heute abend noch mal wieder hinstellen – mitunter kommt ja der Weihnachtsmann noch mal zurück.“

Ich stellte abends – ganz allein – meinen Teller wieder auf den Herd. Nicht direkt unter den Schornstein, aber auch nicht zu weit weg auf den Rand, sondern so halb bis zur Mitte, als ob noch vier andere Teller daneben ständen. – Und ich hatte am nächsten Morgen: Vier schöne Kantäpfel, etwa zwanzig Nüsse und drei braune Kuchen, und obendrauf eine schöne weiche, wollene Mütze – mit einem bunten Klunker. Ich habe mich ganz toll gefreut und habe sie lange getragen. Und habe sie auch heute noch nicht vergessen.

Ich denke noch oft an diesen Weihnachtsmorgen und an diese weiche, wollene Mütze mit dem bunten Klunker – besonders immer dann, wenn ich meinen Teller mal wieder irgendwo – vor die andern und mitten unter den Schornstein stellen möchte.

Der Traum

Hoffmann von Fallersleben

Ich lag und schlief, da träumte mir
Ein wunderschöner Traum:
Es stand auf unserm Tisch vor mir
Ein hoher Weihnachtsbaum.

Und bunte Lichter ohne Zahl,
Die brannten rings umher,
Die Zweige waren allzumal
Von goldnen Äpfeln schwer.

Und Zuckerpuppen hingen dran:
Das war mal eine Pracht!
Da gab's, was ich nur wünschen kann
Und was mir Freude macht.

Und als ich nach dem Baume sah
Und ganz verwundert stand,
Nach einem Apfel griff ich da,
Und alles, alles schwand.

Da wacht ich auf aus meinem Traum,
Und dunkel war's um mich:
Du lieber, schöner Weihnachtsbaum,
Sag an, wo find ich dich?

Da war es just, als rief' er mir:
„Du darfst nur artig sein,
Dann steh ich wiederum vor dir –
Jetzt aber schlaf nur ein!

Und wenn du folgst und artig bist,
Dann ist erfüllt dein Traum,
Dann bringet dir der Heilge Christ
Den schönsten Weihnachtsbaum.“

Weihnachten im ärmsten Dorf der Welt

Jane Barlow

Es war ein harter Winter.

Seit ihres Mannes Tode hatte die Witwe MacGurk das kleine Gehöft allein bewirtschaftet. Im kommenden Frühling war es drei Jahre her, daß er gestorben war – gerade als es Zeit war, die Kartoffeln zu setzen. Während seiner letzten Stunde lagen ihm die Saatkartoffeln schwer auf der Seele, denn er hegte die schlimmsten Befürchtungen, ob seine Frau auch alles richtig machen würde, wenn sie nicht unter seiner Oberaufsicht und Anleitung arbeitete, und wie wollte sie überhaupt bestehen, wenn ihr die Kartoffeln mißrieten?

Sie hatte versucht, ihn zu beruhigen, indem sie ihm vorerzählte, der Boden sei Stein und Bein gefroren, und kein Bauer weit und breit könne jetzt Kartoffeln stecken. Aber er ließ sich nichts vormachen und wäre aufgestanden, wenn er sich nur auf den Füßen hätte halten können. Den ganzen lieben langen Tag waren die Kartoffeln sein Hauptgesprächsgegenstand, und dabei hatte er doppelseitige Lungenentzündung, worüber die Nachbarn ihre Diagnose „merkwürdig schwach auf der Brust" gestellt hatten. Gegen Abend erschien dann endlich Vater Rooney auf seinem alten sandfarbenen Pony, und es gelang ihm, den Kranken ein wenig zu trösten. „Sie hat ja treue Nachbarn", sagte er, „und mit Gottes Hilfe wird sie schon mit allem fertigwerden. Als ich eben ins Dorf ritt, war's mir doch ganz so, als hätte ich einen von den jungen Burschen gesehen, wie er übers Mäuerchen auf dein Stück Land stieg, die Kiepe auf dem Rücken – als hätte er euch etwas Gutes antun wollen!"

Der alte MacGurk wollte aus dem Fenster spähen, um festzustellen, ob das wohl der Wahrheit entspräche. Da die einzige Scheibe aber mit dem Deckel einer Blechbüchse geflickt worden war, konnte er nichts sehen und mußte den Worten des Priesters Glauben schenken. Immerhin sagte er: „Gelobt sei Gott!", und danach schien es ihm etwas leichter zu werden, wenigstens bis zu den frühen Morgenstunden, wo es ihm dann für immer leicht wurde.

Der weitere Lebenslauf der Witwe McGurk, wenn er auch nicht gerade großartig war, bestätigte in gewissem Maße doch die Prophezeiungen Vater Rooneys. Die Leute waren gern bereit, einer Nachbarin zu helfen, die als „arme, einsame Witfrau" einen hohen gesellschaftlichen Rang behauptete, um so mehr, da sie „weder Kind noch Kegel hatte, die arme Seele!"

Doch manchmal liefen die guten Absichten der Nachbarn den Eigentümlichkeiten der Witwe MacGurk zuwider. Sie war nämlich nicht aus der Gegend und hatte bessere Tage gesehen. Und da sie stolzen und unabhängigen Geistes blieb, war ihr Pfad mit tausend spitzigen Dornen besät. Nach einem halben Jahrhundert eines harten Lebens kreisten ihre Gedanken noch immer um den Ort, wo es ihr einst gut ergangen war, ehe ihr Vater sich angewöhnt hatte, mehr als nötig zu trinken.

Wenn es ihr nun gelegentlich schlecht ging, dann mußten die Nachbarn ihr nicht nur helfen – was sie sauer genug ankam, da sie selbst meistens dicht vorm Verhungern waren –, sondern sie mußten auch noch darauf achten, daß sie den Stolz der guten Alten nicht verletzten, indem sie die guten Gaben gar zu unverhüllt als Wohltat anboten.

Es ging zum Beispiel keineswegs, daß man so hereingestürzt kam, wie es Judy Ryan eines Abends tat. Sie brachte einen Eimer Kartoffeln an und rief dazu: „Mrs. MacGurk, ich habe gehört, Sie haben keine Kartoffeln mehr! Sie Arme, da müssen Sie ja halb verhungert sein! Hier hab' ich Ihnen einen Eimer voll gebracht, und es wären bestimmt mehr, wenn wir nicht selbst so schrecklich knapp wären." Mit einem bedauerlichen Aufwand an Lügen wurde Judy Ryan sofort belehrt, daß Mrs. MacGurk mehr Kartoffeln habe, als sie allein aufessen könne, und gleichzeitig wurde ihr recht deutlich und unverblümt klargemacht, daß sie sich mitsamt ihrem Eimer voll Kartoffeln je eher, je lieber trollen könne. Woraufhin die Familie Ryan und die Witwe MacGurk eine lange Reihe von Tagen nicht auf Grußfuß miteinander standen.

Solche und ähnliche Vorfälle brachten die Nachbarn im Dorfe Lisconnel zu der Ansicht, die Witwe MacGurk sei so widerborstig wie die Widerhaken an einer Angel. Doch verscherzte sie sich die Freundschaft der guten Leutchen nie gänzlich, und immer waren einige bereit, ihr beizustehen und auch ein bißchen von ihrer schlechten Laune mit in den Kauf zu nehmen.

Am besten gelang das entschieden der alten Mrs. Kilfoyle. Die Methode, die sie bei solchen diplomatischen Unternehmungen meistens anwandte, war taktvoll genug. Zuerst lieh sie sich von der Witwe MacGurk eine Tasse oder einen Krug aus. Was sie damit eigentlich wollte, war nicht zu ersehen, denn sie selbst besaß eine bunte Sammlung von Geschirr, das allen nur erdenklichen Zwekken dienen konnte. Grobe Töpferwaren dieser Art waren das einzige, was in Lisconnel reichlich vorhanden war – viel reichlicher als Eßwaren. Trotzdem geschah es von Zeit zu Zeit, daß Mrs. Kilfoyle durch das von Binsenbüscheln überwucherte Weideland zu Mrs. MacGurks Behausung auf dem Hügelhang stolperte, was sie bestimmt nie getan haben würde, um einen lächerlichen Becher oder Topf zu borgen, denn das Steigen fiel ihr sauer, da sie alt und, wenn auch gut bei Verstand, doch nicht mehr gut zu Fuß war.

Bei solchen Besuchen schien ihr dann immer kurz vor dem Weggehen plötzlich etwas einzufallen.

„Also dann auch vielen Dank, Mrs. MacGurk, vielen Dank für den Becher! Hoffentlich sind Sie nicht böse, daß ich Sie so oft störe?"

„Aber nein, woher denn!" sagte Mrs. MacGurk und trug ihr hageres Haupt noch höher und noch stolzer, weil sie jemanden einen Gefallen hatte erweisen können, „das ist ja nicht der Rede wert!“

„Ach, wenn ich Sie noch etwas fragen darf: Sie könnten uns wohl nicht ein paar Kartoffeln abnehmen? Dies Jahr halten sich unsere Kartoffeln so schlecht, daß wir sie gar nicht schnell genug essen können! Sie könnten sie uns ja später bei der neuen Ernte wiedergeben, wenn's Ihnen dann paßt. Wenn es Ihnen recht wäre, könnte ich eins von den Kindern mit einem Eimer voll zu Ihnen schicken? Wenn Sie nichts dagegen haben? Und vielen Dank auch, und recht schönen guten Abend!“

Oder sie dachte sich etwas anderes aus und sagte: „Also auf Wiedersehen, Mrs. MacGurk, und morgen bringe ich den Krug zurück! Dabei fällt mir ein: wäre es Ihnen wohl recht, wenn die Kinder Ihnen ein paar Körbe voll Torf herauftrügen? Unser Torf ist schon bis ans Dach hinauf geschichtet, und wenn sie hier bei Ihnen arbeiten könnten, wüßt' ich sie doch gut beschäftigt. Sie wachsen mir sonst rein über den Kopf mit ihrem Übermut, und wenn ich ihnen nichts zu tun auftrage, haben sie bloß dumme Streiche im Sinn!“

Durch eine Kriegslist dieser Art hat sich die gute Witwe MacGurk meines Wissens nie beleidigt gefühlt. Doch bin ich nicht so sicher, ob sie nicht hin und wieder etwas geahnt hat. Da hätte sie sich dann heftig gesträubt, wenn nicht eben Mrs. Kilfoyle dahintergesteckt hätte, die kleine Alte mit dem weißen Haar, die mit hoher Stimme wie ein Küken piepste. Auch die andern Nachbarn brachten es manchmal zustande, daß ihre Gaben huldvoll angenommen wurden, wenn es auch einige Zeit brauchte, bis sie gelernt hatten, rücksichtsvoll zu sein. Trotzdem mußte die arme Witwe manch Wort hören und hinunterschlucken, das verletzend wirkte, wenn es auch noch so gut gemeint war.

Eines Tages aber sollte sie für all diese kleinen Kränkungen durch einen großen Glücksfall getröstet werden. Es war ein stiller Dezembertag kurz vor Weihnachten. Der Himmel war bleiern grau, und die Luft „schmeckte nach Schnee“. Das war alles, was der Himmel zu versprechen schien – nichts Ungewöhnliches lag sonst in der Luft. Und doch geschah es, daß die Witwe MacGurk einen Brief erhielt. Ein Brief ist in Lisconnel ein so ungewöhnliches Ereignis, wie in einem weniger armen Dorf ein Einbruch, und meistens gelangt er auf Umwegen, für welche die Postbehörden nicht zuständig sind, an den Empfänger.

Doch noch erstaunlicher als das Erscheinen des Briefes war sein Inhalt. Der blaue Umschlag enthielt eine Postanweisung und ein Dokument, aus dem hervorging, daß diese Geldsumme den Anteil der Witwe MacGurk an der aufgeteilten Hinterlassenschaft einer unbekannten Verwandten darstellte, die anscheinend in Connecticut in USA gestorben war. Die Postanweisung lautete auf ganze fünfzehn Schillinge.

Nun darf man ja nicht glauben, daß die Witwe MacGurk diese Tatsache auf den ersten Blick begriff – so wie wir etwa einen Artikel in der Zeitung. Das Entziffern des teils gedruckten, teils geschriebenen Textes erwies sich als eine äußerst schwierige Aufga-

be. Der erste Eindruck war infolgedessen, sie habe eine schlimme Nachricht wegen ihrer rückständigen Miete erhalten, was bedeuten konnte, daß sie aus ihrer Hütte vertrieben würde. Und das war eine Befürchtung, die manchen Bewohner Lisconnels bis in seine Träume verfolgte. Beflügelt von dieser düsteren Furcht, eilte sie zu ihren nächsten Nachbarn, den Kilfoyles, um sich die vermeintliche Unglücksbotschaft deuten zu lassen. So groß war ihre Eile, daß die junge Mrs. Kilfoyle, die gerade vor der Haustür einen Topf ausschwenkte, zu ihrer Schwiegermutter im Innern der Hütte sagte:

„Die Witwe MacGurk kommt den Berg hinuntergehüpft wie eine erschrockene alte Geiß. Beinah wär' sie noch hingefallen, so rennt sie! Vielleicht hat sie sich am Teekessel die Hand verbrannt, denn sie hat etwas Weißes um die Finger!"

Da weder die junge noch die alte Mrs. Kilfoyle die Witwe beruhigen oder aufklären konnten, riefen sie Brian Kilfoyle herbei, der beim Torfstechen war. Lange Zeit saß er auf dem Rain und studierte das weiße Papier zwischen seinen dicken braunen Daumen. Der Wind spielte in seinem roten Bart, und endlich hatte er das Rätsel gelöst. Mittlerweile hatte sich eine kleine Versammlung eingefunden, die auf das Ergebnis gespannt war. Alle waren höchst beeindruckt von dem überwältigenden Vermögen, das nach Lisconnel strömen sollte. Im allgemeinen mögen die Leute es gar nicht gern, wenn ihnen eine große Sensation geschmälert werden soll. Als drum die Witwe Sheridan nach langem Gemurmel und Gerechne bemerkte: „Fünfzehn Schillinge, das ist weniger als ein Goldstück, nicht?" – da war jeder unwillig über die Bemerkung, obwohl sie gar nicht im Sinne gehabt hatte, geringschätzig zu sprechen, sondern nur aus alter Gewohnheit, die Dinge negativ anzusehen. Brian Kilfoyle erklärte sachlich: „Jedenfalls ist es mehr als ihre Halbjahresmiete, und alles ‚weniger' geht uns nichts an!"

„Der Kuckuck soll die Miete holen", lachte sein Bruder Tim, „und ich wünsche Ihnen erst mal viel Glück zu Ihrem Erbschaftsanteil, Mrs. MacGurk!"

Die Gefühle der Zuhörer waren auf Tims Seite. Natürlich wäre die Freude noch größer gewesen, wenn sich dieser erstaunliche Vermögenszuwachs nicht so einseitig an eine einzige Adresse gewandt hätte. Was in unsrer eigenen Tasche klimpert, scheint viel silberner zu klingeln als das Geld in Nachbars Tasche. Trotzdem waren die Einwohner von Lisconnel froh und zufrieden, und zwar nicht ganz aus uneigennützigen Gründen. Denn die Frauen und Mädchen hofften nun mehrere Wochen lang, daß auch sie einmal einen solchen Brief erhalten könnten. Und erst allmählich hörten sie auf, enttäuscht zu sein, wenn ein Patty oder Mick mit leeren Händen aus der Stadt zurückkam. War es nicht herrlich, sich vorzustellen, daß jemand die Dorfstraße herunterkäme und riefe: „Wo ist denn Mrs. Soundso? In der Stadt hat man mir einen Brief aus Amerika für sie mitgegeben!"

Leider gab es außer diesen allzu großen Optimisten auch einige Mißgünstige. Mrs. Quigley zum Beispiel konnte es sich nicht verkneifen, ihrem Neid die Zügel schießen zu lassen und der armen Witwe die Freude zu vergällen. Sie betrachtete sich das Fetzchen Papier, das einstweilen das große Vermögen garantierte, und sagte: „Ich hätte lieber gleich das Geld, oder wenigstens so einen blauweißen Streifen Papier, auf dem die Summe schon vorgedruckt ist. Ich habe gehört, daß es manchmal sehr viel Lauferei kostet, bis man endlich zu seinem Geld kommt – falls man's überhaupt bekommt."

Mrs. MacGurks Kinn sank so schnell wie ein Barometer bei Sturm. Doch da rief Brian schon dazwischen: „Unsinn, Lauferei! In der Stadt wirft die in der Post Ihnen das Geld im Handumdrehen aus dem kleinen Guckfensterchen hin – als ob's für zwei Groschen Zucker über den Ladentisch wäre! Vielleicht müssen Sie Ihren Namen irgendwo hinsetzen, aber da genügt ein Krakel oder ein Kreuz, und das andere erledigt die hinter dem Guckfenster. Weiter haben Sie gar keine Lauferei!"

„Oho, bestimmt ziehen sie etwas ab", sagte Mrs. Quigley und ließ sich nicht einschüchtern, „denn die bezahlen einem nie alles!"

Aber Brian lachte nur, und Mrs. Quigley begab sich mißvergnügt an ihre täglichen Pflichten, die heute darin bestanden, ein kleines Kind zu hüten und auf einen alten roten Flanellrock Flicken aus einem noch älteren blauen Kittel zu setzen, wobei sie insgeheim den Rheumatismus in ihrem rechten Ellbogen zum Teufel wünschte.

Die Witwe MacGurk dagegen, deren Glaube an die Postanweisung nicht allzusehr erschüttert war, lauschte geduldig den Ratschlägen ihrer Nachbarn. Sie wurden ihr angesichts der Dringlichkeit der Kapitalanlage reichlich zuteil. Vier Schillinge, darüber waren sich alle einig, mußten „bis auf den letzten Knopf" zum Krämer gehen, um eine uralte Schuld abzubezahlen. Doch was die Verwendung der restlichen Summe betraf, so gab es darüber so viel verschiedene Ansichten wie Frauen in Lisconnel, oder vielleicht sogar noch mehr. Die Witfrau war eigentlich geneigt, auf die alte Mrs. Kilfoyle zu hören.

„Wenn ich in Ihrer Haut steckte, Mrs. MacGurk", sagte sie, „dann würde ich bestimmt alles Geld in Mehl anlegen, Hafermehl mein' ich natürlich, nicht das gelbe Indianermehl, das man wirklich bloß den Schweinen geben sollte, Gott verzeih mir die Sünde. Natürlich ist Hafermehl teuer, ich weiß, aber da haben Sie was für den ganzen Winter, und was Gutes obendrein! Gibt's etwa an einem grausig kalten Winterabend etwas Besseres als einen Teller Haferbrei mit einem Schuß Sauermilch?"

Über Peter Sheridan aber entrüsteten sich alle, und keiner wollte auf ihn hören, als er behauptete, er würde das Geld nicht ausgeben. Er würde es an einem sicheren Ort verwahren, dann hätte er wenigstens etwas in der Hand, wenn er an Himmelfahrt die Halbjahrsmiete zahlen müßte. Das hielten sie alle für übertrieben. „Der hat gut reden", schalten sie, „und dabei hat er nie einen roten Heller in der Tasche!"

Wie sich die Ratschläge auch widersprechen mochten, die Witwe MacGurk plante auf alle Fälle für den nächsten Tag eine Einkaufsreise in die Stadt. Es wurde so besprochen, daß Stacey Doyne sie begleiten sollte. Sie konnte ihr tragen helfen – den Beutel mit Hafermehl, wie man allgemein annahm. –

Man mußte früh aufbrechen, denn es wurde früh dunkel, wie es sich für die kürzesten Tage des Jahres gehört. Die Stadt liegt ein gut Stück Weges über Duffclane hinaus, das doch auch schon reichlich weit von Lisconnel entfernt ist. Aber Duffclane, das kaum größer als Lisconnel war, hatte nur einen einzigen Laden in einer kümmerlichen Hütte, und im „Schaufenster" war nur Platz für zwei Laibe Brot, ein paar verschrumpfte Äpfel und ein Glas mit Lutschbonbons – wahrlich nicht der rechte Ort für die Operationen einer Kapitalistin!

Über den östlichen Himmel zitterten noch ein paar feine, feurige Streifen, und im Westen hing ein dunkler Schatten düster-drohend über dem Moor, als die Witwe MacGurk bereits reisefertig vor ihr Häuschen trat. Sie trug einen weiten Wollumhang mit Kapuze, den Mrs. Sheridan ihr geliehen hatte, und in der Hand hielt sie einen windschiefen alten Weidenkorb, der von der dicken Anna stammte.

Ehe sie sich jedoch auf den Weg machen konnte, mußte sie bei ihren Freunden von Tür zu Tür die Runde machen und sich erkundigen, ob sie in der Stadt etwas für sie besorgen könne. Das war ein uralter Brauch, und es wäre ein gröblicher Verstoß gewesen, hätte sie es unterlassen. Doch diesmal wirkte die höfliche Anfrage fast ironisch. Es war so vielerlei, das sie ihnen hätte besorgen können, wenn... Die Ernte war nicht gut ausgefallen, und ein strenger Winter hatte es den Leuten in Lisconnel klargemacht, daß sie noch mehr als sonst haushalten mußten mit dem wenigen, was sie besaßen und in allen möglichen komischen Verstecken hüteten: in Taschentuchzipfeln, Ritzen in der Wand oder in zu alleroberst am Bord hängenden Bechern.

Die Witwe MacGurk erhielt also nur ein paar belanglose Aufträge für etwas Zwirn, Streichhölzer oder dergleichen. Mrs. Quigley war drauf und dran, etwas Hafergrütze zu bestellen, doch im letzten Augenblick widerrief sie ihre Bestellung und fand, Kartoffeln täten es auch – obwohl ihr Mann, der sich schon auf den Haferbrei zum Frühstück gefreut hatte, enttäuscht den Kopf hängen ließ.

Die letzte Hütte, bei der Mrs. MacGurk vorsprach, gehörte den Ryans. Der alte Mick Ryan, der schon längst nicht mehr arbeitsfähig war, und überhaupt lebensuntauglich, wie seine Nachbarn fanden, saß neben der Haustür auf dem Steinmäuerchen und wartete, daß sie drinnen das Feuer in Gang bringen sollten. Er dachte in seinem Sinn, daß es eigentlich sehr kalt sei, und in seinem zerfurchten, vom Torfrauch ausgetrockneten Gesicht lag nicht viel mehr Ausdruck als in dem Stückchen Kartoffelland, das hinter ihm hügelan stieg. Doch plötzlich kam Leben in ihn. Seine Augen leuchteten auf, und er fragte eifrig:

„Gehen Sie zur Stadt, Ma'am?"

„Ach, Vater, laß doch Mrs. MacGurk in Ruhe", rief seine Schwiegertochter besorgt, denn er wühlte in seinen Taschen herum, in denen er früher manchmal ein paar Kupferstücke gehabt hatte. „Was kannst du denn aus der Stadt haben wollen?"

„Tobak", gab er zur Antwort und kramte weiter. „Aber Vater, was willst du denn Tobak haben bei diesen schlechten Zeiten! Mrs. MacGurk holt sich ihren Sack Hafermehl, und an einem Tabakladen kommt sie überhaupt nicht vorbei. Kannst du denn nicht bis Himmelfahrt warten, wenn Pat dir eine Rolle aus der Stadt mitbringt?"

Der alte Mann gab das Suchen auf, teils entmutigt, weil er nichts fand, teils voll einer schwachen Vorfreude auf den in so weiter Ferne liegenden versprochenen Genuß „am Himmelfahrtstag". Sein Gesicht wurde wieder so leer wie zuvor, nur nistete vielleicht in den Falten ein noch tieferer Schatten.

Vor Einbruch der Dunkelheit konnte man die Witwe MacGurk und Stacey kaum zurückerwarten. Also spähte auch niemand nach ihnen aus. An Gesprächsstoff fehlte es ihnen trotzdem nicht, den lieferte immer noch der ungewöhnliche Glückstreffer, die Reise in die Stadt und die verschiedenen Einkaufsmöglichkeiten.

„Jetzt werden sie wohl schon halbwegs dort sein", hieß es, oder: „Hoffentlich verlangt der Krämer ihr nicht zuviel ab für das Hafermehl!" – Bemerkungen, die ausgetauscht wurden, wenn zwei Nachbarn sich begegneten.

Als aber der Nachmittag vorrückte, nahmen die Mienen einen düsteren Ausdruck an, denn nun hätte man das Paar schon in der Ferne erblicken sollen. Daß sie so spät wiederkamen, konnte nur ein Mißgeschick bedeuten. Vielleicht hatte sie die Postanweisung verloren? Zu dieser Vermutung neigten die meisten. Oder vielleicht wollten die Leute in der Post kein Geld herausrücken? Gegen fünf Uhr, als es schon fast finster war, meinte ein Bengel grinsend, daß sie vielleicht am Kreuzweg „jemand" getroffen hätten – worauf sich sofort mehrere Frauen bekreuzigten, und Sally Sheridan, die vor ihrer Haustür stand, schnell ein paar Schritte in die Geborgenheit ihrer Hütte zurücktrat. Denn der Kreuzweg war eben ein übel beleumundeter Ort, an dem mancher im Nebel schon die seltsamsten Erlebnisse gehabt hatte.

Gerade hatte Mrs. Doyne erklärt, wie leicht man im Dunkeln auf dem schlechten Moorweg in ein Loch treten und sich den Fuß brechen und bis zum anderen Morgen hilflos in der Kälte liegen könnte – da klangen Rufe durch das blasse Mondlicht und machten allen wilden Vermutungen ein Ende.

Mrs. MacGurk hatte ihre Einkäufe in größtem Maßstab getätigt, das sah man sofort an dem großen Weidenkorb, der sich nach allen Seiten bauchig vorwölbte und den sie nun auf dem Steinmäuerchen absetzte, um zu rasten.

Das erste Päckchen, das hervorgeholt wurde, war schuld gewesen an der Verspätung, denn es war aus Versehen auf dem Ladentisch liegengeblieben, und erst, als die beiden ein gut Stück auf dem Heimweg waren, hatten sie sich daran erinnert. Doch die Witwe MacGurk dachte, daß sie trotz ihrer Müdigkeit den Weg gern zwei- und dreimal machen würde, ehe sie das Päckchen in der Stadt gelassen hätte, und nun flüsterte ihr auch Biddy, die Tochter des alten Mick Ryan, ins Ohr:

„Den ganzen Tag war er so unruhig, als ob er auf jemand wartete, und von Larry Sheridan hat er sich heut früh ein paar Streichhölzer geborgt – wenn ich auch nicht weiß, wozu...!"

„Oh!“ rief Micks Schwiegertochter, „sieh dir das mal an, Vater! So ein großes Stück Tabak, Ma'am! Das ist doch nicht recht. Er hätte Sie gar nicht danach fragen sollen!“

„Scht! Dummes Ding!“ schalt Mrs. MacGurk, „verdirb ihm doch nicht die Freude!“ Denn der alte Mick saß da wie einer, der in verzückte Träume versunken ist, fühlte das Stück Tabak in der Hand und betrachtete von Zeit zu Zeit die feuchte, dunkle Schnittstelle. Als seine Tochter Biddy sich anbot, die Pfeife zu holen, protestierte er:

„Nein, noch nicht! Heute abend will ich ihn bloß fühlen!“ Und das tat er denn auch.

Doch im Korb steckten noch mehr Freuden. Ein Bündel wohlbeleibter braunweißer Zukkerstangen ließ manchen Erwachsenen im stillen wünschen, er könnte gleich den Kindern die Hand aufhalten für die pfefferminzduftenden Gaben aus dem Bonbonhimmel. Bei dieser Gelegenheit fand übrigens zwischen Mrs. MacGurk und Judy Ryan, die, wie erinnerlich, auf verletzende Art Kartoffeln hatte spenden wollen, eine endgültige Aussöhnung statt, und zwar eine sehr zähe und dauerhafte, wie man aus der Zahl und Klebrigkeit der Zuckerstangen schließen konnte, die Judys Söhnchen erhielt.

Dann kam eine blaue Flasche „Medizin“ zutage, deren rotweißes Schildchen die Heilung auch des schlimmsten Rheumatismus versprach. In den Inhalt sollten sich Peter Sheridan und Mrs. Quigley teilen, die schon jetzt den köstlichen Duft von Terpentin und Kampfer genossen und es nur bedauerten, daß solch „starker Stoff“ eindeutig als Gift bezeichnet war, um jeden abzuschrecken, der auf den Gedanken kommen konnte, ihn auch „innenwärts“ zu probieren.

Und in einem Paket befand sich ein grobes, warmwollenes Hemd für Stacey, die den ganzen Weg über in ihren dünnen Baumwoll-Lumpen gezittert hatte. Ein Strang Wolle quoll aus einem andern Papier hervor, denn danach hatte sich Peg Sheridan, die lahmte und immer „etwas Arbeit zwischen den Fingern“ haben wollte, schon seit ewigen Zeiten gesehnt.

Die größte Freude hatte Mrs. MacGurk jedoch an den beiden dunkelvioletten Paketen, die sie bei Mrs. Kilfoyle auf dem Küchentisch stehen ließ, ehe sie den Pfad zu ihrem eigenen Häuschen hinaufstieg. Es waren keine mageren, schornsteindünnen Tüten, sondern behäbige Dinger, die sich, ohne umzufallen, auf dem Küchentisch breitmachten und in ihren dicken Bäuchen ein Pfund Tee und vier Pfund Zucker bargen.

Das war natürlich wunderbar, und man sollte meinen, Mrs. Kilfoyle hätte etwas Besseres zu sagen gewußt als nur ein zittriges Gestammel:

„Lieber Himmel... ach du mein Gottchen... nein so was, Mrs. MacGurk, Sie gute Seele... aber wie können Sie denn bloß...“, so daß die Witwe MacGurk energisch dazwischenfuhr:

„Ach, Mrs. Kilfoyle, nun sagen Sie aber rein gar nichts! Ich hab's doch alles nur mir zuliebe getan, Sie Gute, damit ich mich nicht länger ärgern muß, weil Ihre hübsche Teekanne schon all die Zeit so einsam und trokken da oben auf dem Bord sitzt, und der... soll mich holen, wenn ich lüge!“

Mit fast vorwurfsvoller Betonung rief Mrs. Kilfoyles Tochter:

„Es ist sehr freundlich von Ihnen, Mrs. MacGurk, daß Sie so an Mutter gedacht haben!“

Und dabei fielen auch der kleinen weißhaarigen Alten ihre guten Manieren wieder ein, und hastig sagte sie: „Ja, alles was wahr ist! Nichts hab’ ich so gern wie eine Tasse Tee, und daran haben Sie gedacht. Norah muß uns sofort Tee aufbrühen, in dieser Minute!“

„Aber Mrs. MacGurk!“ rief aufgeregt eine von den Nachbarinnen, die sie nach Hause begleiteten, „was ist denn mit Ihrem Sack Hafermehl? Wo haben Sie den nur gelassen? Barmherziger Gott, er wird doch nicht irgendwo liegengeblieben sein?“

„Vielleicht hat sie ihn einzupacken vergessen? Oder Stacey? Da kann sie aber zehn zu eins wetten, daß sie nie auch nur ein Krümchen wiedersieht!“

„Ach Gott, die arme Kreatur, daß ihr das passieren mußte!“

Doch die Witwe MacGurk drehte sich ruhig zu ihnen um:

„Hafermehl? Was sollten die kleine Stacey oder ich uns den Rücken an Hafermehl müde schleppen? Einer von den jungen Burschen kann mir leicht das nächste Mal ein paar Pfund aus der Stadt mitbringen – falls ich überhaupt welches haben will und das Geld nicht lieber auf die Seite legen möchte“, fügte sie schnell hinzu, denn es fiel ihr ein, daß drei Kupfermünzen ihr ganzes Vermögen waren. „Ich halte nicht so viel von Hafermehl. ’s ist die reinste Spreu! Da lob’ ich mir eine gute heiße Kartoffel, die schmeckt noch allemal besser und kräftiger!“

Als Mrs. MacGurk dann allein war und in ihrer stillen Hütte den letzten Rest aus dem zerbeulten Weidenkorb holte, da zeigte es sich, daß sie für sich selbst nichts weiter gekauft hatte als für zwei Groschen Salz. Die kleine braune Papiertüte machte keinen überwältigenden Eindruck, wie sie da so verloren auf dem kahlen, großen Tisch lag. Mit abwesenden Blicken sah Mrs. MacGurk darüber hin und aus dem dunklen Fenster in die Nacht hinaus. Dann sagte sie:

„Wenn sie einen halbwegs vernünftigen Preis für die roten Fäustlinge verlangt hätten, dann hätte ich sie für Mrs. Sheridans kleinen Joe kaufen können. Das arme Kerlchen sieht mir so verfroren aus. Aber einen Schilling – nein, wer soll denn das bezahlen?“

Doch ein ungetrübtes Glück gibt’s leider nicht auf Erden, und im großen ganzen war wohl kaum je eine Frau so zufrieden mit den Einkäufen eines Nachmittags wie die Witwe MacGurk, als sie auf ihr seltsames, aus Schilf und alten Lumpen gebautes Lager sank. Träume von Tabak, Wolle und Bäckerei-Auslagen mischten sich in die letzten Worte ihres „Gelobt seist du, Maria“, – und dann begann die Heilige Nacht.

Die Heiligen Drei Könige

Volksgut

Wir kommen daher ohn' allen Spott,
ein' schön' guten Abend geb' euch Gott,

Ein' schön' guten Abend, eine fröhliche Zeit,
die uns der Herr Christus hat bereit'.

Wir kommen hierher von Gott gesandt
mit diesem Stern aus Morgenland.

Wir zogen daher in schneller Eil',
in dreißig Tagen vierhundert Meil'.

Wir kamen vor Herodes' Haus,
Herodes schaut zum Fenster heraus:

„Ihr lieben drei Weisen, wo wollt ihr hin?"
„Nach Bethlehem steht unser Sinn;

nach Bethlehem, in Davids Stadt,
allwo der Herr Christ geboren ward."

„Ihr lieben Weisen, bleibt heute bei mir,
ich will euch geben gut Quartier;

ich will euch geben Heu und Streu,
und will euch halten in Zehrung frei."

„Ach, lieber Herodes, das kann nicht geschehn,
wir müssen den Tag noch weiter gehn."

Wir zogen miteinander den Berg hinaus,
wir sahen, der Stern stand über dem Haus.

Wir zogen miteinander das Tal hinein
und fanden das Kind im Krippelein.

Wir fanden das Kind, war nackend und bloß,
Maria nahm's auf ihren Schoß.

Und Joseph zog sein Hemdlein aus,
gab's Maria, die macht Windeln d'raus.

Wir taten unsre Schätze auf
und schenkten dem Kinde Gold, Weiherauch.

Gold, Weiherauch und Myrrhen fein:
Das soll unser König sein!

(Nach empfangener Gabe:)

Ihr habt uns eine Verehrung geb'n,
der liebe Gott laß euch in Frieden leb'n!

Wir können hier nicht länger bleiben,
der Stern soll uns noch weiter leuchten.

Weihnachtsabend bei Buddenbrooks

Thomas Mann

Das Weihnachtsfest kam heran, und der kleine Johann verfolgte mit Hilfe des Abreißkalenders, den Ida ihm angefertigt und auf dessen letztem Blatte ein Tannenbaum gezeichnet war, pochenden Herzens das Nahen der unvergleichlichen Zeit.

Die Vorzeichen mehrten sich... Schon seit dem ersten Advent hing in Großmamas Eßsaal ein lebensgroßes, buntes Bild des Knecht Ruprecht an der Wand. Eines Morgens fand Hanno seine Bettdecke, die Bettvorlage und seine Kleider mit knisterndem Flittergold bestreut. Dann, wenige Tage später, nachmittags im Wohnzimmer, als Papa mit der Zeitung auf der Chaiselongue lag und Hanno gerade in Geroks „Palmblättern" das Gedicht von der Hexe zu Endor las, wurde wie alljährlich und doch auch diesmal ganz überraschenderweise ein „alter Mann" gemeldet, welcher, „nach dem Kleinen frage". Er wurde hereingebeten, dieser alte Mann, und kam schlürfenden Schrittes, in einem langen Pelze, dessen rauhe Seiten nach außen gekehrt und der mit Flittergold und Schneeflocken besetzt war, ebensolcher Mütze, schwarzen Zügen im Gesicht und einem ungeheuren weißen Barte, der wie die übernatürlich dicken Augenbrauen mit glitzernder Lametta durchsetzt war. Er erklärte wie jedes Jahr mit eherner Stimme, daß dieser Sack – auf seiner linken Schulter – für gute Kinder, welche beten könnten, Äpfel und goldene Nüsse enthalte, daß aber andererseits diese Rute – auf seiner rechten Schulter – für die bösen Kinder bestimmt sei... Es war Knecht Ruprecht. Das heißt, natürlich nicht so ganz und vollkommen der echte und im Grunde vielleicht bloß Barbier Wenzel in Papas gewendetem Pelz; aber soweit ein Knecht Ruprecht überhaupt möglich, war er dies, und Hanno sagte auch dieses Jahr wieder, aufrichtig erschüttert und nur ein- oder zweimal von einem nervösen und halb unbewußten Aufschluchzen unterbrochen, sein Vaterunser her, worauf er einen Griff in den Sack für die guten Kinder tun durfte, den der alte Mann dann überhaupt wieder mit sich zu nehmen vergaß...

Es setzten die Ferien ein, und der Augenblick ging ziemlich glücklich vorüber, da Papa das Zeugnis las, das auch in der Weihnachtszeit notwendig ausgestellt werden mußte... Schon war der große Saal geheimnisvoll verschlossen, schon waren Marzipan und Braune Kuchen auf den Tisch gekommen, schon war es Weihnacht draußen in der Stadt. Schnee fiel, es kam Frost, und in der scharfen, klaren Luft erklangen durch die Straßen die geläufigen oder wehmütigen Melodien der italienischen Drehorgelmänner, die mit ihren Sammetjacken und schwarzen

F.R.

Schnurrbärten zum Feste herbeigekommen waren. In den Schaufenstern prangten die Weihnachtsausstellungen. Um den hohen gotischen Brunnen auf dem Marktplatz waren die bunten Belustigungen des Weihnachtsmarktes aufgeschlagen. Und wo man ging, atmete man mit dem Duft der zum Kauf gebotenen Tannenbäume das Aroma des Festes ein.

Dann endlich kam der Abend des dreiundzwanzigsten Dezembers heran und mit ihm die Bescherung im Saale zu Haus, in der Fischergrube, eine Bescherung im engsten Kreise, die nur ein Anfang, eine Eröffnung, ein Vorspiel war, denn den Heiligen Abend hielt die Konsulin fest in Besitz, und zwar für die ganze Familie. –

In schwerer, grau und schwarz gestreifter Seide, mit geröteten Wangen und erhitzten Augen, in einem zarten Duft von Patschuli empfing die alte Dame die nach und nach eintretenden Gäste, und bei den wortlosen Umarmungen klirrten ihre goldenen Armbänder leise. Sie war in unaussprechlicher stummer und zitternder Erregung an diesem Abend. „Mein Gott, du fieberst ja, Mutter!“ sagte der Senator, als er mit Gerda und Hanno eintraf... „Alles kann doch ganz gemütlich vonstatten gehen.“ – Aber sie flüsterte, indem sie alle drei küßte: „Zu Jesu Ehren... Und dann mein lieber seliger Jean...“

In der Tat, das weihevolle Programm, das der verstorbene Konsul für die Feierlichkeit festgesetzt hatte, mußte aufrechterhalten werden, und das Gefühl ihrer Verantwortung für den würdigen Verlauf des Abends, der von der Stimmung einer tiefen, ernsten und inbrünstigen Fröhlichkeit erfüllt sein mußte, trieb sie rastlos hin und her – von der Säulenhalle, wo schon die Marien-Chorknaben sich versammelten, in den Eßsaal, wo Riekchen Severin letzte Hand an den Baum und die Geschenktafel legte, hinaus auf den Korridor, wo scheu und verlegen einige fremde alte Leutchen umherstanden, Hausarme, die ebenfalls an der Bescherung teilnehmen sollten, und wieder ins Landschaftszimmer, wo sie mit einem stummen Seitenblick jedes überflüssige Wort und Geräusch strafte. Es war so still, daß man die Klänge einer entfernten Drehorgel vernahm, die zart und klar wie die einer Spieluhr aus irgendeiner beschneiten Straße den Weg hierher fanden. Denn obgleich nun an zwanzig Menschen im Zimmer saßen und standen, war die Ruhe größer als in einer Kirche, und die Stimmung gemahnte, wie der Senator vorsichtig seinem Onkel Justus zuflüsterte, ein wenig an die eines Leichenbegängnisses.

„Tochter Zion, freue dich!“ sangen die Chorknaben, und sie, die eben noch da draußen so hörbare Allotria getrieben, daß der Senator sich einen Augenblick an die Tür hatte stellen müssen, um ihnen Respekt einzuflößen, – sie sangen nun ganz wunderschön. Diese hellen Stimmen, die sich, getragen von den tieferen Organen, rein, jubelnd und lobpreisend aufschwangen, zogen aller Herzen mit sich empor, ließen das Lächeln der alten Jungfern milder werden und machten, daß die alten Leute in sich hineinsahen und ihr Leben überdachten, während die, welche mitten im Leben standen, ein Weilchen ihrer Sorgen vergaßen.

Hanno ließ sein Knie los, das er bisher umschlungen gehalten hatte. Er sah ganz blaß aus, spielte mit den Fransen seines Schemels und scheuerte seine Zunge an einem Zahn, mit halbgeöffnetem Munde und einem Gesichtsausdruck, als fröre ihn. Dann und wann empfand er das Bedürfnis, tief aufzuatmen; denn jetzt, da der Gesang, dieser glockenreine A-cappella-Gesang, die Luft erfüllte, zog sein Herz sich in einem fast schmerzhaften Glück zusammen. Weihnachten... Durch die Spalten der hohen, weißlackierten, noch fest geschlossenen Flügeltür drang der Tannenduft und erweckte mit seiner süßen Würze die Vorstellung der Wunder dort drinnen im Saale, die man jedes Jahr aufs neue mit pochenden Pulsen als eine unfaßbare, unirdische Pracht erharrte... Was würde dort drinnen für ihn sein? Das, was er sich gewünscht hatte, natürlich, denn das bekam man ohne Frage, gesetzt, daß es einem nicht als eine Unmöglichkeit zuvor schon ausgeredet worden war. Das Theater würde ihm gleich in die Augen springen und ihm den Weg zu seinem Platze weisen müssen, das ersehnte Puppentheater, das dem Wunschzettel für Großmama stark unterstrichen zu Häupten gestanden hatte und das seit dem „Fidelio" beinahe sein einziger Gedanke gewesen war.

Ja, als Entschädigung und Belohnung für einen Besuch bei Herrn Brecht hatte Hanno kürzlich zum ersten Male das Theater besucht, das Stadttheater, wo er im ersten Range an der Seite seiner Mutter atemlos den Klängen und Vorgängen des „Fidelio" hatte folgen dürfen. Seitdem träumte er nichts als Opernszenen, und eine Leidenschaft für die Bühne erfüllte ihn, die ihn kaum schlafen ließ. Mit unaussprechlichem Neide betrachtete er auf der Straße die Leute, die, wie ja auch sein Onkel Christian, als Theaterhabitués bekannt waren, Konsul Döhlmann, Makler Gosch... War das Glück ertragbar, wie sie fast jeden Abend dort anwesend sein zu dürfen? Könnte er nur einmal in der Woche vor Beginn der Aufführung einen Blick in den Saal tun, das Stimmen der Instrumente hören und ein wenig den geschlossenen Vorhang ansehen! Denn er liebte alles im Theater: den Gasgeruch, die Sitze, die Musiker, den Vorhang...

Wird sein Puppentheater groß sein? Groß und breit? Wie wird der Vorhang aussehen? Man muß baldmöglichst ein kleines Loch hineinschneiden, denn auch im Vorhang des Stadttheaters war ein Guckloch... Ob Großmama oder Mamsell Severin – denn Großmama konnte nicht alles besorgen – die nötigen Dekorationen zum „Fidelio" gefunden hatte? Gleich morgen wird er sich irgendwo einschließen und ganz allein eine Vorstellung geben... Und schon ließ er seine Figuren im Geiste singen; denn die Musik hatte sich ihm mit dem Theater sofort aufs engste verbunden...

„Jauchze laut, Jerusalem!" schlossen die Chorknaben, und die Stimmen, die fugenartig nebeneinander hergegangen waren, fanden sich in der letzten Silbe friedlich und freudig zusammen. Der klare Akkord verhallte, und tiefe Stille legte sich über Säulenhalle und Landschaftszimmer. Die Mitglieder der Familie blickten unter dem Drucke der Pause vor sich nieder... Die Konsulin aber schritt langsam zum Tische und setzte sich inmitten ihrer Angehörigen auf das Sofa, das nun nicht mehr wie in alter Zeit unabhängig und abgesondert vom Tische dastand. Sie rückte die Lampe zurecht und zog die große Bibel heran, deren altersbleiche Goldschnittfläche ungeheuerlich breit war. Dann schob sie die Brille auf die Nase, öffnete die beiden ledernen Spangen, mit denen das kolossale Buch geschlossen war, schlug dort auf, wo das Zeichen lag, daß das dicke, rauhe, gelbliche Papier mit dem übergroßen Druck zum Vorschein kam, nahm einen Schluck Zuckerwasser und begann, das Weihnachtskapitel zu lesen.

Sie las die altvertrauten Worte langsam und mit einfacher, zu Herzen gehender Betonung, mit einer Stimme, die sich klar, bewegt und heiter von der andächtigen Stille abhob. „Und den Menschen ein Wohlgefallen!" sagte sie. Kaum aber schwieg sie, so erklang in der Säulenhalle dreistimmig das „Stille Nacht, heilige Nacht", in das die Familie im Landschaftszimmer einstimmte. Man ging ein wenig vorsichtig zu Werke dabei, denn die meisten der Anwesenden waren unmusikalisch, und hie und da vernahm man in dem Ensemble einen tiefen und ganz ungehörigen Ton... Aber das beeinträchtigte nicht die Wirkung dieses Liedes... Frau Permaneder sang es mit bebenden Lippen, denn am süßesten und schmerzlichsten rührt es an dessen Herz, der ein bewegtes Leben hinter sich hat und im kurzen Frieden der Feierstunde Rückblick hält... Madame Kethelsen weinte still und bitterlich, obgleich sie von allem fast nichts vernahm.

Und dann erhob sich die Konsulin. Sie ergriff die Hand ihres Enkels Johann und die ihrer Urenkelin Elisabeth und schritt durch das Zimmer. Die alten Herrschaften schlossen sich an, die jüngeren folgten, in der Säulenhalle gesellten sich die Dienstboten und die Hausarmen hinzu, und während alles einmütig „O Tannenbaum" anstimmte und Onkel Christian vorn die Kinder zum Lachen brachte, indem er beim Marschieren die Beine hob wie ein Hampelmann und albernerweise „O Tantebaum" sang, zog man mit geblendeten Augen und einem Lächeln auf dem Gesicht durch die weitgeöffnete hohe Flügeltür direkt in den Himmel hinein.

Der ganze Saal, erfüllt von dem Dufte angesengter Tannenzweige, leuchtete und glitzerte von unzähligen kleinen Flammen, und das Himmelblau der Tapete mit ihren weißen Götterstatuen ließ den großen Raum noch heller erscheinen. Die Flämmchen der Kerzen, die dort hinten zwischen den dunkelrot verhängten Fenstern den gewaltigen Tannenbaum bedeckten, welcher, geschmückt mit Silberflittern und großen weißen Lilien, einen schimmernden Engel an seiner Spitze und ein plastisches Krippenarrangement zu seinen Füßen, fast bis zur Decke emporragte, flimmerten in der allgemeinen Lichtflut wie ferne Sterne. Denn auf der weißgedeckten Tafel, die sich lang und breit, mit den Geschenken beladen, von den Fenstern fast bis zur Türe zog, setzte sich eine Reihe kleinerer, mit Konfekt behängter Bäume fort, die ebenfalls von brennenden Wachslichtchen erstrahlten. Und es brannten die Gasarme, die aus den Wänden hervorkamen, und es brannten die dicken Kerzen aus den vergoldeten Kandelabern in allen vier Winkeln. Große Gegenstände, Geschenke, die auf der

Tafel nicht Platz hatten, standen nebeneinander auf dem Fußboden. Kleinere Tische, ebenfalls weiß gedeckt, mit Gaben belegt und mit brennenden Bäumchen geschmückt, befanden sich zu den Seiten der beiden Türen: das waren die Bescherungen der Dienstboten und der Hausarmen.

Singend, geblendet und dem altvertrauten Raume ganz entfremdet, umschritt man einmal den Saal, defilierte an der Krippe vorbei, in der ein wächsernes Jesuskind das Kreuzzeichen zu machen schien, und blieb dann, nachdem man Blick für die einzelnen Gegenstände bekommen hatte, verstummend an seinem Platze stehen.

Hanno war vollständig verwirrt. Bald nach dem Eintritt hatten seine fieberhaft suchenden Augen das Theater erblickt... ein Theater, das, wie es dort oben auf dem Tische prangte, von so extremer Größe und Breite schien, wie er es sich vorzustellen niemals erkühnt hatte. Aber sein Platz hatte gewechselt, er befand sich an einer der vorjährigen entgegengesetzten Stelle, und dies bewirkte, daß Hanno in seiner Verblüffung ernstlich daran zweifelte, ob dieses fabelhafte Theater für ihn bestimmt sei. Hinzu kam, daß zu den Füßen der Bühne, auf dem Boden, etwas Großes, Fremdes aufgestellt war, etwas, was nicht auf seinem Wunschzettel gestanden hatte, ein Möbel, ein kommodenartiger Gegenstand... war er für ihn?

„Komm her, Kind, und sieh dir dies an", sagte die Konsulin und öffnete den Deckel. „Ich weiß, du spielst gern Choräle... Herr Pfühl wird dir die nötigen Anweisungen geben... Man muß immer treten... manchmal schwächer und manchmal stärker... und dann die Hände nicht aufheben, sondern immer nur so peu à peu die Finger wechseln..."

Es war ein Harmonium, ein kleines, hübsches Harmonium, braun poliert, mit Metallgriffen an beiden Seiten, bunten Tretbälgen und einem zierlichen Drehsessel. Hanno griff einen Akkord... ein sanfter Orgelklang löste sich los und ließ die Umstehenden von ihren Geschenken aufblicken... Hanno umarmte seine Großmutter, die ihn zärtlich an sich preßte und ihn dann verließ, um die Danksagungen der anderen entgegenzunehmen.

Er wandte sich dem Theater zu. Das Harmonium war ein überwältigender Traum, aber er hatte doch fürs erste noch keine Zeit, sich näher damit zu beschäftigen. Es war der Überfluß des Glückes, in dem man, undankbar gegen das einzelne, alles nur flüchtig berührt, um erst einmal das Ganze übersehen zu lernen... Oh, ein Souffleurkasten war da, ein muschelförmiger Souffleurkasten, hinter dem breit und majestätisch in Rot und Gold der Vorhang emporrollte. Auf der Bühne war die Dekoration des letzten Fidelio-Aktes aufgestellt. Die armen Gefangenen falteten die Hände. Don Pizarro, mit gewaltig gepufften Ärmeln, verharrte irgendwo in fürchterlicher Attitüde. Und von hinten nahte im Geschwindschritt und ganz in schwarzem Sammet der Minister, um alles zum Besten zu kehren. Es war wie im Stadttheater und beinahe noch schöner. In Hannos Ohren widerhallte der Jubelchor, das Finale, und er setzte sich vor das Harmonium, um ein Stückchen daraus, das er behalten, zum Erklingen zu bringen... Aber er stand wieder auf, um das

Buch zur Hand zu nehmen, das erwünschte Buch der griechischen Mythologie, das ganz rot gebunden war und eine goldene Pallas Athene auf dem Deckel trug. Er aß von seinem Teller mit Konfekt, Marzipan und Braunen Kuchen, musterte die kleineren Dinge, die Schreibutensilien und Schulhefte und vergaß einen Augenblick alles übrige über einem Federhalter, an dem sich irgendwo ein winziges Glaskörnchen befand, das man nur vors Auge zu halten brauchte,

um wie durch Zauberspiel eine weite Schweizerlandschaft vor sich zu sehen...

Zu Bethlehem geboren

Kölner Psalter

Zu Bethlehem geboren
Ist uns ein Kindelein.
Das hab ich auserkoren:
Sein eigen will ich sein,
Eia, eia, sein eigen will ich sein.

In seine Lieb versenken
Will ich mich ganz hinab;
Mein Herz will ich ihm schenken
Und alles, was ich hab,
Eia, eia, und alles, was ich hab.

O Kindelein, von Herzen
Will ich dich lieben sehr
In Freuden und in Schmerzen
Je länger und je mehr,
Eia, eia, je länger und je mehr.

Dazu dein Gnad wollst geben,
Bitt ich aus Herzensgrund,
Daß ich nur dir mög leben
Jetzt und zu aller Stund,
Eia, eia, jetzt und zu aller Stund.

Laß mich von dir nicht scheiden,
Knüpf zu, knüpf zu das Band
Der Liebe zwischen beiden;
Nimm hin mein Herz zum Pfand,
Eia, eia, nimm hin mein Herz zum Pfand.

Der erste Christbaum bei den Waldbauern

Peter Rosegger

Es waren die ersten Weihnachtsferien meiner Studienzeit. Wochenlang hatte ich schon die Tage, endlich die Stunden gezählt bis zum Morgen der Heimfahrt von Graz ins Alpel. Und als der Tag kam, da stürmte und stöberte es, daß mein Eisenbahnzug steckenblieb. Da stieg ich aus und ging zu Fuß, frisch und lustig, sechs Stunden lang durch das Tal, wo der Frost mir Nase und Ohren abschnitt, daß ich sie gar nicht mehr spürte. Durch den Bergwald hinauf, wo mir so warm wurde, daß die Ohren auf einmal wieder da waren und heißer als je im Sommer.

So kam ich, als es schon dämmerte, glücklich hinauf, wo das alte Haus, schimmernd durch Gestöber und Nebel, wie ein verschwommener Fleck stand, einsam mitten in der Schneewüste. Als ich eintrat, wie war die Stube so klein und niedrig und dunkel und warm – urheimlich. In den Stadthäusern verliert man ja allen Maßstab für ein Waldbauernhaus. Aber man findet sich gleich hinein, wenn die Mutter den Ankömmling ohne alle Umstände so grüßt: „Na, weil d' nur da bist!"

Auf dem offenen Steinherd prasselte das Feuer, in der guten Stube wurde eine Kerze angezündet. „Mutter, nit!" wehrte ich ab „tut lieber das Spanlicht anzünden, das ist schöner."

Sie tat's aber nicht. Das Kienspanlicht ist für die Werktage. Weil nach langer Abwesenheit der Sohn heimkam, war für die Mutter Feiertag geworden. Darum die festliche Kerze.

Als sich die Augen an das Halblicht gewöhnt hatten, sah ich auch das Nickerl, das achtjährige Brüderlein. Es war das jüngste und letzte. „Ausschauen tust gut!" lobte die Mutter meine vom Gestöber geröteten Wangen.

Der kleine Nickerl aber sah blaß aus. „Du hast ja die Stadtfarb, statt meiner!" sagte ich und habe gelacht. Die Sache war so. Der Kleine tat husten, den halben Winter schon. Und da war eine alte Hausmagd, die sagte es täglich wenigstens dreimal, daß für ein „hustendes Leut" nichts schlechter sei als „der kalte Luft". Sie verbot es, daß der Kleine hinaus vor die Türe ging. Ich glaube, deshalb war er so blaß, und nicht des Hustens halber.

In der dem Christfest vorhergehenden Nacht schlief ich wenig – etwas Seltenes in jenen Jahren. Die Mutter hatte mir auf dem Herde ein Bett gemacht mit der Weisung, die Beine nicht zu weit auszustrecken, sonst kämen sie in die Feuergrube, wo die Kohlen glosten. Die glosenden Kohlen waren gemütlich, das knisterte in der stillfinsteren Nacht so hübsch und warf einen leichten Glutschein an die Wand, wo in einem Gestelle die buntbemalten Schüsseln lehnten. Da war ein Anliegen, über das ich schlüssig werden mußte in dieser Nacht, ehe die Mutter an den Herd trat, um die Morgensuppe zu kochen. Ich hatte viel sprechen gehört davon, wie man in den Städten Weihnachten feiert. Da sollen sie ein Fichtenbäumchen, ein wirkliches kleines Bäumlein aus dem Wald, auf den Tisch stellen, an seinen Zweigen Kerzlein befestigen, sie anzünden, darunter sogar Geschenke für die Kinder hinlegen und sagen, das Christkind hätte es gebracht.

Nun hatte ich vor, meinem kleinen Bruder, dem Nickerl, einen Christbaum zu errichten. Aber alles im geheimen, das gehört dazu. Nachdem es soweit taglicht geworden war, ging ich in den frostigen Nebel hinaus. Und just dieser Nebel schützte mich vor den Blikken der ums Haus herum arbeitenden Leute, als ich vom Walde her mit einem Fichtenwipfelchen gegen die Wagenhütte lief.

Dann ward es Abend. Die Gesindleute waren noch in den Ställen beschäftigt oder in den Kammern, wo sie sich nach der Sitte des Heiligen Abends die Köpfe wuschen und ihr Festgewand herrichteten. Die Mutter in der Küche buk die Christtagskrapfen, und der Vater mit dem kleinen Nickerl besegnete den Hof. Hatte nämlich der Vater in einem Gefäß glühende Kohlen, hatte auf dieselben Weihrauch gestreut und ging damit durch alle Räume des Hofes, um sie zu beräuchern und dabei schweigend zu beten. Es sollten böse Geister vertrieben und gute ins Haus gesegnet werden.

Dieweilen also die Leute draußen zu tun hatten, bereitete ich in der großen Stube den Christbaum. Das Bäumchen, das im Scheite stak, stellte ich auf den Tisch. Dann schnitt ich vom Wachsstock zehn oder zwölf Kerzchen und klebte sie an die Ästlein. Unterhalb, am Fuße des Bäumchens, legte ich einen Wecken hin.

Da hörte ich über der Stube auf dem Dachboden auch schon Tritte – langsame und trippelnde. Sie waren schon da und segneten den Bodenraum. Bald würden sie in der Stube sein, mit der wir den Rauchgang zu beschließen pflegten. Ich zündete die Kerzen an und versteckte mich hinter dem Ofen.

Die Tür ging auf, sie traten herein mit ihren Weihgefäßen und standen still. „Was ist denn das?“ sagte der Vater mit leiser, langgezogener Stimme. Der Kleine starrte sprachlos drein. In seinen großen, runden Augen spiegelten sich wie Sternlein die Christbaumlichter. – Der Vater schritt langsam zur Küchentür und flüsterte hinaus: „Mutter, Mutter! Komm ein wenig herein.“ Und als sie da war: „Mutter, hast du das gemacht?“

„Maria und Joseph!“ hauchte die Mutter, „was lauter habens denn da auf den Tisch getan?“ Bald kamen auch die Knechte und die Mägde herbei, hell erschrocken über die seltsame Erscheinung. Da vermutete einer, ein Junge, der aus dem Tal war: Es könnte ein Christbaum sein…

Sollte es denn wirklich wahr sein, daß Engel solche Bäumlein vom Himmel bringen? – Sie schauten und staunten. Und aus des Vaters Gefäß qualmte der Weihrauch und erfüllte schon die ganze Stube, so daß es war wie ein zarter Schleier, der sich über das brennende Bäumchen legte.

Die Mutter suchte mit den Augen in der Stube herum: „Wo ist denn der Peter?“

Da erachtete ich es an der Zeit, aus dem Ofenwinkel hervorzutreten. Den kleinen Nickerl, der immer noch sprachlos und unbeweglich war, nahm ich an den kühlen Händchen und führte ihn vor den Tisch. Fast sträubte er sich. Aber ich sagte – selber tief feierlich gestimmt – zu ihm: „Tu dich nicht fürchten, Brüderl! Schau, das lieb Christkindl hat dir einen Christbaum gebracht. Der ist dein.“

Und da hub der Kleine an zu wiehern vor Freude und Rührung, und die Hände hielt er gefaltet wie in der Kirche.

Öfter als vierzigmal seither habe ich den Christbaum erlebt, mit mächtigem Glanz, mit reichen Gaben und freudigem Jubel unter Großen und Kleinen. Aber größere Christbaumfreude, ja eine so helle Freude hab' ich noch nicht gesehen, als jene meines kleinen Brüderlein Nickerl – dem es so plötzlich und wundersam vor Augen trat – ein Zeichen dessen, der da vom Himmel kam.

Der Weihnachtsbaum

Hoffmann von Fallersleben

Von allen den Bäumen jung und alt,
Von allen den Bäumen groß und klein,
Von allen in unserm ganzen Wald,
Wer mag doch der allerschönste sein?

Der schönste von allen weit und breit,
Das ist doch allein, wer zweifelt dran?
Der Baum, der da grünet allezeit,
Den heute mir bringt der Weihnachtsmann.

Wenn alles schon schläft in stiller Nacht,
Dann holet er ihn bei Sternenschein
Und schlüpfet, eh einer sich's gedacht,
Gar heimlich damit ins Haus hinein.

Dann schmückt er mit Lichtern jeden Zweig,
Hängt Kuchen und Nüss und Äpfel dran:
So macht er uns alle freudenreich,
Der liebe, der gute Weihnachtsmann.

Die Hirten auf dem Felde

Will Erich Peuckert

Die Hirten waren aber auf dem Felde bei den Hürden. Sie lagen an einem Raine und hatten ihre Mäntel über sich gezogen, daß sie der Regen und der Schnee nicht treffe. Und ihre Hunde schliefen. Sie aber schliefen nicht, denn jene Nacht war voller Wind und Schnee und kalt. Und weil die Tiere ruhig lagen, so sprachen sie noch ein wenig miteinander.

„Du, Bruder", fragte Seff, „was hast denn du für einen Bauer?"

„Oh", sagte Hinz, „ich hab' gar einen guten Bauer. Der gibt mir alle Morgen eine Tasse Magermilch und einen alten Kümmelquark. Du, das macht einen unvernünftig stark und frisch. Aber was hättest denn du für einen Bauern, Seff?"

„Ich hab' gar einen bösen Bauer; der flucht und wettert, daß es eine Art hat, Tag und Nacht. Und wird ganz falsch, wenn ich bloß zu ihm in die Stube komme. Da spricht er gleich: gelt, auf dem Backofen möchtest zu wieder schlafen? Ruh du im Stall draußen bei den Schafen! – Hinz, sag einmal, was gibt denn dein Bauer dir zum Lohne?"

Da antwortete Hinz: „Er gibt mir alle Jahre ein Paar Schuhe. Bruder, was gibt dein Bauer dir zum Lohn?"

Seff sagte: „Miserabel wenig. Eine von seinen alten Hosen. Und wenn im Sommer die Sonne am heißesten und ärgsten brennt, schaff ich, daß mir der Schweiß gleich vom Gesichte rennt."

„Bruder", sprach Hinz, „was sollen wir es noch lange bereden, die Bauern sind zu dir gerade wie zu mir und wie zu einem jeden Manne. Und weißt du was? Die Schafe sind ruhig, rühren sich nicht, und morgen früh wird es beizeiten wieder licht; wir werden jetzt noch ein Tröpfchen warmen Molken trinken und lassen dann unsere Köpfe auf die Erde niedersinken."

Und da sie das sagten und sich zurücklegten, schwieg der kalte Wind.

Mit einem Male aber klangen die Himmel. Eine große Klarheit überwehte sie. Die Klarheit Gottes leuchtete über ihnen, und die Engel fuhren hernieder. Die Engel sangen süß und schallend: „Gloria, Gloria, Gloria, Gloria in excelsis Deo."

Da sagte der Seff zum Hinz: „Bruder, nein, horch doch, horch! Wie schön die Engel singen!" Der aber gab zur Antwort: „Das sind Kuhglocken, die so klingen. Schlaf, Bruder, schlaf! Wer schläft, der sündigt nicht."

Da sangen die Engel zum zweiten Male: „Gloria! Und Gloria, Gloria in excelsis Deo!"

Seff aber sprach: „Horch, Bruder, horch! Die Engel singen ja schon wieder!"

„Ach, das sind bloß die Vögel, die so zwitschern. Bruder, die haben kleine Köpfe und einen großen Bauch, wir haben große Köpfe und einen großen Bauch. Schlaf, schlaf! Wir müssen noch lange schlafen, denn es ist erst Mitternacht.“

Da legten die Hirten sich von neuem nieder und sie fingen an zu schnarchen. Die Engel Gottes traten aber zu den Hirten, und der große Engel sprach:

„Ihr Hirten, steht auf und fürchtet euch nicht!
Eine große Freude ist euch gericht't:
daß Jesus Krist geboren ward
zu Bethlehem in der jüdischen Stadt!“

Davon erwachten die Hirten, und der erste Hirte sprach zum andern: „Horch, Bruder, horch! Es wäre ein Kind geboren!“ – „Was?“ fragte der ihn wieder, „was für ein Ding hätt'st du verloren?“

„Ach“, sagte der erste, „nun hab' ich dich so lange in der Lehre und hast noch nichts gelernt: ein Weibsen hat ein Kind geboren.“ – „Ja so! Es ist ein Kind geboren. Da werden wir müssen sehn, ob diese Post auch wahr ist und wer da Gevatter werden soll.“

Da aber die Engel von ihnen gen Himmel fuhren, sprachen die Hirten untereinander: „Wir wollen jetzt gehen und alles besehen, was unten in Bethlehem im Stalle geschehen sein soll.“ Sie gingen hinunter und fanden den Stall, und Seff lief an das Stallfenster und sah hinein.

Da fragte ihn Hinz: „Na, du, was siehst du nun?“

„Du, Bruder“, antwortete Seff, „es ist so, wie er sagte: ein alter Vater, eine blutjunge Mutter und ein wunderschönes Kind.“ Und guckte wiederum hinein. Dem Hinz ward es zu lang, weil er bloß guckte und immerzu nur guckte, zog ihn am Ärmel und er sagte: „Laß mich auch mal sehn!“

„Du, Hinz“, sprach Seff, „das Kind gefällt mir sehr. Wenns paßte, ein Lämmchen würd ich ihm gern schenken. Und: Bruder, was möchtest du dem Kinde denn schenken?“

Hinz sprach: „Das muß ich mir ein wenig bedenken. Aber – ich weiß es schon und so könnte mans machen! Da hab' ich noch ein paar abgebackene Äpfelschnitz, die sind mir vom vorigen Winter übriggeblieben; die will ich dem kleinen Kinde und der Mutter schenken. – Komm jetzt, daß wir uns nicht zu lange hier verweilen! Wenn in den Hürden was passiert, sind wir die Dummen, Seff!“

Die Hirten klinkten die Tür auf und gingen in den Stall. Da sahen sie beide, Maria und Joseph, dazu das Kindlein in der Krippe liegen. Maria war wohl ein wenig müde gewesen und hatte geschlafen. Die Hirten aber nahmen ihre Hüte ab und grüßten die beiden, gingen zur Krippe und sahen das Kind sich an auf Heu und Stroh. „Ihr müßt nicht laut sein“, sagte Maria, „daß ihr es nicht weckt!“ Die Hirten aber knieten nieder und beteten es an.

Dann sagte der Seff zu ihm: „Du armes kleinwinziges Kind du, in den zerrissenen Hosen und auf Erbsenstroh! Die Bürger haben alle Häuser, und du liegst im nackten Stalle! Hätte ich von dir und von den Hosen was gewußt, da hätt ich dir auch was Warmes mitgebracht. So hab' ich halt bloß ein Lämmchen vom vorjährigen Wurf, das unser Junge vergessen hat zuzuführen. Da kannst du dir Pelzhosen machen lassen von der Mutter. Das werde ich dir schenken; da kannst du meiner mal gedenken."

Hinz kniete daneben, und er sagte zu dem kleinen Kind: „Was soll ich dir denn schenken? Ich hab' weiter nichts. Ach, weißt du was – da hab' ich doch noch zwei kleine Kissen; die hat mir die Mutter für die Kälte mitgegeben. Das eine ist gut zum Kopfkissen und das andere für die Füße. Da hätte deine Mutter was, womit sie dich zudecken kann. Und wenn du wirst sein erwachsen und groß, dann kommst du zu uns zu den Hürden raus. Da koch ich dir einen Topf voll Hirsebrei, anstatt mit Leinöl mach ich dir Maibutter dran. Und von der Milch kriegst du den fettesten Rahm."

Da neigte die Jungfrau Maria sich zu beiden Hirten und bedankte sich: „Gott lohn es euch und gebe euch auch die himmlische Seligkeit."

Seff horchte auf und freute sich: „Du, Bruder, hast du es gehört? Den Himmel sollen wir später kriegen."

Hinz aber hatte nicht verstanden: „Was red'st du von den Hühnern, daß sie fliegen?"

„Ach du, den Himmel! Nun hab' ich dich so lange in der Lehre, und du hast nichts gelernt. Den Himmel sollen wir kriegen."

„Ja so", antwortete Hinz, „den Himmel. Eben drum. Da möchten wir wohl dem Weibe ein Stücklein pfeifen, daß sie mit ihrem Verstande einen guten Dankeschön hat."

„Ja, hat sich was mit pfeifen!" meinte der Seff da über ihn. „Du könntest es doch wissen, daß meine Pfeife den Schluckauf hat. Wir werden lieber dem Weibe und dem Kinde eins singen."

„Ach, du mit deiner alten Brummstimme! Das wird ein Gesinge werden. Aber es nützt uns wohl nichts anders, weil deine Pfeife ja nichts mehr taugt."

Und sangen dem Kinde und der Jungfrau einen Hirtengesang.

Weihnachten

Joseph von Eichendorff

Markt und Straßen stehn verlassen,
Still erleuchtet jedes Haus,
Sinnend geh' ich durch die Gassen,
Alles sieht so festlich aus.

An den Fenstern haben Frauen
Buntes Spielzeug fromm geschmückt,
Tausend Kindlein stehn und schauen,
Sind so wunderstill beglückt.

Und ich wandre aus den Mauern
Bis hinaus ins freie Feld,
Hehres Glänzen, heil'ges Schauern!
Wie so weit und still die Welt!

Sterne hoch die Kreise schlingen,
Aus des Schnees Einsamkeit
Steigt's wie wunderbares Singen –
O du gnadenreiche Zeit!

Eine schöne Bescherung

Hansjürgen Weidlich

Von allen Festen ist Weihnachten, als Fest der Familie, das friedlichste. In unserer Familie war es nie friedlich. Wir hatten einen Weihnachtsgarten. Es gab Leute, die sagten: „Wir haben auch eine Weihnachtskrippe." Wenn mein Vater das hörte, wurde er giftig. „Unser Weihnachtsgarten ist keine Krippe, sondern ein Garten. Den haben nur wir!"

Meine Mutter sagte dann: „Ja, leider! Ich wünschte, wir hätten das Monstrum auch nicht."

Der Weihnachtsgarten war eine Wasserkunstanlage von der Größe eines Bettes und je einer vorn und hintendaran gestellten Kommode. Wenn er aufgestellt wurde mußte vorher ein Zimmer leer geräumt werden. Wenn er weggeräumt wurde, war das Zimmer ruiniert. Entweder der Parkettfußboden oder die Tapeten waren verdorben. Meistens beides. Der Weihnachtsgarten spritzte nämlich. Als Wasserkunstanlage war das zwar seine Aufgabe. Aber von den fünf Fontänen, die er hatte, sprang abwechselnd wenigstens eine schief und bespritzte die Tapete. Und von den Leitungsröhren tropfte es gelegentlich, so daß auf dem Parkettfußboden große Pfützen entstanden, die später schwarze Flecke hinterließen. Daher kam es, daß meine Mutter sagte: „Na, nächste Weihnachten kommt mir das Ding nicht wieder in die Wohnung!"

Aber sie irrte sich jedesmal.

Der Weihnachtsgarten war ein Familienerbstück, und mein Vater ließ nicht von ihm lokker. Er hatte ihn von seinem Vater geerbt, und dessen Vater hatte ihn selber gebastelt. Meine Mutter allerdings bezweifelte das. Sie sagte: „Der Mann kann unmöglich verheiratet gewesen sein. Eine Frau hätte ihm das nie erlaubt."

Warum der Weihnachtsgarten so hieß, wußte kein Mensch. Wahrscheinlich, weil er zu Weihnachten aufgestellt wurde und weil bastelnde Väter vorwiegend in der Weihnachtszeit tätig sind. Mein Vater fing schon viele Wochen vor Weihnachten zu basteln an. Es mußte ja jedes Jahr an seinem Riesenspielzeug etwas erneuert werden, weil immer irgend etwas kaputt war.

In seiner Anlage glich der Weihnachtsgarten den Wasserkünsten von Wilhelmshöhe; aber er war eine vollkommen eigene Erfindung. Von einem schloßartigen Gebäude, das in seinem Inneren die Wasserbehälter barg, zog sich ein parkähnlicher Garten abwärts über einen Hang, an dessen Fuß ein Dorf lag, mit Dorfteich und Mühlenrad. In der Mitte des Gartens befanden sich die fünf Fontänen und fünf wasserspeiende Löwenköpfe. Wenn sie funktionierten und das Wasser nicht auf die Tapete spritzte, floß das Wasser über das Mühlenrad in den Dorfteich und setzte auf seinem Wege Figuren in Bewegung. Eine Anglerin hob eine Angelrute, ein Steinmetz schlug mit einem Hammer auf einen Stein,

F.R.

ein Müllerbursche gab einer Sackkarre einen Schubs – kam aber nicht von der Stelle – und ein Eseltreiber gab einem Esel einen Stockhieb, weil der auch nicht von der Stelle kam. Noch andere Dinge wurden von dem Wasser in Bewegung gesetzt, und zwar dadurch, daß es – unterhalb des Dorfes – über unsichtbare Schaufelräder floß, deren Nockenwellen ruckartig an Stäbe rührten, die ihrerseits, mittels Zwirnfäden, an den Gliedern der Figuren zupften. Danach floß das Wasser innerhalb des Gestells, auf dem der Weihnachtsgarten thronte, zurück in große Wannen, woraus es erneut in die Behälter im Innern des schloßartigen Gebäudes gefüllt wurde.

Für uns Kinder war der Weihnachtsgarten etwas wie ein Wirklichkeit gewordenes Märchen, auf das wir uns – solange wir noch klein waren – jedesmal bedenkenlos freuten. Nachdem wir aber größer geworden waren, wurde das anders; denn da hörte der Weihnachtsgarten auf, Wirklichkeit gewordenes Märchen zu sein – da war er nur noch Wirklichkeit.

Schon im November schickte mein Vater uns in den Wald, wo wir Rucksäcke voll Baummoos suchen mußten. Das brauchte er als Rasenfläche für den Garten. Und weil dazu große Stücke nötig waren, mußten wir sie, damit das Moos nicht einriß, mit den bloßen Fingern von den Baumwurzeln lösen. Infolgedessen wurden unsere Finger von der Kälte klamm, und wir bekamen auf unseren Vater und den Weihnachtsgarten die Wut, um so mehr, als wir noch aufpassen mußten, daß kein Waldwärter uns schnappte. Und wenn wir dann laufen mußten, weil einer hinter uns her war, schnauften wir böse: „Soll er uns doch kriegen! Würde Vater gar nichts schaden! Dieser blöde Weihnachtsgarten! Kann er nicht im Keller bleiben?“

Das ganze Jahr über stand nämlich der Weihnachtsgarten, in zwei große Kisten verpackt, im Keller. Etwa drei Wochen vor Weihnachten, wenn das Moos gut getrocknet war, wurde er herausgehoben und in die Waschküche gestellt. Waschen durfte dann niemand. Mein Vater gab den Schlüssel zur Waschküche einfach nicht wieder her. Jeden Tag, nach dem Abendbrot, setzte er einen alten Hut auf und stieg in die Waschküche hinunter. Dort hatte er einen Topf Magermilchquark; mit dem klebte er das Moos in die Gartenanlagen des Weihnachtsgartens und an die Seitenwände. Außerdem probierte er die Figuren aus – leimte zerbrochene Glieder, ergänzte zerrissene Zwirnsfäden – und vor allem prüfte er, ob das Wasser ungehindert floß. Hier in der Waschküche durfte er ja nach Herzenslust planschen; wenn hier eine Fontäne schief sprang, machte das nichts. Dennoch stülpte mein Vater sogleich seinen Hut über die Fontäne, denn das war er vom Wohnzimmer her so gewöhnt. Er benutzte dazu einen Hut, weil er den auf dem Kopfe und also immer griffbereit haben konnte. Dann stellte er die Fontäne ab und prokelte mit einem Draht so lange in dem Mundstück, bis die Verstopfung behoben war. Regelmäßig entdeckte er auch, daß ein Leitungsrohr undicht war. Hierfür kroch er – wie heutzutage Autofahrer mit einem Schraubenschlüssel unter ihr Auto – mit einem elektrischen Lötkolben unter den Weihnachtsgarten und versuchte – genau wie die Autofahrer – selbst den Schaden zu reparieren. Wenn nachher der Weihnachtsgarten in der Wohnung stand, tropfte es an eben der Stelle, die mein Vater gelötet hatte, und er schob heimlich, damit meine Mutter es nicht merkte, eine leere Konservendose darunter. Aber an dem schwarzen Ring, den die Konservendose, weil sie übergelaufen war, auf dem Parkettfußboden hinterließ, merkte meine Mutter es doch.

Kam mein Vater aus dem Keller herauf – so jedenfalls klagte es uns meine Mutter; wir selbst sahen ihn ja nicht, weil wir längst schliefen –, war sein Gesicht eingefallen, Lötzinn hing ihm im Bart, an seinem Anzug klebten Moos und Magermilchquark, sein Hut war klitschnaß und eingedrückt, und seine Hosen glichen Korkenziehern, die man eben aus einer vollen Flasche gezogen hat. Aber er war – obschon erschöpft – zuversichtlich und sagte: „So! – ich glaube: morgen habe ich alles in Ordnung."

Aber das stimmte nie. Noch am Heiligen Abend, wenn wir in die Kirche gehen wollten, war er nicht fertig. Er sagte: „Geht ihr ruhig vor! Ich gehe ja schneller –"; dann kam er hinter uns hergelaufen, in der Hand den nassen Hut, den er gerade wieder über eine Fontäne gestülpt hatte.

Meistens lag das Schiefspringen der Fontänen daran, daß eine Tannennadel mit in ein Leitungsrohr geraten war und sich im Mundstück der Fontäne festgesetzt hatte. Am Tage vor Weihnachten nämlich wurden an die Seiten des schloßartigen Gebäudes kleine Tannenbäume genagelt, und von diesen Tannenbäumen fiel bisweilen eine Nadel in die Wasserbehälter.

Sobald wir aus der Kirche zurück waren, zog mein Vater seinen guten Rock aus und verschwand in Hemdsärmeln wieder bei seinem Weihnachtsgarten. Wir Kinder blieben draußen auf dem Korridor und erwarteten die Bescherung. Wir sahen an dem Lichtschein auf der Riffelglasscheibe der Weihnachtszimmertür, daß meine Mutter schon dabei war, die Kerzen am Baum anzuzünden. Aus dem Zimmer, in dem mein Vater hantierte, hörten wir, daß aber er noch längst nicht bereit war. Irgend etwas tropfte wohl wieder, denn wir hörten, wie er mit Konservendosen klapperte.

Plötzlich riß er die Tür auf und rief: „Scheuerlappen her!" Wir sahen gerade noch, daß er sich die Brille putzte und ganz naß im Gesicht war; dann knallte die Tür wieder zu, und wir hörten, daß er – weil er keine Brille aufhatte – über einen Eimer oder eine Wanne gestolpert war.

Bei solchen Vorfällen, die mit Abweichungen alljährlich am Heiligen Abend vorkamen, öffnete meine Mutter die Tür ihres Zimmers, sah uns durch den Türspalt traurig an, schüttelte den Kopf und sagte: „Es ist doch jedesmal dieselbe Bescherung!"

Endlich aber hörte der Lärm mit den Konservendosen auf, und wir hörten meinen Vater im Zimmer meiner Mutter auf dem Klavier „O du fröhliche" spielen. Wenn wir dann eintraten, um unsere Geschenke zu sehen, sahen wir zuerst nach meinem Vater, ob er einen trockenen Anzug anhatte. Tropfte er aus den Ärmeln oder den Hosenbeinen nicht, wußten wir, daß wenigstens der Heilige Abend voraussichtlich friedlich verlaufen würde. Eine Garantie freilich war das keineswegs.

Der Lebenswunsch meiner Mutter war, einmal ein friedliches Weihnachtsfest zu feiern: ohne Scheuerlappen und Konservendosen und ohne Hosen aufbügeln müssen und Geschimpfe und Ohrfeigen – weil wir Kinder aus Interesse an dem Mechanismus der beweglichen Figuren wieder eine kaputtgemacht hatten. Allein, mein Vater sagte, meine Mutter solle dankbar sein, daß ein solches Kunstwerk wie der Weihnachtsgarten einzig in unserer Familie das Weihnachtsfest verschöne. Hierauf antwortete meine Mutter nie; sie sah bei dem Wort Kunstwerk nur still auf die Tapete, und wenn das Wort vom verschönten Weihnachtsfest kam, räusperte sie sich kurz. Und das wurmte meinen Vater. Er verlangte für seinen Weihnachtsgarten Bewunderung.

Während wir noch unsere Geschenke betrachteten, trat er ungeduldig von einem aufs andere Bein, freute sich zwar, daß wir uns über die Geschenke freuten, sagte dann aber: „Nun ist es genug! Jetzt seht euch endlich den Weihnachtsgarten an! Die Fontänen springen gerade alle!“

Er wartete nicht ab, bis wir die Geschenke aus der Hand gelegt hatten, sondern ging eilig voraus. Wenn wir dann ins Nebenzimmer kamen, war er zur Hälfte verschwunden; die verschwundene Hälfte kroch schon wieder unter dem Weihnachtsgarten herum. Dorther hörten wir seine Stimme:

„Setzt euch ruhig! Aber daß mir keiner etwas anfaßt! Ich bin gleich fertig.“

Natürlich nahmen wir die Gelegenheit wahr, daß er nicht auf uns aufpassen konnte, und faßten schnell alles an, was uns dazu lockte. Plötzlich lief der Dorfteich über, weil zuviel Wasser in ihn hineinfloß.

„Vater! Der Dorfteich läuft über!“

Mit einem Bumser tauchte mein Vater auf, griff sich stöhnend an den Hinterkopf und verschwand mit einer Konservendose unter dem Dorfteich.

„Was habt ihr denn nur wieder gemacht?“ hörten wir ihn aus der Tiefe.

„Och, bloß'n bißchen das Mühlenrad angehalten –“, sagte mein Bruder, oder ich sagte es. Wir hätten es auch beide sagen können. Gestimmt hätte es immer.

„Ihr Esel! Jetzt läuft doch das Wasser... Ach, daß ihr nie eure Fummelfinger davon lassen könnt!“

Das Wasser lief jetzt mit ganzer Kraft über nur ein Schaufelrad, und die Anglerin und der Eseltreiber arbeiteten, als erhielten sie Akkordlohn.

„Stellt den Haupthahn ab!“ brüllte mein Vater.

„Vater“, rief mein Bruder, „die eine Fontäne springt schief!“

Wie der Bühnenteufel aus der Versenkung, schoß mein Vater unter dem Weihnachtsgarten hervor. „Wo ist mein Hut? Schnell meinen Hut!“

Bevor wir aber den Hut fanden, hatten wir den Haupthahn schon abgedreht, und die schlimmste Gefahr war vorüber. Zwar, die

Tapete hatte bereits ihre erste Dusche abgekriegt.

Meine Mutter sagte seufzend: „Ich gehe lieber nach nebenan. Hier ist es mir zu aufregend. Und ich ärgere mich auch bloß."

„Aber, Frau! Stör doch nicht die Gemütlichkeit! Ich bin ja gleich fertig!"

Als meine Mutter nach einer halben Stunde wiederkam, hatte sie die neue Bluse angezogen, die wir Kinder ihr geschenkt hatten. Mein Vater prokelte noch mit dem Draht in dem Mundstück der Fontäne.

„Dreht den Haupthahn auf!" kommandierte er. „Irgendwo muß wieder eine Tannennadel festsitzen. Paßt auf! Ihr könnt nur dabei lernen. Also, wenn ich jetzt den Draht herausziehe, muß die Tannennadel, infolge des Wasserdrucks, mit herausgeschossen kommen. Versteht ihr?"

Die Tannennadel kam aber nur zur Hälfte heraus, und infolgedessen schoß die Fontäne wieder schief, jedoch nun in eine neue Richtung, und zwar meiner Mutter auf die neue Bluse. Da aber hatte mein Vater die Tannennadel geistesgegenwärtig mit den Fingerspitzen gepackt, riß sie heraus, und die Fontäne sprang sofort gerade; doch jetzt – weil mein Vater, wegen seiner Kurzsichtigkeit, sich dicht über sie gebeugt hatte – sprang sie ihm mitten ins Gesicht, und er mußte wieder seine Brille putzen.

Wir Kinder fanden diese Vorstellungen wunderbar schön; hingegen mein Vater und meine Mutter saßen nachher ganz erschöpft unter dem Weihnachtsbaum und knackten schweigend Nüsse.

Endlich kam ein Jahr, da ging der Wunsch meiner Mutter nach einem friedlichen Weihnachten in Erfüllung. Aber es wurde ganz anders, als sie es sich gedacht hatte.

Mein Vater war krank geworden und konnte den Weihnachtsgarten nicht wieder aufstellen. Es war ein stilles, ruhiges Weihnachtsfest, ohne Lärm und Wasserplanschen. Wir saßen andächtig vor dem Weihnachtsbaum und sangen Lieder, und es war zum ersten Mal bei uns fast so feierlich wie in der Kirche. Aber etwas fehlte uns – auch meiner Mutter. Hin und wieder blickte sie lauschend nach der Tür des Nebenzimmers – dann schüttelte sie verwundert den Kopf, weil kein Klappern von Konservendosen dorther kam. Die Lautlosigkeit wirkte in der Tat beunruhigend: wir vermißten unsere jahrelang gewohnte ganz persönliche Note. Es war nicht mehr unser eigenes Weihnachtsfest. Ohne Weihnachtsgarten – das empfanden wir nun – war bei uns Weihnachten nicht richtig.

Mein Vater triumphierte. Er war aus dem Bett aufgestanden und saß mit im Weihnachtszimmer, in einem völlig trockenen Anzug und auch ohne griffbereiten Hut.

„Na?" sagte er frohlockend. „Jetzt erkennt ihr selbst, was uns der Weihnachtsgarten bedeutet? Aber wartet nur ab! Nächstes Jahr, wenn ich wieder gesund bin, stellen wir ihn wieder auf, und dann haben wir wieder richtige Weihnachten!"

Doch mein Vater blieb krank. Und als wieder die Zeit kam, um frisches Baummoos zu holen, beratschlagten wir Kinder mit meiner Mutter, ob wir den Weihnachtsgarten nicht allein und als Überraschung für meinen Vater aufstellen sollten. Wir hatten ja im Laufe der Jahre die meisten Handgriffe gelernt, und wenn auch mein Vater jeden unserer Handgriffe fürchtete, wir selbst trauten uns zu, den Weihnachtsgarten ohne Schaden zusammenfügen zu können.

Meine Mutter seufzte: „Dies infame Ding! Daß einem das so ans Herz gewachsen ist! Ja, stellt ihn nur auf. Vater freut sich doch!"

Nun wurden mein Bruder und ich so tätig wie früher mein Vater. Auch wir kehrten bespritzt und bekleckert aus der Waschküche zurück. Nur den Hut brauchten wir nicht. Mein Bruder hatte eine Erfindung gemacht: er hatte auf die Wasserbehälter Haarsiebe gelötet – durch die konnte keine Tannennadel hindurchgleiten. Ich selbst hatte ebenfalls etwas erfunden; allerdings nicht, wie mein Bruder, etwas Nützliches. Es war etwas auf künstlerischem Gebiete: ein Glockengeläut! Bei seinem Rückweg fiel das abfließende Wasser auf ein Schaufelrad, das Rad drehte sich, und die an der Radwelle lose aufgehängten Klöppel fielen nacheinander auf vier Glocken. Das schönste daran war: das Glokkengeläut funktionierte!

Als wir es meiner Mutter vorführten, sagte sie: „Nun, Vater wird es ja Freude machen. Aber wenn ihr mal verheiratet seid –"

„Bitte!" sagte mein Bruder. „Den Weihnachtsgarten erbe ich allein! Ich bin der Älteste!"

Meine Mutter nickte. „Die arme Frau, die dich mal kriegt! Mir tut sie im voraus leid. Denn wenn schon heute dein Eifer so groß ist – später wird er noch schlimmer!"

Am Heiligen Abend waren wir mit allem fertig. Uns fehlten bloß noch die beiden Tannenbäume für die Seitenwände. Wir wußten aber schon, wo sie standen. Wir hatten sie, während wir das Baummoos suchten, bereits ausgewählt.

Als wir in die Kirche gingen, trugen daher mein Bruder und ich jeder ein Beil unter dem Mantel. Nach dem Gottesdienst – so hatten wir überlegt – würde bestimmt kein Wärter mehr im Walde sein.

„Ja, wo wollt ihr denn noch hin?" fragte meine Mutter, als wir erklärten, wir hätten noch einen kleinen Weg vor.

„Nur die Tannenbäume noch holen – für den Weihnachtsgarten!" sagte mein Bruder. Und ich sagte: „Um diese Zeit kriegt man sie am billigsten!" Dann verschwanden wir schleunigst.

An der Lichtung, auf der die beiden Bäumchen standen, blieb ich auf dem Wege und stand Schmiere. Wenn ein Wärter käme, sollte ich mich räuspern. Plötzlich kam ein Wärter. Vor Schreck brachte ich nicht mal ein Krächzen heraus, sondern blickte nur angstvoll auf die Lichtung, wo mein Bruder hantierte. Der Wärter folgte meinem Blick und sah meinen Bruder. Doch mein Bruder sah auch den Wärter. Im Nu fingen wir alle drei an zu laufen.

Unterwegs war mein einziger Gedanke: ‚Wir dürfen Vater nicht enttäuschen!' Um meinen Bruder machte ich mir keine Sorge. Er hatte Beine wie eine Giraffe.

Er war auch schon zu Hause, als ich – mit zwei Bäumchen unter dem Arm – ankam. Er selbst hatte keine. Er sagte, der Wärter sei gar nicht unflott gewesen; infolgedessen sei ihm, meinem Bruder, keine Zeit übriggeblieben für Bäume. Zu meinen Bäumchen sagte er: „Mensch, die sind aber schäbig! Konntest du denn nicht bessere aussuchen?"

„Auch noch aussuchen!" jammerte meine Mutter. „Sei froh, daß der Kleine nicht auf der Wache sitzt! Na, das wäre eine schöne Bescherung gewesen. Einer meiner Söhne am Heiligen Abend verhaftet! Und wieder nur wegen dieses Weihnachtsgartens! Oh, dieses Monstrum!"

Dennoch, es wurde eine sehr schöne Bescherung.

Mein Vater saß wieder mit uns im Weihnachtszimmer. Er war ziemlich still. Bestimmt war er traurig darüber, daß er den Weihnachtsgarten nun doch nicht hatte aufstellen können. Aber er sagte nichts.

Da faßte mein Bruder ihn unter den Arm: „Na, alter Herr! Dann komm man mal mit!"

„Wohin denn mit?"

„Ja", sagte ich, „Vater! In unser Schlafzimmer. Wir haben da eine Überraschung für dich!"

„Im Schlafzimmer? Ich bin froh, daß ich aus dem Bett mal heraus bin!"

„Geh nur, Gottlieb!" sagte meine Mutter. „Mir ist das Schlafzimmer auch nicht recht. Aber – Na, ja!" Ihrem Gesicht war anzusehen: sie hätte noch gern gesagt, es sei ja doch einerlei, welches Zimmer ruiniert würde; aber sie wollte natürlich weder meinem Vater noch uns die Überraschung verderben, und also war es von ihr eine Tat, daß sie sich die Bemerkung verkniff.

Als mein Vater den Weihnachtsgarten erblickte, wurde er zuerst grimmig. „Wer hat euch das erlaubt!? Habe ich euch nicht oft genug untersagt, mit euren Fummelfingern auch nur das geringste an dieser Kostbarkeit zu berühren! Nein, damit habt ihr mir keine Freude gemacht!"

Meine Mutter rang schon wieder verzweifelt die Hände. Da aber hörte mein Vater das Glockengeläut.

„Was ist denn das!? – Das muß ich sehen!"

Er wollte mit unserer Hilfe an seinen Lieblingsplatz unter dem Gestell kriechen, aber da stand nun das Glockenspiel. „Wie? Und das funktioniert? – Wo sind denn die Konservendosen!"

„Wir brauchen keine", erklärte mein Bruder. „Jedenfalls noch nicht. Ich habe über die undichten Rohre Gummischläuche gezogen. Tannennadeln brauchen wir auch nicht mehr zu fürchten. Ich habe auf die Wasserbehälter Haarsiebe gelötet."

Mein Vater war so erstaunt, daß er alle Vorsicht vergaß und beim Aufstehen mit dem Kopf gegen ein Leitungsrohr stieß. Aber da das Rohr jetzt mit Gummi überzogen war, bekam er weder eine Beule noch einen Rostfleck.

Wir halfen ihm hoch, und nun erst sahen wir, daß er vor Freude beinahe weinte. Uns wurde ordentlich feierlich zumute. „Jungens!" sagte er. „Das ist die größte Freude, die ihr mir überhaupt je machen konntet!

Jetzt, wenn ich sterbe, sterbe ich ruhig! Denn jetzt weiß ich, daß aus euch ordentliche Menschen werden!“

Leider ist der Weihnachtsgarten während des Krieges bei einem Bombenangriff verbrannt. Aber mein Bruder plant längst, einen neuen zu bauen – genau wie den alten. Nur will er ihn vereinfachen. Er will an den neuen Weihnachtsgarten hinten eine Handpumpe anbringen; mit der soll sein Sohn das Wasser aus den Abflußwannen zurück in die Behälter pumpen. Man braucht dann nicht mehr einen Schöpfbecher.

Raum genug für alles hat jetzt mein Bruder. Er ist vor kurzem in eine Neubauwohnung gezogen. Wenn man im Wohnzimmer den Eßtisch hochkant stellt oder ihn ganz hinausräumt, ist bequem Platz, den Weihnachtsgarten da aufzustellen. Mein Bruder weiß bloß noch nicht genau, ob seine Frau das erlaubt. Sonst ist schon alles klar.

Weihnachtslied

Theodor Storm

Vom Himmel in die tiefsten Klüfte
Ein milder Stern herniederlacht;
Vom Tannenwalde steigen Düfte
Und hauchen durch die Winterlüfte,
Und kerzenhelle wird die Nacht.

Mir ist das Herz so froh erschrocken,
Das ist die liebe Weihnachtszeit!
Ich höre fernher Kirchenglocken
Mich lieblich heimatlich verlocken
In märchenstille Herrlichkeit.

Ein frommer Zauber hält mich wieder,
Anbetend, staunend muß ich stehn;
Es sinkt auf meine Augenlider
Ein goldner Kindertraum hernieder,
Ich fühl's, ein Wunder ist geschehn.

Die Heilige Nacht

Selma Lagerlöf

Es war an einem Weihnachtstag, alle waren zur Kirche gefahren, außer Großmutter und mir. Ich glaube, wir beide waren im ganzen Hause allein. Wir hatten nicht mitfahren können, weil die eine zu jung und die andere zu alt war. Und alle beide waren wir betrübt, daß wir nicht zum Mettegesang fahren und die Weihnachtslichter sehen konnten.

Aber wie wir so in unserer Einsamkeit saßen, fing Großmutter zu erzählen an.

„Es war einmal ein Mann“, sagte sie, „der in die dunkle Nacht hinausging, um sich Feuer zu leihen. Er ging von Haus zu Haus und klopfte an. ‚Ihr lieben Leute, helft mir!‘ sagte er. ‚Mein Weib hat eben ein Kindlein geboren, und ich muß Feuer anzünden, um sie und den Kleinen zu erwärmen.‘

Aber es war tiefe Nacht, so daß alle Menschen schliefen, und niemand antwortete ihm.

Der Mann ging und ging. Endlich erblickte er in weiter Ferne einen Feuerschein. Da wanderte er dieser Richtung zu und sah, daß das Feuer im Freien brannte. Eine Menge weiße Schafe lagen rings um das Feuer und schliefen, und ein alter Hirt wachte über der Herde.

Als der Mann, der Feuer leihen wollte, zu den Schafen kam, sah er, daß drei große Hunde zu Füßen des Hirten ruhten und schliefen. Sie erwachten alle drei bei seinem Kommen und sperrten ihre weiten Rachen auf, als ob sie bellen wollten, aber man vernahm keinen Laut. Der Mann sah, daß sich die Haare auf ihren Rücken sträubten, er sah, wie ihre scharfen Zähne funkelnd weiß im Feuerschein leuchteten und wie sie auf ihn losstürzten. Er fühlte, daß einer von ihnen nach seinen Beinen schnappte und einer nach seiner Hand und daß einer sich an seine Kehle hängte. Aber die Kinnladen und die Zähne, mit denen die Hunde beißen wollten, gehorchten ihnen nicht, und der Mann litt nicht den kleinsten Schaden.

Nun wollte der Mann weitergehen, um das zu finden, was er brauchte. Aber die Schafe lagen so dicht nebeneinander, Rücken an Rükken, daß er nicht vorwärts kommen konnte. Da stieg der Mann auf die Rücken der Tiere und wanderte über sie hin dem Feuer zu. Und keins von den Tieren wachte auf oder regte sich.“

Soweit hatte Großmutter ungestört erzählen können, aber nun konnte ich es nicht lassen, sie zu unterbrechen.

„Warum regten sie sich nicht, Großmutter?“ fragte ich.

„Das wirst du nach einem Weilchen schon erfahren“, sagte Großmutter und fuhr mit ihrer Geschichte fort.

„Als der Mann fast beim Feuer angelangt war, sah der Hirt auf. Es war ein alter, mürrischer Mann, der unwirsch und hart gegen alle

Menschen war. Und als er einen Fremden kommen sah, griff er nach einem langen, spitzigen Stabe, den er in der Hand zu halten pflegte, wenn er seine Herde hütete, und warf ihn nach ihm. Und der Stab fuhr zischend gerade auf den Mann los, aber ehe er ihn traf, wich er zur Seite und sauste, an ihm vorbei, weit über das Feld.“

Als Großmutter soweit gekommen war, unterbrach ich sie abermals. „Großmutter, warum wollte der Stock den Mann nicht schlagen?“ Aber Großmutter ließ es sich nicht einfallen, mir zu antworten, sondern fuhr mit ihrer Erzählung fort.

„Nun kam der Mann zu dem Hirten und sagte zu ihm: ‚Guter Freund, hilf mir, und leih mir ein wenig Feuer. Mein Weib hat eben ein Kindlein geboren, und ich muß Feuer machen, um sie und den Kleinen zu erwärmen.‘

Der Hirt hätte am liebsten nein gesagt, aber als er daran dachte, daß die Hunde dem Mann nicht hatten schaden können, daß die Schafe nicht vor ihm davongelaufen waren und daß sein Stab ihn nicht fällen wollte, da wurde ihm ein wenig bange, und er wagte es nicht, dem Fremden das abzuschlagen, was er begehrte.

‚Nimm, soviel du brauchst‘, sagte er zu dem Manne.

Aber das Feuer war beinahe ausgebrannt. Es waren keine Scheite und Zweige mehr übrig, sondern nur ein großer Gluthaufen, und der Fremde hatte weder Schaufel noch Eimer, worin er die roten Kohlen hätte tragen können.

Als der Hirt dies sah, sagte er abermals: ‚Nimm, soviel du brauchst!‘ Und er freute sich, daß der Mann kein Feuer wegtragen konnte. Aber der Mann beugte sich hinunter, holte die Kohlen mit bloßen Händen aus der Asche und legte sie in seinen Mantel. Und weder versengten die Kohlen seine Hände, als er sie berührte, noch versengten sie seinen Mantel, sondern der Mann trug sie fort, als wenn es Nüsse oder Äpfel gewesen wären.“

Aber hier wurde die Märchenerzählerin zum drittenmal unterbrochen. „Großmutter, warum wollte die Kohle den Mann nicht brennen?“

„Das wirst du schon hören“, sagte Großmutter, und dann erzählte sie weiter.

„Als dieser Hirt, der ein so böser, mürrischer Mann war, dies alles sah, begann er sich bei sich selbst zu wundern: ‚Was kann dies für eine Nacht sein, wo die Hunde die Schafe nicht beißen, die Schafe nicht erschrecken, die Lanze nicht tötet und das Feuer nicht brennt?‘ Er rief den Fremden zurück und sagte zu ihm: ‚Was ist dies für eine Nacht? Und woher kommt es, daß alle Dinge dir Barmherzigkeit zeigen?‘

Da sagte der Mann: ‚Ich kann es dir nicht sagen, wenn du selber es nicht siehst.‘ Und er wollte seiner Wege gehen, um bald ein Feuer anzünden und Weib und Kind wärmen zu können.

Aber da dachte der Hirt, er wolle den Mann nicht ganz aus dem Gesicht verlieren, bevor er erfahren hätte, was dies alles bedeute. Er stand auf und ging ihm nach, bis er dorthin kam, wo der Fremde daheim war.

Da sah der Hirt, daß der Mann nicht einmal eine Hütte hatte, um darin zu wohnen, sondern er hatte sein Weib und sein Kind in einer Berggrotte liegen, wo es nichts gab als nackte, kalte Steinwände.

Aber der Hirt dachte, daß das arme unschuldige Kindlein vielleicht dort in der Grotte erfrieren würde, und obgleich er ein harter Mann war, wurde er davon doch ergriffen und beschloß, dem Kinde zu helfen. Und er löste sein Ränzel von der Schulter und nahm daraus ein weiches, weißes Schaffell hervor. Das gab er dem fremden Manne und sagte, er möge das Kind darauf betten.

Aber in demselben Augenblick, in dem er zeigte, daß auch er barmherzig sein konnte, wurden ihm die Augen geöffnet, und er sah, was er vorher nicht hatte sehen, und hörte, was er vorher nicht hatte hören können.

Er sah, daß rund um ihn ein dichter Kreis von kleinen, silberbeflügelten Englein stand. Und jedes von ihnen hielt ein Saitenspiel in der Hand, und alle sangen sie mit lauter Stimme, daß in dieser Nacht der Heiland geboren wäre, der die Welt von ihren Sünden erlösen solle.

Da begriff er, warum in dieser Nacht alle Dinge so froh waren, daß sie niemand etwas zuleide tun wollten.

Und nicht nur rings um den Hirten waren Engel, sondern er sah sie überall. Sie saßen in der Grotte, und sie saßen auf dem Berge, und sie flogen unter dem Himmel. Sie kamen in großen Scharen über den Weg gegangen, und wie sie vorbeikamen, blieben sie stehen und warfen einen Blick auf das Kind.

Es herrschte eitel Jubel und Freude und Singen und Spiel, und das alles sah er in der dunkeln Nacht, in der er früher nichts zu gewahren vermocht hatte. Und er wurde so froh, daß seine Augen geöffnet waren, daß er auf die Knie fiel und Gott dankte." Aber als Großmutter soweit gekommen war, seufzte sie und sagte: „Aber was der Hirte sah, das könnten wir auch sehen, denn die Engel fliegen in jeder Weihnachtsnacht unter dem Himmel, wenn wir sie nur zu gewahren vermögen."

Und dann legte Großmutter ihre Hand auf meinen Kopf und sagte: „Dies sollst du dir merken, denn es ist so wahr, wie daß ich dich sehe und du mich siehst. Nicht auf Lichter und Lampen kommt es an, und es liegt nicht an Mond und Sonne, sondern was nottut, ist, daß wir Augen haben, die Gottes Herrlichkeit sehen können."

Winternacht

Nikolaus Lenau

Vor Kälte ist die Luft erstarrt,
Es kracht der Schnee von meinen Tritten,
Es dampft mein Hauch, es klirrt mein Bart;
Nur fort, nur immer fortgeschritten!

Wie feierlich die Gegend schweigt!
Der Mond bescheint die alten Fichten,
Die, sehnsuchtsvoll zum Tod geneigt,
Den Zweig zurück zur Erde richten.

Frost! friere mir ins Herz hinein,
Tief in das heißbewegte, wilde!
Daß einmal Ruh' mag drinnen sein,
Wie hier im nächtlichen Gefilde!

Die zwölf Fremden

Barbara Bartos-Höppner

Meine Mutter war eine kleine Frau mit braunen Haaren und braunen Augen. Sie strahlte Wärme und Güte aus, und niemand, der Rat oder Hilfe brauchte, ging leer von ihr fort, niemand hungrig von unserem Tisch, auch in den schwersten Notzeiten nicht. Ein Unrecht nahm sie nicht hin, sondern wehrte sich energisch dagegen. Wenige Worte waren ihr stets lieber als lange Reden, aber sie war nicht etwa ein schweigsamer Mensch. In ihrer lebhaften Art erzählte sie oft bis in die tiefe Nacht hinein. Sie war keine Kirchengängerin und wußte auch in der Bibel nicht gut Bescheid, und doch weiß ich keinen Menschen außer ihr, dem es selbstverständlicher war, anderen zu helfen, andere mit Liebe zu beschenken.

Ich erinnere mich an die Kriegsweihnacht des Jahres 1940. Wir hatten einen Teil des großen Hauses leerräumen müssen, um Platz zu schaffen für ein Dutzend französischer Kriegsgefangener. Vorübergehend, wie es hieß, nur bis die Unterkünfte für sie fertiggebaut waren. Ich sehe uns noch voller Neugier hinter dem Fenster stehen, als die zwölf Männer kamen. Ein älterer deutscher Soldat mit einem Gewehr über der Schulter ging zur Bewachung neben ihnen her. Wären sie nicht unterschiedlich groß gewesen, wir hätten einen vom anderen nicht unterscheiden können, so sehr glichen sie einander mit ihren gelblichgrünen Uniformen und den abweisenden Gesichtern.

Mein Vater war im vergangenen Krieg in Frankreich Soldat gewesen, einer meiner Brüder in diesem, und beide hatten sie das schöne Land, die großartigen Städte und die liebenswürdigen Menschen gepriesen, und wir Daheimgebliebenen meinten nun wohl, es müßte etwas davon in diesen zwölf Franzosen unter unser Dach ziehen.

Nichts dergleichen war zu spüren. Mürrisch bezogen sie ihre Unterkunft, wir hörten sie laut und anhaltend streiten, mit den Schemeln poltern und ununterbrochen mit ihren Holzschuhen über den Fußboden schlurfen. Dieses Schlurfen und Streiten war das einzige, das wir durch die Wochen von ihnen vernahmen. Wir hatten den Eindruck, daß ihnen nichts, aber auch gar nichts paßte. Die Unterkunft mochte ihnen zu eng sein, die doppelstöckigen Holzbetten zu hart, die Decken zu dünn und das Wetter viel zu kalt. Da wir das alles nicht ändern konnten, wären wir die unzufriedenen Menschen lieber heute als morgen wieder los gewesen. Je zwei von ihnen holten das Essen ab, das meine Mutter in unserer großen Küche für sie kochte. Immer setzten sie dabei verdrossene Mienen auf.

Eines Tages wurde es meiner Mutter zuviel, und als die Essenholer in der Tür erschienen, sagte sie: „Bonjour, messieurs!“ Von nun an hörten wir stets ein durch die Zähne gequetschtes „Bonjour“, und wenn meine Mutter anwesend war, ein ebensolches „Merci“.

Die Wochen vergingen. Der erste Schnee fiel, die Temperaturen sanken, die Franzosen froren heftig, Weihnachten rückte heran. Noch hofften wir, zum Fest wieder allein zu sein und das Haus für freundliche Gäste wieder frei zu haben. Aber diese Hoffnung erfüllte sich nicht. Was uns alle, aber besonders meinen Vater wunderte, war, daß die Mutter so viel Pfefferkuchen und Plätzchen backen wollte. Alle seine Beziehungen mußte er spielen lassen, um Mehl, Schmalz und Zukker ohne Lebensmittelkarten herbeizuschaffen.

„Ich möchte bloß wissen, wer das alles aufessen soll", sagte er eines Tages.

„Wir sind genug Leute", antwortete die Mutter, doch wir ahnten noch nicht, wen sie in dieses „wir" alles mit einbezog. Aber „wir" waren ja nicht nur eine große Familie, sondern wir hatten eine noch größere Verwandtschaft, und es waren so viele Soldaten darunter, die Weihnachten nicht daheim feiern konnten, die aber alle wissen sollten, daß wir an sie dachten. Also backten wir Berge von Pfefferkuchen und Plätzchen, kneteten aus Grieß, Puderzucker und Mandelaroma falsches Marzipan und sparten hier ein Löffelchen Öl und dort ein Stückchen Schmalz für den Christstollen auf.

Zum Christbaumkauf nahm der Vater die Mutter mit. Umtauschen lag ihm nicht, und darauf lief es immer hinaus, wenn er allein loszog. Mit einem Prachtstück von einer Fichte kamen sie wieder. Aber einen Tag vor Weihnachten sagte die Mutter:

„Du mußt noch einmal auf den Christbaummarkt gehen."

„Willst du in diesem Jahr zwei Bäume putzen?" fragte der Vater.

„Warum nicht?" antwortete sie und lachte. „Es braucht aber nur ein kleines Bäumchen zu sein."

Auf einmal wurde uns klar, was die Mutter plante. Und am Abend putzten wir zuerst unseren großen Christbaum, der vom Fußboden bis zur Stubendecke reichte, und dann das Bäumchen mit Lichtern und Lametta.

Das Bäumchen steckte in einem hölzernen Kreuz und konnte gut auf einen Tisch gestellt werden. Wir fragten die Mutter nicht danach, wie sie es sich damit für den nächsten Abend gedacht hatte, wir wußten, daß bei ihr immer alles in guten Händen war.

Der Tag des Heiligen Abends verging mit hunderterlei Vorbereitungen wie im Fluge, und als wir uns nach der Christnacht zum Festessen um den Familientisch versammelten, weihte die Mutter den Wachtposten in ihr Vorhaben ein. Er murmelte etwas von „Verboten" und „Gegen die Vorschrift", aber die Mutter antwortete:

„Wer am Heiligen Abend unter unserem Dach ist, soll spüren, daß Weihnachten ist. Ich könnte nicht Weihnachten feiern, wenn es anders wäre."

Damit war die Bahn frei. Vater mußte Punsch brauen. „Aber einen großen Topf!" mahnte die Mutter, „damit sich jeder noch einmal nachschenken kann." Wir stellten inzwischen die Gläser zurecht und zwölf Teller dazu, die die Mutter vollpackte. Pfefferkuchen und mürbe Plätzchen, Zimtsterne und Grießmarzipan kamen darauf, Äpfel waren ohnehin genug im Hause. Haselnüsse und Walnüsse klapperten beinern darüber. Der erste Christstollen wurde aufgeschnitten und zu jedem Teller ein Schälchen mit Mohnklößchen gestellt. Mein Vater, Nichtraucher wie seine Söhne, drückte der Mutter mit gutem Gewissen ein paar Schachteln Zigaretten zur gerechten Verteilung in die Hände.

Jetzt mußte der Wachtposten die Franzosen in einen Nebenraum dirigieren, und der Vater trug den Christbaum in ihre Behausung. Wir schleppten Teller und Gläser hinterher, und während er den Punsch einfüllte und den Topf zum Nachschenken auf den Ofen stellte, zündete die Mutter die Lichter auf dem Christbaum an. Dann verschwanden wir.

Was danach gewesen ist, kann ich nicht sagen. Ich weiß nur, daß wir alle sehr aufgeregt waren und froh, aber das mochte davon kommen, daß nun auch uns die Einbescherung erwartete.

Es mag eine halbe Stunde später gewesen sein, wir saßen mit unseren Geschenken um den Christbaum herum, die Kerzen flackerten, die angeräucherten Tannenzweige dufteten, es war warm und still. Da hörten wir sie kommen. Ganz leise tappten zwölf Paar Füße über die Dielen, einer der Franzosen klopfte, und dann schoben sie sich auf Strümpfen zur Tür herein. Im nächsten Augenblick war meine Mutter umringt und ein zwölffacher Redeschwall ging auf sie nieder, in dem „Merci, madame, merci!“ noch am deutlichsten zu verstehen war. Dann kam der Vater an die Reihe und dann jeder von uns. Und auf einmal hatten sie alle nicht mehr die gleichen Gesichter, sondern jeder wieder sein eigenes, und als sie anfingen, von daheim zu erzählen und die Bilder ihrer Angehörigen hervorholten, waren sie auch keine fremden Gefangenen mehr, sondern nur noch Menschen, die der Krieg geschlagen hatte.

Mutter hatte vom ersten Augenblick an nichts anderes in ihnen gesehen. Wir aber, die wir jung waren und die Köpfe mit überheblichen Phrasen vollgestopft bekamen, wir begriffen es erst jetzt.

Die Tür war verschlossen. Draußen war es kalt, und draußen war der Krieg. In unserem Hause war Frieden geworden an diesem Heiligen Abend.

Schenken

Joachim Ringelnatz

Schenke herzlich und frei.
Schenke dabei
Was in dir wohnt
An Meinung, Geschmack und Humor,
So daß die eigene Freude zuvor
Dich reichlich belohnt.

Schenke groß oder klein,
Aber immer gediegen.
Wenn die Bedachten
die Gaben wiegen,
Sei dein Gewissen rein.

Schenke mit Geist ohne List.
Sei eingedenk,
Daß Dein Geschenk
Du selber bist.

Ein Weihnachtsengel

Walter Benjamin

Mit den Tannenbäumen begann es. Eines Morgens, noch ehe Ferien waren, hafteten an den Straßenekken die grünen Siegel, die die Stadt wie ein großes Weihnachtspaket an hundert Ecken und Kanten zu sichern schienen. Dann barst sie eines schönen Tages dennoch, und Spielzeug, Nüsse, Stroh und Baumschmuck quollen aus ihrem Innern: der Weihnachtsmarkt. Mit ihnen aber quoll noch etwas anderes hervor. Die Armut. Wie nämlich Äpfel und Nüsse mit ein wenig Schaumgold neben dem Marzipan sich auf dem Weihnachtsteller zeigen durften, so auch die armen Leute mit Lametta und bunten Kerzen in den bessern Vierteln. Die Reichen aber schickten ihre Kinder vor, um denen der Armen wollene Schäfchen abzukaufen oder Almosen auszuteilen, die sie selbst vor Scham nicht über ihre Hände brachten. Inzwischen stand bereits auf der Veranda der Baum, den meine Mutter insgeheim gekauft und über die Hintertreppe in die Wohnung hatte bringen lassen. Und wunderbarer als alles, was das Kerzenlicht ihm gab, war, wie das nahe Fest in seine Zweige mit jedem Tage dichter sich verspann. In den Höfen begannen die Leierkästen die letzte Frist mit Chorälen zu dehnen. Endlich war sie dennoch verstrichen und einer jener Tage wieder da, an deren frühesten ich mich hier erinnere. In meinem Zimmer wartete ich, bis es sechs werden sollte. Kein Fest des späteren Lebens kennt diese Stunde, die wie ein Pfeil im Herzen des Tages zittert. Es war schon dunkel, trotzdem entzündete ich nicht die Lampe, um den Blick nicht von den dunklen Fenstern überm Hof zu wenden, hinter denen nun die ersten Kerzen zu sehen waren. Es war von allen Augenblicken, die das Dasein des Weihnachtsbaumes hat, der heimlichste, in dem er Nadeln und Geäst dem Dunkel opfert, um nichts zu sein als nur ein unnahbares und doch nahes Sternbild im trüben Fenster einer Hinterwohnung. Doch wie ein solches Sternbild hin und wieder eins der verlassenen Fenster begnadete, indessen viele weiter dunkel blieben und andere, noch trauriger, im Gaslicht der frühen Abende verkümmerten, schien mir, daß diese weihnachtlichen Fenster die Einsamkeit, das Alter und das Darben – all das, wovon die armen Leute schwiegen – in sich faßten. Dann fiel mir wieder die Bescherung ein, die meine Eltern eben rüsteten. Kaum aber hatte ich so schweren Herzens wie nur die Nähe eines sichren Glücks es macht, mich von dem Fenster abgewandt, so spürte ich eine fremde Gegenwart im Raum. Es war nichts als ein Wind, so daß die Worte, die sich auf meinen Lippen bildeten, wie Falten waren, die ein träges Segel plötzlich vor einer frischen Brise wirft.

Alle Jahre wieder
Kommt das Christuskind
Auf die Erde nieder,
Wo wir Menschen sind

– mit diesen Worten hatte sich der Engel, der

in ihnen begonnen hatte, sich zu bilden, auch verflüchtigt. Doch nicht mehr lange blieb ich im leeren Zimmer. Man rief mich in das gegenüberliegende, in dem der Baum nun in die Glorie eingegangen war, welche ihn mir entfremdete, bis er, des Untersatzes beraubt, im Schnee verschüttet oder im Regen glänzend, das Fest da endete, wo es ein Leierkasten begonnen hatte.

Weihnachten in der „Villa Hühnchen“

Heinrich Seidel

Am 24. Dezember lag der Schnee überall fußhoch, und es war bitterlich kalt. Hühnchen hatte mich gebeten, recht früh zu kommen, und so machte ich mich, nachdem ich um ein Uhr zu Mittag gegessen hatte, auf den Weg zum Bahnhof. In der Stadt herrschte um diese Zeit, wenn man so sagen darf, eine friedliche Unruhe, und fast kein Mensch wurde gesehen, der nicht irgend etwas trug. Selbst der lässigste Junggeselle und der gewissenloseste Vater sowohl als jene bedauernswerte Klasse von Menschen, die die Bescherung für eine lästige Komödie hält, hatten sich zu guter Letzt noch in Trab gesetzt, ihren weihnachtlichen Pflichten zu genügen und aus den Spielwaren- und anderen Läden, wo an diesem Tag Greuel der Verwüstung herrschten, einiges zu entnehmen.

Die Tannenbaumhändler standen frierend, aber zufriedenen Gemüts zwischen ihren gelichteten Beständen und wurden ihre Straßenhüter an die Nachzügler los. Schaukelpferde, die vor einiger Zeit in einem traurigen Zustande der Verwahrlosung auf geheimnisvolle Weise von ihrem gewohnten Standorte verschwunden waren, hatten sich auf der wunderbaren Himmelswiese des Weihnachtsmannes wieder glänzend herangefüttert, ihre Wunden waren geheilt, und mit großen blanken Augen schauten sie von den Schultern ihrer Träger in den kalten Wintertag. Puppenstuben von märchenhafter Pracht und eingewickelte große Gegenstände von phantastischen Formen schwankten vorüber, die Transportwagen der großen Geschäfte karriolten überall und hielten bald hier, bald da; die sogenannten Kremser, die die Post zur Weihnachtszeit zu mieten pflegt, rumpelten schwerfällig von Haus zu Haus, mit Schätzen reich beladen, Lastwagen donnerten auf den bereits gereinigten Straßen oder quietschten pfeifend auf dem hartgefrorenen Schnee, wo dies nicht der Fall war – kurz, es war umgekehrt, wie sonst die gewöhnliche Redensart lautet, der Sturm vor der Stille.

Diese festliche Unruhe erstreckte sich auch bis auf den Zug, der nach Steglitz fuhr. Die Wagen waren erfüllt von verspäteten Einkäufern, die ängstlich Pakete von jeglicher Form hüteten und mächtige Tüten, denen ein süßer Kuchenduft entströmte; wahrlich, man hätte einen Preis aussetzen können für den, der heute nichts bei sich trug. Ich hätte ihn gewiß nicht gewonnen, denn außer einem Kästchen mit zarten Süßigkeiten von Thiele in der Leipziger Straße für Frau Lore führte ich für Hühnchen eine Zigarrenspitze bei mir, deren Kopf aus einem Gänseschnabel gebildet war, dem durch geschickte Bemalung ein Paar eingesetzte Glasaugen und eine Zunge von rotem Tuch das Ansehen einer abscheulichen, zackigen Teufelsfratze verliehen worden war. Ich wußte, daß dieses Kunstwerk Hühnchen in die höchste Begeisterung versetzen würde. Für Hans und Frieda, die beiden Kinder, hatte ich Robert Reinicks Märchen, Lieder und Geschichten eingekauft, ein Buch, das ich jedem Kinde schenken möchte, das es noch nicht hat, und eine Puppe, die nach dem Urteil weiblicher Kennerschaft „einfach süß“ war. Ich kann also wohl sagen, daß mein Weihnachtsgewissen rein war wie der frischgefallene Schnee und daß ich mit jener Ruhe, die uns das Bewußtsein erfüllter Pflicht erteilt, in die nächste Zukunft sah.

Die „Villa Hühnchen“, wie ihr Besitzer das kleine Häuschen, nicht ohne einen leisen Anflug von Selbstironie, zu nennen pflegte, war trotz ihrer Vergrößerung immer noch eine merkwürdig winzige Wohngelegenheit, aber sie zeigte sich sehr sauber und niedlich, da sie bei dieser Gelegenheit neu abgeputzt und angemalt worden war. An einem der vereisten Fenster war ein talergroßes Guckloch sichtbar, wie Kinder es mit einem erwärmten Geldstück einzuschmelzen lieben, und von diesem verschwand, als ich in Sicht kam, ein Auge, während sofort dafür ein anderes sich zeigte, das freundlich zwinkerte. Auf dem Flur, wo ein angenehmer Kaffeegeruch bemerklich war, kam Hühnchen mir vergnügt entgegen, indem er rief: „Willkommen, lieber Weihnachtsgast, tritt ein in die zwar nicht übermäßig warmen, aber dennoch behaglichen Festräume.“

Während wir beim Kaffee saßen, brach die Dämmerung herein, und allmählich ward es dunkel zur großen Wonne der Kinder, die wußten, daß nun bald die Bescherung vor sich gehen würde. Sie waren schon sehr unruhig geworden, und endlich kam Hans mit einer großen, perlmutterglänzenden Muschelschale, in der sich weiter nichts befand als ein Endchen Wachslicht. Dies reichte er dem Vater hin, während er ihn bittend anblickte und dabei von seiner Schwester verständnisvoll unterstützt ward.

„Jawohl, Kinder“, sagte Hühnchen, „Zeit und Stunde sind da.“ Dann nahm er das Endchen Wachslicht, zeigte es mir, indem er es mit liebevoller Feierlichkeit zwischen den Fingerspitzen hielt, und sagte: „Du weißt, teurer Freund, daß an manchen Orten noch der Gebrauch herrscht, am Weihnachtsabend den mächtigen Julblock in den Kamin zu legen, dessen unverbrannte Reste aufgehoben werden, den Block vom nächsten Jahr damit anzuzünden. Wir haben leider keinen Kamin, sie sind nicht ökonomisch und heizen die freie Natur mehr als unsere Zimmer. Da habe ich nun einen anderen Gebrauch eingeführt, den ich für nicht minder sinnreich halte. Alle die kleinen Wachslichtenden vom Tannenbaum hebe ich auf, hier in dieser Perlmutterschale, und das ganze Jahr hindurch dienen sie mir für solche Zwecke, wo man auf kurze Zeit ein Licht braucht, wie zum Siegeln und dergleichen. Fast an jedem haften einige Tannennadeln, und so geht bei uns durch das ganze Jahr eine Kette von süßem Weihrauchduft von einem Fest zum anderen, und jedesmal, wenn ein solches Licht ausgeblasen wird, rufen die Kinder entzückt:

„Ah, das riecht aber nach Weihnachten!“ Das letzte jedoch – hier siehst du es – wird auch im Falle der äußersten Not nicht verbraucht, sondern damit werden die Lichter des nächsten Weihnachtsbaumes angezündet. Und zu diesem feierlichen Geschäft begebe ich mich jetzt an den Ort der Geheimnisse.“ Damit schritt er zur Tür hinaus, indes die Kinder vor Vergnügen und freudiger Erwartung auf den Zehen hüpften.

Nach einer Weile gellte plötzlich das Haus von dem fürchterlichen Sturmläuten einer Tischglocke, und die Kinder stürzten nach dem Flur, auf dessen anderer Seite sich das Weihnachtszimmer befand. Wir folgten in gemäßigterem Tempo und traten in das Heiligtum, aus dessen Türe ein glänzender Lichtschein hervorbrach. Ich muß gestehen, die Herrlichkeit war groß, und die beiden Kinder standen wie in einem Bann und wagten gar nicht, näherzutreten in diese prachtvolle Sesamhöhle voll schimmernder und funkelnder Schätze. Aber schließlich gewöhnte sich das Auge an all diesen Glanz, und bald ging es ans Besichtigen und Bewundern. Hühnchen nahm mich zunächst in Anspruch für den Tannenbaum. „Liebster“, sagte er, „es ist eine bekannte Tatsache, daß jeder seinen eigenen Tannenbaum am schönsten findet und alle übrigen ein wenig verachtet, aber du mußt doch auch sagen, mein Stolz auf ihn entbehrt nicht einiger Berechtigung. Findest du nicht, daß eine Harmonie der Farben von ihm ausstrahlt wie eine sanfte Musik? Und dies ist kein Zufall, nein, das Resultat weiser Berechnung und genauer Überlegung. Alle diese Papiere und farbigen Verzierungen sind bei Lichte ausgesucht, damit sie auch bei Lichte wirken, und sind zusammengestellt nach dem Komplementärprinzip. Was dir natürlich und einfach reizvoll erscheint, ist ein Resultat schweren Nachdenkens und liebevoller Vertiefung in die Sache, mein Sohn. Auch eine Neuerung haben wir diesmal daran, nämlich vergoldete Erlenzäpfchen. Der Dichter Theodor Storm, dessen Werke ja auch du so hochschätzest, schmückt ebenfalls mit solchen seinen Tannenbaum. Zwar etwas schief ist die kleine Fichte, und an manchen Stellen, wo ein Zweig sitzen sollte, ist merkwürdigerweise keiner da, aber gibt das nicht einen neuen Reiz? Nur der Philister schwärmt für absolute Symmetrie.“

Dann stand er eine Weile und blickte mit begeisterten Augen auf den kleinen schiefen Baum, der in seinem bunten Schmuck so aussah, wie sie alle aussehen, und setzte dazu eine Miene auf, als vertiefe er sich in die Schönheiten der Sixtinischen Madonna.

Für ihr kleines Mädchen hatten die Hühnchens gemeinsam eine Puppenstube angefertigt, die wahrlich zauberhaft war und einer zweiten Familie Hühnchen in ein Zehntel der natürlichen Größe zum Wohnsitz diente. Dieses Wunderwerk zu beschreiben, sind Worte zu schwach; es genügt zu sagen, daß in diesen Puppenräumen nichts, aber auch gar nichts fehlte von dem, was die wirklichen Räume der Hühnchenschen Wohnung enthielten, und daß alles von einer großartigen Eleganz und Zierlichkeit war. Die Schränke waren angefüllt mit den winzigsten Kleidern und Leinensachen, und die Küche mit den niedlichsten Geschirren, selbst Kinderspielzeug, Bilderbücher und Schulhefte waren vorhanden in liliputanischer Größe und Porträts der Hühnchenschen Vorfahren an den Wänden, sauber in Gold gerahmt. Ja, die Naturwahrheit war fast zu weit getrieben, denn sogar jener Ort, zu dem selbst Karl der Große keinen Vertreter schicken konnte, fehlte nicht, wie mir Hühnchen unter großem Schmunzeln zeigte… Es würde zu weit führen, wollte ich alle diese Überraschungen hier schildern und aufzählen, zum Beispiel die wunderbare Festung mit Wasserkunst, die Hühnchen für seinen Sohn hergestellt hatte, und alle die kleinen Dinge, womit die Eheleute selber sich erfreuten. Es war nach Hühnchens eigenem Ausdruck „einfach monumental“.

Vom Honigkuchenmann

Hoffmann von Fallersleben

Keine Puppe will ich haben –
Puppen gehn mich gar nichts an.
Was erfreun mich kann und laben,
Ist ein Honigkuchenmann,
So ein Mann mit Leib und Kleid
Durch und durch von Süßigkeit.

Stattlicher als eine Puppe
Sieht ein Honigkerl sich an,
Eine ganze Puppengruppe
Mich nicht so erfreuen kann.
Aber seh ich recht dich an,
Dauerst du mich, lieber Mann.

Denn du bist zum Tod erkoren –
Bin ich dir auch noch so gut,
Ob du hast ein Bein verloren,
Ob das andre weh dir tut:
Armer Honigkuchenmann,
Hilft dir nichts, du mußt doch dran!

Wanka

Anton Tschechow

Wanka Shukow, ein neunjähriger Junge, den man vor drei Monaten zu dem Schuster Aljachin in die Lehre gegeben hatte, legte sich in der Weihnachtsnacht nicht schlafen. Er wartete ab, bis die Meistersleute mit den Gesellen zur Frühmesse gegangen waren, und holte dann aus dem Schrank des Meisters ein Fläschchen mit Tinte und einen Federhalter mit einer verrosteten Feder. Dann breitete er ein zerknittertes Blatt Papier vor sich aus und begann zu schreiben. Bevor er den ersten Buchstaben malte, schaute er sich mehrmals ängstlich nach der Tür und dem Fenster um, schielte nach dem dunklen Heiligenbild, zu dessen beiden Seiten sich Regale mit Schuhleisten hinzogen, und seufzte tief. Das Papier lag auf der Bank, er selbst kniete davor.

„Lieber Großvater Konstantin Makarytsch!“ schrieb er. „Ich schreibe Dir einen Brief. Ich gratuliere Euch zu Weihnachten und wünsche Dir vom lieben Gott alles Gute. Ich habe ja keinen Vater und keine Mutter mehr, nur Du allein bist mir geblieben.“

Wanka ließ den Blick zu dem dunklen Fenster schweifen, in dem sich der Schein der Kerze spiegelte, und stellte sich lebhaft seinen Großvater Konstantin Makarytsch vor, der bei den Herrschaften Shiwarew als Nachtwächter in Diensten steht.

Er ist ein kleiner, hagerer, aber ungewöhnlich beweglicher Greis von fünfundsechzig Jahren, hat ein ewig lachendes Gesicht und die Augen eines Trinkers. Tagsüber schläft er in der Gesindeküche oder schäkert mit den Köchinnen herum, nachts aber geht er, in einen weiten Bauernpelz gehüllt, um den Gutshof herum und schlägt an sein Klopfholz. Hinter ihm trotten mit gesenktem Kopf die alte Hündin Kaschtanka und der junge Rüde Wjun, der ein ganz schwarzes Fell hat und dessen Körper so lang wie der eines Wiesels ist. Dieser Wjun benimmt sich ungewöhnlich respektvoll und freundlich, und er schaut die eigenen Leute ebenso lieb an wie die Fremden, aber er genießt keinen guten Ruf. Hinter seiner Ergebenheit und Demut verbirgt sich eine ausgesprochen jesuitische Tücke. Niemand vermag sich besser anzuschleichen und einen am Bein zu packen, in den Erdkeller einzudringen oder einem Bauern ein Huhn zu stibitzen als er. Man hat ihm schon mehrmals fast die Hinterbeine entzweigeschlagen, zweimal hat man ihn aufgehängt, jede Woche halbtot geprügelt, aber immer wieder ist er auf die Beine gekommen.

Jetzt steht der Großvater wohl am Tor, blinzelt zu den grellroten Fenstern der Dorfkirche hinüber und schwatzt mit dem Hofgesinde, wobei er in seinen Filzstiefeln von einem Bein aufs andere tritt. Sein Klopfholz hat er an den Gürtel gebunden. Er klatscht in die Hände, kichert greisenhaft und zwickt bald das Stubenmädchen, bald die Köchin.

„Wollen wir nicht ein bißchen Tabak schnupfen?" sagte er und hält den Frauen seine Tabaksdose hin.

Die Frauen nehmen eine Prise und niesen. Der Großvater gerät in unbeschreibliches Entzücken, schüttelt sich vor Lachen und schreit: „Reiß ab, sonst friert's an!"

Man läßt auch die Hunde Tabak schnuppern. Kaschtanka niest, verzieht die Schnauze und geht beleidigt weg. Wjun jedoch niest aus Ehrerbietung nicht und wedelt mit dem Schwanz. Das Wetter ist prächtig, die Luft still, durchsichtig und frisch. Die Nacht scheint dunkel, aber man sieht das ganze Dorf mit seinen weißen Dächern und den Rauchfahnen, die aus den Schornsteinen emporsteigen, die vom Reif versilberten Bäume, die Schneewehen. Der ganze Himmel ist besät mit fröhlich blinkenden Sternen, und die Milchstraße zeichnet sich so deutlich ab, als habe man sie vor dem Fest gewaschen und mit Schnee abgerieben.

Wanka seufzte auf, tauchte die Feder ein und schrieb weiter:

„Gestern hab ich Prügel bekommen. Der Meister hat mich an den Haaren auf den Hof gezerrt und mich mit dem Spannriemen verprügelt, weil ich nämlich sein Kind in der Wiege schaukeln sollte und dabei eingeschlafen bin. Und vorige Woche befahl mir die Frau, einen Hering zu putzen, da habe ich am Schwanzende angefangen, da hat sie den Hering genommen und ihn mir in den Mund gestopft. Die Gesellen necken mich immer, sie schicken mich in die Kneipe nach Wodka und verlangen von mir, daß ich der Meisterin Gurken stehle, und der Meister schlägt mit allem zu, was ihm gerade in die Hände kommt. Das Essen ist auch nichts. Morgens gibt es Brot, zu Mittag Grütze und zum Abend ebenfalls Brot, und was Tee ist oder Kohlsuppe, die essen die Meistersleute selber. Schlafen muß ich auf dem Flur, und wenn das Kind weint, kann ich gar nicht schlafen, da muß ich die Wiege schaukeln. Lieber Großvater, sei um Gottes willen so gut und hol mich wieder nach Hause ins Dorf, hier kann ich es nicht aushalten... Ich bitte Dich auf den Knien, ewig will ich für Dich zu Gott beten, hol mich fort von hier, sonst sterbe ich..."

Wanka verzog den Mund, rieb sich mit seiner schwarzen Faust die Augen und schluchzte.

„Ich will für Dich Tabak reiben", fuhr er fort, „ich will zu Gott beten, und wenn was ist, dann kannst Du mich windelweich schlagen. Und wenn du denkst, ich habe keine Stelle, dann will ich um Christi willen den Verwalter bitten, daß ich ihm die Stiefel putzen darf, oder ich will für Fedka als Hirtenjunge gehen. Lieber Großvater, hier kann ich es nicht aushalten, es ist einfach mein Tod. Ich würde ja zu Fuß ins Dorf laufen, aber ich habe keine Schuhe, und ich fürchte mich vor dem Frost. Aber wenn ich groß bin, dann will ich Dich dafür ernähren und keiner darf Dich beleidigen, und wenn Du stirbst, will ich für Dein Seelenheil beten, genauso wie für mein Mütterchen Pelageja.

Moskau ist eine große Stadt. Die Häuser sind alle herrschaftlich, und Pferde sind viele da, aber Schafe gibt es keine, und die Hunde sind nicht böse. Mit dem Stern gehen die Kinder hier nicht, und keinen läßt man im Kirchen-

F.R.

chor singen, und einmal sah ich in einem Laden im Fenster Haken für alle Arten Fische, gleich mit der Angelschnur, sehr nützlich, und ein solcher Haken hält einen Wels von einem Pud aus. Dann hab ich Läden gesehen, wo es allerlei Flinten gibt, wie die Herren welche haben, so für hundert Rubel das Stück... Und in den Fleischerläden sind Birkhühner und Haselhühner und Hasen, aber wo sie geschossen werden, davon erzählen die Verkäufer nichts.

Lieber Großvater, wenn die Herrschaften einen Tannenbaum mit Naschwerk haben, dann nimm für mich eine vergoldete Nuß und leg sie in den grünen Kasten. Bitte das Fräulein Olga Ignatjewna und sag, es ist für Wanka."

Wanka seufzte krampfhaft und starrte wieder zum Fenster. Ihm fiel ein, daß der Großvater ihn immer mitgenommen hatte, wenn er nach einem Tannenbaum für die Herrschaften in den Wald gegangen war. Das war eine lustige Zeit! Der Großvater ächzte, der Frost ächzte, und wenn Wanka das so sah, ächzte er auch. Bevor der Großvater die Tanne umlegte, rauchte er ein Pfeifchen, schnupfte ausgiebig Tabak, und er lachte den verfrorenen Wanka aus... Die jungen reifbedeckten Tannen standen regungslos und warteten darauf, welche von ihnen sterben mußte. Ehe man sich's versah, sauste ein Hase wie ein Pfeil durch die Schneewehen... Der Großvater konnte nicht anders, er mußte schreien: „Halt ihn, halt ihn fest! Ach, dieser kurzschwänzige Teufel!"

Der Großvater schleppte die geschlagene Tanne in das herrschaftliche Haus, wo man sich daran machte, sie zu schmücken... Am meisten hatte das Fräulein Olga Ignatjewna zu tun, Wankas Liebling. Als Wankas Mutter Pelageja noch lebte und bei den Herrschaften Stubenmädchen war, da fütterte Olga Ignatjewna Wanka mit Kandiszucker, und aus Langeweile brachte sie ihm Lesen und Schreiben bei, lehrte ihn bis hundert zählen und sogar Quadrille tanzen. Als aber Pelageja starb, wurde die Waise Wanka zum Großvater in die Gesindeküche abgeschoben und aus der Küche dann zum Schuster Aljachin nach Moskau...

„Komm, lieber Großvater", schrieb Wanka weiter, „ich bitte Dich um Christi willen, nimm mich fort von hier. Hab Mitleid mit mir unglücklichem Waisenkind, sonst haut man mich bloß immer, und ich möchte gern richtig essen, und ich habe solche Sehnsucht, daß man es gar nicht sagen kann, und ich weine immerzu. Neulich hat mich der Meister mit dem Schuhleisten auf den Kopf geschlagen, so daß ich hingefallen bin und nur mit Mühe wieder zu mir gekommen bin. Mein Leben ist hin, ich lebe schlimmer als jeder Hund... Und grüße noch Aljona und den einäugigen Jegorka und den Kutscher, und gib niemandem meine Harmonika. Immer Dein Enkel Iwan Shukow, komm doch, lieber Großvater."

Wanka faltete das beschriebene Blatt viermal und steckte es in den Umschlag, den er am Vortag für eine Kopeke gekauft hatte... Er überlegte einen Augenblick, tauchte die Feder ein und schrieb als Adresse: „An den Großvater im Dorf."

Darauf kratzte er sich, dachte nach und fügte hinzu: „Konstantin Makarytsch." Zufrieden, daß man ihn beim Schreiben nicht gestört hatte, setzte er seine Mütze auf, und ohne sein Pelzmäntelchen überzuwerfen, rannte er, nur im Hemd, auf die Straße...

Die Verkäufer aus dem Fleischerladen, die er am Vortag danach fragte, hatten ihm gesagt, daß man Briefe in Briefkästen steckt, von wo aus sie in Posttroikas mit betrunkenen Kutschern und klingenden Glöckchen über die ganze Erde verteilt würden. Wanka rannte bis zum ersten Briefkasten und steckte den kostbaren Brief durch den Schlitz.

Von süßen Hoffnungen gewiegt, schlief er eine Stunde später bereits fest... Er träumte von einem Ofen, darauf saß der Großvater, baumelte mit den nackten Beinen und las den Köchinnen den Brief vor. Vor dem Ofen lief Wjun auf und ab und wedelte mit dem Schwanz.

Nußknacker

Hoffmann von Fallersleben

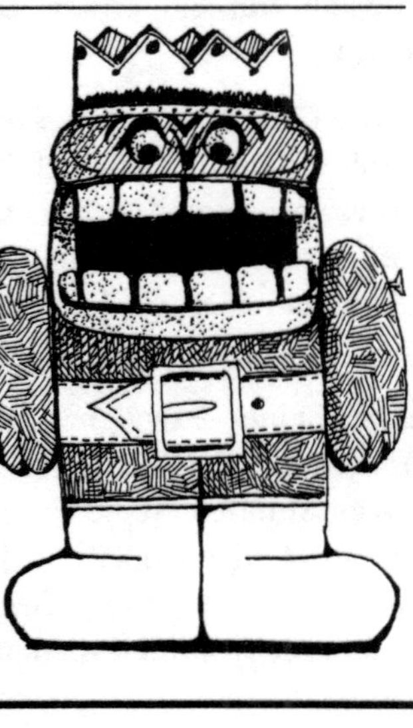

Nußknacker, du machst ein grimmig Gesicht –
Ich aber, ich fürchte vor dir mich nicht:
Ich weiß, du meinst es gut mit mir,
Drum bring ich meine Nüsse dir.
Ich weiß, du bist ein Meister im Knacken:
Du kannst mit deinen dicken Backen
Gar hübsch die harten Nüsse packen
Und weißt sie vortrefflich aufzuknacken.
Nußknacker, drum bitt ich dich, bitt ich dich,
Hast bessere Zähn als ich, Zähn als ich.
O knacke nur, knacke nur immerzu!
Ich will dir zu Ehren
Die Kerne verzehren.
O knacke nur, knack knack, knack! immerzu!
Ei, welch ein braver Kerl bist du!

Die Nacht des 24. Dezember

Dino Buzzati

Düster ist der alte Bischofspalast, der Salpeter tropft aus seinen Mauern, und in den Winternächten darin zu verweilen, ist eine Qual. Und die Kathedrale daneben ist gewaltig groß, ein Leben reicht nicht aus, um sie ganz zu durchwandern, und es gibt darin ein solches Gewirr von Kapellen und Sakristeien, daß einige nach jahrhundertelanger Verlassenheit noch fast unerforscht sind. Was wird – so fragt man sich – der abgezehrte Erzbischof am Weihnachtsabend ganz allein tun, wenn die Stadt das Fest begeht? Wie wird er der Schwermut Herr werden? Alle haben einen Trost; das Kind hat die Eisenbahn und den Kasperle, das Schwesterchen hat die Puppe, die Mutter hat die Kinder um sich, der Kranke hat eine neue Hoffnung, der alte Junggeselle hat den Gefährten seiner Zerstreuungen, der Häftling die Stimme eines andern aus der Nachbarzelle. Was aber wird der Erzbischof tun?

Don Valentino, der diensteifrige Sekretär Seiner Exzellenz, lächelte, wenn er die Leute so reden hörte. Der Erzbischof hat Gott am Weihnachtsabend.

Wenn er mutterseelenallein inmitten der eisigen, leeren Kathedrale kniet, könnte er auf den ersten Blick fast Mitleid erwecken. Aber wenn die Leute wüßten! Mutterseelenallein ist er nicht, und er friert nicht einmal und fühlt sich nicht verlassen. Am Weihnachtsabend schwebt Gott im Tempel, für den Erzbischof, und die Kirchenschiffe quellen buchstäblich von Gott über, und die Türen können sich nur mühsam schließen.

So ist der Dom an jenem Abend: überströmend von Gott. Und obwohl Don Valentino wußte, daß es nicht seines Amts war, hielt er sich doch gar zu gerne damit auf, einen Platz für den Gebetstuhl des Kirchenfürsten zu suchen. Das war freilich etwas anderes als Weihnachtsbäume, Truthühner und Schaumwein. Das war ein Weihnachtsabend. Aber mitten in diesen Gedanken hörte er an eine Tür klopfen.

„Wer klopft am Weihnachtsabend an die Domtür?" fragte sich Don Valentino. „Haben die Leute noch nicht genug gebetet? Was für eine Sucht hat sie ergriffen?"

Mit diesen Worten ging er öffnen, und mit einem Windstoß trat ein armer, zerlumpter Mann herein.

„Wieviel von Gott ist hier!" rief er lächelnd aus und sah sich um. „Wieviel Schönheit! Man spürt es sogar von draußen. Monsignore, könnten Sie mir nicht ein wenig davon abgeben? Denken Sie, es ist der Heilige Abend."

„Das gehört Seiner Exzellenz, dem Erzbischof", antwortete der Priester. „Er braucht es in wenigen Stunden. Seine Exzellenz lebt schon wie ein Heiliger, du wirst doch nicht verlangen, daß er jetzt auch auf Gott verzichtet! Und außerdem bin ich niemals Monsignore gewesen."

„Und auch nicht ein kleines bißchen könnten Sie mir geben, Hochwürden? Es ist so viel davon da! Seine Exzellenz würde es gar nicht einmal merken!“

„Nein, habe ich gesagt… du kannst gehen… der Dom ist für die Allgemeinheit geschlossen“, und er geleitete den Armen mit einem Fünf-Lire-Schein hinaus.

Aber als der Unglückliche aus der Kirche hinausging, verschwand im gleichen Augenblick auch Gott. Bestürzt schaute sich Don Valentino um und forschte in den dunklen Gewölben: selbst da oben war Gott nicht mehr. Dieser prächtige Apparat von Säulen, Statuen, Baldachinen, Altären, Katafalken, Leuchtern und Drapierungen, sonst immer so geheimnisvoll und mächtig, war unversehens düster und ungastlich geworden. Und in ein paar Stunden sollte der Erzbischof kommen. In höchster Erregung öffnete Don Valentino eine der äußeren Pforten und blickte auf den Platz. Nichts. Auch draußen keine Spur von Gott, wiewohl es Weihnachten war. Aus den tausend erleuchteten Fenstern kam das Echo von Gelächter, zerbrochenen Gläsern, Musik und sogar von Flüchen. Keine Glocken, keine Lieder.

Don Valentino ging in die Nacht hinaus, schritt durch die unheiligen Straßen, die von dem Lärm hemmungsloser Gelage widerhallten. Aber er wußte die rechte Anschrift. Als er in das Haus trat, setzte sich die befreundete Familie gerade zu Tisch. Alle sahen einander wohlwollend an, und um sie herum war ein wenig von Gott.

„Frohe Weihnachten, Hochwürden“, sagte der Vater. „Wollen Sie nicht unser Gast sein?“

„Ich habe Eile, ihr Freunde“, antwortete er. „Durch eine Unachtsamkeit meinerseits hat Gott den Dom verlassen, und Seine Exzellenz kommt gleich zum Gebet. Könnt ihr mir nicht euern Herrgott geben? Ihr seid ja in Gesellschaft und braucht ihn nicht so unbedingt.“

„Mein lieber Don Valentino“, sagte der Familienvater, „Sie vergessen, möchte ich sagen, daß heute Weihnachten ist. Gerade heute sollten meine Kinder ohne Gott auskommen? Ich wundere mich, Don Valentino.“

Und im gleichen Augenblick, in dem der Mann so sprach, schlüpfte Gott aus dem Hause, das freundliche Lächeln erlosch, und der Truthahnbraten war wie Sand zwischen den Zähnen.

Und wieder hinaus in die Nacht und durch die verlassenen Straßen. Don Valentino lief und lief und erblickte ihn schließlich von neuem. Er war bis an die Tore der Stadt gekommen, und vor ihm breitete sich in der Dunkelheit, leicht im Schneegewande schimmernd, das weite Land. Über den Wiesen und den Zeilen der Maulbeerbäume schwebte Gott, als wartete er. Don Valentino sank in die Knie.

„Aber was machen Sie, Hochwürden?“ fragte ihn ein Bauer. „Wollen Sie sich in dieser Kälte eine Krankheit holen?“

„Schau da unten, mein Sohn! Siehst du nicht?“

Der Bauer blickte ohne Erstaunen dahin.

„Das ist unser“, sagte er. „Jede Weihnacht kommt er, um unsere Felder zu segnen.“

„Höre“, sagte der Priester, „könntest du mir nicht ein wenig davon geben? Wir sind in der Stadt ohne Gott geblieben, sogar die Kirchen sind leer. Gib mir ein wenig davon ab, damit wenigstens der Erzbischof ein anständiges Weihnachten feiern kann.“

„Fällt mir nicht im Traume ein, Ihr lieben Hochwürden! Wer weiß, was für ekelhafte Sünde ihr in der Stadt begangen habt. Das ist eure Schuld. Seht allein zu.“

„Gewiß, es ist gesündigt worden. Und wer sündigt nicht? Aber du kannst viele Seelen retten, mein Sohn, wenn du mir nur ja sagst.“

„Ich habe genug mit der Rettung meiner eigenen zu tun!“ sagte der Bauer mit höhnischem Lachen, und im gleichen Augenblick hob sich Gott von seinen Feldern und verschwand im Dunkel.

Und Don Valentino ging weiter und suchte. Gott schien seltener zu werden, und wer ein bißchen davon besaß, wollte nichts hergeben (aber im gleichen Augenblick, da er mit „Nein“ antwortete, verschwand Gott und entfernte sich immer weiter). Endlich stand Don Valentino am Rande einer grenzenlosen Heide, und in der Ferne am Horizont leuchtete Gott sanft wie eine längliche Wolke. Der Priester warf sich in den Schnee auf die Knie. „Warte auf mich, o Herr“, bat er, „durch meine Schuld ist der Erzbischof heute allein geblieben.“

Seine Füße waren zu Eis erstarrt, er lief im Schnee weiter und sank bis ans Knie ein, und alle Augenblicke fiel er der Länge nach hin. Wie lange konnte er es noch aushalten?

Endlich vernahm er einen großen, leidenschaftlichen Chor von Engelstimmen, ein Lichtstrahl brach durch den Nebel. Er öffnete ein hölzernes Türchen, es war eine riesige Kirche, und in ihrer Mitte betete ein Priester zwischen einigen Lichtern. Und die Kirche war voll des Paradieses.

„Bruder“, seufzte Don Valentino, am Ende seiner Kräfte und mit Eisnadeln bedeckt, „habe Mitleid mit mir. Mein Erzbischof ist durch meine Schuld allein geblieben und braucht Gott. Gib mir ein bißchen von ihm, ich bitte dich.“

Langsam wandte sich der Betende um. Und Don Valentino wurde, als er ihn erkannte, fast noch bleicher, als er ohnedies war.

„Ein gesegnetes Weihnachten dir, Don Valentino“, rief der Erzbischof aus und kam ihm entgegen, ganz von Gott umgeben. „Aber Junge, wo bist du nur hingelaufen? Was hast du um des Himmels willen in dieser bärenkalten Nacht draußen gesucht?“

Die Heiligen Drei Könige

Ludwig Thoma

Da kommen die drei König mit ihrem Stern
Sie krachen die Nüsse und essen den Kern.
Sie werfen die Schalen zum Fenster naus,
da kommen die Hühnlein und picken sie aus.

Theodor Storm an seine Eltern

Heiligenstadt, 20. Dezember 1856

Es wird Weihnachten! Mein ganzes Haus riecht schon nach braunem Kuchen – versteht sich nach Mutters Recept – und ich sitze so zu sagen schon seit einer Woche im Scheine des Tannenbaums. Ja, wie ich den Nagel meines Daumens besehe, so ist auch der schon halbwegs vergoldet. Denn ich arbeite jetzt abends nur in Schaumgold, Knittergold und bunten Bonbonpapieren; und während ich Netze schneide und Tannen- und Fichtenäpfel vergolde, und die Frauen, d.h. meine Frau und Röschen, Lisbeth's Puppe ausputzen, liest Onkel Otto uns die ‚Klausenburg' von Tieck vor, oder gibt hin und wieder eine Probe aus den Bilderbüchern, die Hans und Ernst auf den Teller gelegt werden sollen. Gestern Abend habe ich sogar Mandeln und Citronat für die Weihnachtskuchen schneiden helfen, auch Kardemom dazu gestoßen und Hirschhornsalz. Den Vormittag war ich stundenlang auf den Bergen in den Wäldern herumgeklettert, um die Tannenäpfel zu suchen. Ja, Ihr hättet mich sogar in meinem dicken Winter-Sürtout hoch oben in einer Tannenspitze sehen können. Freilich hatte ich mich vorher gehörig umgesehen; denn der Herr Kreisrichter durfte sich doch nicht auf ganz offenbarem Waldfrevel ertappen lassen.

Jeden Morgen, die letzten Tage, kommt der Postbote und bringt ein Päckchen oder einen Brief aus der Heimat oder aus der Fremde von Freunden. Die Weihnachtszeit ist doch noch grade so schön, wie sie in meinen Kinderjahren war.

Wenn nur noch der Schnee kommen wollte; wir wohnen hier so schön einsam zwischen den Bergen, da müßte der Weihnachtsbaum, wenn er erst brennt, prächtig in die Winterlandschaft hinausleuchten...

24. Dezember Nachmittag

Den Weihnachtsbaum, der auf der Diele steht und genau bis an die Decke reicht, habe ich bis auf das letzte Fädchen ganz allein hergestellt, außerdem eine schöne Tannenverzierung über dem Sofa, vor welchem nach alter Weise der Teetisch mit den braunen Kuchen steht ... Die Frauen, da sie nichts dabei getan, haben mir in die Herrlichkeit gar nicht hinein dürfen. Die Teller mit Äpfeln, Nüssen und Kuchen und sehr leckerem, selbst gebackenem Marzipan, die sie für Jeden, auch für sich und mich aufgebaut haben, sind ihnen vor der Tür abgenommen. Constanze ist so vergnügt, wie ich sie am Weihnachtsabend fast noch nicht gesehen habe und auch mir ist friedlich und still zu Mute. Draußen liegt eine wunderschöne Schneelandschaft – es ist äußerst anmutig hier auf dem stillen Weihnachtskämmerchen.

Jetzt, liebe Mutter, wünsche ich Euch herzlich vergnügte Weihnachten.

Euer Theodor

Das kleine Mädchen mit den Schwefelhölzchen

Hans Christian Andersen

Es war entsetzlich kalt. Es schneite und war beinahe schon ganz dunkel und Abend, der letzte Abend des Jahres. In dieser Kälte und Finsternis ging auf der Straße ein kleines, armes Mädchen, mit bloßem Kopf und nackten Füßen. Als sie das Haus verließ, hatte sie freilich Pantoffeln angehabt, aber was half das? Es waren sehr große Pantoffeln gewesen, die ihre Mutter bisher benutzt hatte, so groß waren sie. Die Kleine aber verlor dieselben, als sie über die Straße weghuschte, weil zwei Wagen schrecklich schnell vorüberrollten. Der eine Pantoffel war nicht wieder zu finden, den andern hatte ein Junge erwischt und lief damit fort. Er meinte, er könne ihn recht gut als Wiege benutzen, wenn er selbst erst Kinder hätte. Da ging nun das kleine Mädchen mit den kleinen, nackten Füßen, die ganz rot und blau vor Kälte waren. In einer alten Schürze trug sie eine Menge Schwefelhölzchen und ein Bund davon in der Hand. Niemand hatte den ganzen langen Tag ihr etwas abgekauft, niemand ihr einen Pfennig geschenkt.

Zitternd vor Kälte und Hunger schlich sie einher, ein Bild des Jammers die arme Kleine!

Die Schneeflocken bedeckten ihr langes, blondes Haar, welches in schönen Locken um den Hals fiel; aber daran dachte sie nun freilich nicht. Aus den Fenstern glänzten die Lichter, und es roch ganz herrlich nach Gänsebraten. Es war ja Silvesterabend. Ja, daran dachte sie!

In einem Winkel, von zwei Häusern gebildet, von denen das eine etwas mehr vorsprang als das andere, setzte sie sich hin und kauerte sich zusammen. Die kleinen Füße hatte sie an sich gezogen, aber es fror sie noch mehr, und nach Hause zu gehen, wagte sie nicht. Sie hatte ja keine Schwefelhölzchen verkauft und brachte keinen Pfennig Geld. Von ihrem Vater würde sie gewiß Schläge bekommen, und zu Hause war es auch kalt. Über sich hatten sie nur das Dach, durch welches der Wind pfiff, wenn auch die größten Spalten mit Stroh und Lumpen zugestopft waren.

Ihre kleinen Hände waren beinahe vor Kälte erstarrt. Ach, ein Schwefelhölzchen konnte ihnen gar wohl tun, wenn sie nur ein einziges aus dem Bund herausziehen, es an die Wand streichen und sich die Finger erwärmen durfte. Sie zog eins heraus. Rrscht! wie sprühte, wie brannte es! Es war eine warme helle Flamme, wie ein Lichtchen, als sie die Hände darüber hielt. Es war ein wunderbares Lichtchen! Es schien wirklich dem kleinen Mädchen, als säße es vor einem großen, eisernen Ofen mit polierten Messingfüßen und einem Messingaufsatz. Das Feuer brannte so geseg-

F.R.

net, es wärmte so schön. Die Kleine streckte schon die Füße aus, um auch diese zu wärmen; doch da erlosch das Flämmchen, der Ofen verschwand, sie hatte nur die kleinen Überreste des abgebrannten Schwefelhölzchens in der Hand.

Mit einem zweiten wurde an die Wand gestrichen. Es leuchtete, und wo der Schein auf die Mauer fiel, wurde diese durchsichtig wie ein Schleier, sie konnte in das Zimmer hineinsehen. Auf dem Tisch war ein schneeweißes Tischtuch ausgebreitet, darauf stand glänzendes Porzellan, und herrlich dampfte die gebratene Gans, mit Äpfeln und getrockneten Pflaumen gefüllt. Und was noch prächtiger anzusehen war: die Gans hüpfte von der Schüssel herunter und watschelte auf dem Fußboden, Messer und Gabel in der Brust, bis zu dem armen Mädchen hin. Da erlosch das Schwefelhölzchen, und es blieb nur die dicke, feuchtkalte Mauer zurück. Sie zündete noch ein Hölzchen an. Da saß sie nun unter dem herrlichsten Christbaum. Er war noch größer und geputzter als der, den sie durch die Glastür bei dem reichen Kaufmann gesehen hatte. Tausende von Lichtchen brannten auf den grünen Zweigen, und bunte Bilder, wie sie in Schaufenstern zu sehen waren, blickten auf sie herab. Die Kleine streckte ihre Hände danach aus. Da erlosch auch dieses Schwefelhölzchen. Die Weihnachtslichter stiegen höher und höher, sie sah sie jetzt als Sterne am Himmel. Einer davon fiel herunter und bildete einen langen Feuerstreifen. „Jetzt stirbt jemand!“ dachte das kleine Mädchen, denn ihre alte Großmutter, die einzige, die sie lieb gehabt hatte und die gerade gestorben war, hatte ihr erzählt, daß, wenn ein Stern herunterfällt, eine Seele zu Gott emporsteigt. Sie strich wieder ein Hölzchen an der Mauer ab, es wurde wieder hell, und in dem Glanz stand die alte Großmutter so klar und schimmernd, so mild und liebevoll.

„Großmutter!“ rief die Kleine. „O nimm mich mit! Ich weiß, du entfernst dich, wenn das Schwefelhölzchen erlischt. Du verschwindest wie der warme Ofen, wie der herrliche Gänsebraten und der große, prächtige Weihnachtsbaum!“ Und sie strich schnell das ganze Bund Schwefelhölzchen an, denn sie wollte die Großmutter recht festhalten. Und die Schwefelhölzchen leuchteten mit einem solchen Glanz, daß es heller wurde als mitten am Tage. Die Großmutter war früher nie so schön, so groß gewesen. Sie nahm das kleine Mädchen auf ihre Arme, und beide flogen in Glanz und Freude so hoch, so hoch; und dort oben war weder Kälte noch Hunger noch Angst – sie waren bei Gott.

Aber im Winkel an die Mauer gelehnt, saß in kalter Morgenstunde das arme Mädchen mit roten Backen und mit lächelndem Mund – erfroren an des alten Jahres letztem Abend. Die Neujahrssonne ging auf über der kleinen Leiche. Starr saß das Kind dort mit den Schwefelhölzchen, von denen ein Bund abgebrannt war. „Sie hat sich erwärmen wollen!“ sagte man. Niemand ahnte, was sie Schönes gesehen und in welchem Glanze sie mit der Großmutter zur Neujahrsfreude eingegangen war.

Rauhnachtzauber

Die Zwölf Nächte oder das „kleine Jahr“ kann man von der Thomasnacht bis Neujahr oder von Weihnachten bis zum Dreikönigsfest rechnen. In dieser Zeit ist „der Teufel los“. Wer da dem Bösen nur den kleinen Finger gibt, von dem wird er die ganze Hand, wenn nicht noch mehr nehmen.

Das erfuhr ein Jäger zu Weitnau, der sich am Thomasabend, seinem Namenstag, mit gutem Bier einen Rausch angetrunken hatte. In diesem beseligten Zustand wollte er – ausgerechnet in der Thomasnacht – noch einen feisten Bock für das Weihnachtsmahl schießen. Also stolperte er los, stieg mühsam bergan und stand vor einem Bock. Der kam mit Augen so groß wie Feuerräder langsam auf ihn zu, wobei er heißen Dampf aus seinen Nüstern blies.

Der Jäger wollte sich bekreuzigen, aber die Hand blieb ihm starr. Er wollte die Heiligen um Hilfe anrufen, aber es versagte ihm die Sprache. So also ist das Sterben! dachte er noch, dann schwanden ihm die Sinne.

Als der Morgen graute, konnte der Jäger die Augen doch wieder auftun, wenn er auch die Gegend, in der er sich befand, nicht mehr kannte. Also hatte ihn wohl die Wilde Fahrt oder das Muotesheer entführt.

Vorsichtig stieg der Mann zu Tal. Da bellte irgendwo ein Hund. Er stellte sich, als der Jäger näherkam, als ein großer, malefizisch schwarzer, zottiger Köter heraus, der sich dem Jägersmann anschloß und ihm schließlich schweifwedelnd vorauslief, als wollte er ihn zu seinem Herrn führen. Da war nun auf einmal mitten in den winterlichen Berghängen ein großes, schwarzes Eisentor, an dem der Hund hinaufsprang. Ein Spalt tat sich auf, der Hund schlüpfte hinein, und alsbald schloß sich das Tor mit einem solchen Dröhnen, daß ringsum die Tannen schwankten wie Schilfrohr im Wind. Wie sich der erschrokkene Jäger genauer umsah, merkte er, daß der Schnee vor dem Tor von tausend Pferdehufen zertreten war und daß sich dazwischen tiefe Räderspuren hinzogen. Sollten sie vom Wilden Heer stammen, das sich offenbar gerade hier aus den Lüften zu Boden gesenkt hat, um im Berg zu verschwinden?

Als der Jäger schweißtriefend im Tal anlangte, waren es lauter fremde Gesichter, die ihm begegneten. Wohl zehn Stunden von Weitnau hatte ihn das Muotesheer abgesetzt. Mit guten Vorsätzen für die nächste Thomasnacht, aber leider ohne Gewehr, Hut und Zwerchsack, kam der Jägersmann schließlich wieder heim.

Ich bin der Sperling

Bertolt Brecht

Ich bin der Sperling.
Kinder, ich bin am Ende.
Und ich rief euch immer im vergangenen Jahr
Wenn der Rabe wieder im Salatbeet war.
Bitte um eine kleine Spende.

Sperling, komm nach vorn.
Sperling, hier ist dein Korn.
Und besten Dank für die Arbeit!

Ich bin der Buntspecht.
Kinder, ich bin am Ende.
Und ich hämmere die ganze Sommerzeit
All das Ungeziefer schaffe ich beiseit.
Bitte um eine kleine Spende.

Buntspecht, komm nach vurn.
Buntspecht, hier ist dein Wurm.
Und besten Dank für die Arbeit!

Ich bin die Amsel.
Kinder, ich bin am Ende.
Und ich war es, die den ganzen Sommer lang
Früh im Dämmergrau in Nachbars Garten sang.
Bitte um eine kleine Spende.

Amsel, komm nach vorn,
Amsel, hier ist dein Korn.
Und besten Dank für die Arbeit!

Das Tier

Nikolai Lesskow

Als die Geschichte, von der ich jetzt erzählen will, passierte, war ich erst fünf Jahre alt. Winter war es, und zwar ein sehr harter Winter. Die Kälte war so streng, daß die Schafe nachts in den Ställen erfroren und Sperlinge und Dohlen erstarrt auf die hartgefrorene Erde herabfielen. Mein Vater befand sich damals in Amtsgeschäften in Jelez und konnte es nicht einmal ermöglichen, zum Weihnachtstage nach Hause zu kommen; so beschloß denn meine Mutter, zu ihm hinzufahren, damit er an diesem schönen und fröhlichen Festtag nicht einsam sei.

Der entsetzlichen Kälte wegen nahm Mutter mich nicht auf die lange Reise mit, sondern ließ mich bei ihrer Schwester, meiner Tante, zurück, die die Frau eines Gutsbesitzers aus dem Orlowschen war, über den die Leute nicht gerade gut sprachen. Er war sehr reich, alt und hartherzig. Bosheit und Unerbittlichkeit waren die hervorstechendsten Züge seines Charakters, aber das bedrückte ihn nicht im geringsten; im Gegenteil, er prahlte sogar mit diesen Eigenschaften, die seiner Meinung nach ein Ausdruck männlicher Kraft und unbeugsamer Seelenstärke waren.

Und darum versuchte er auch, seine Kinder, unter denen ein Knabe in meinem Alter war, zu der gleichen Männlichkeit und Standhaftigkeit zu erziehen.

Alle fürchteten den Onkel, ich aber fürchtete ihn noch mehr als die anderen, da er auch in mir „Männlichkeit entwickeln" wollte. Ich war erst drei Jahre alt, als er mich einmal, während eines furchtbaren Gewitters, vor dem ich große Angst hatte, auf den Balkon sperrte, dessen Tür er verschloß; mit dieser Lehre wollte er mir die Furcht vor dem Gewitter abgewöhnen. Es ist begreiflich, daß ich in seinem Hause nur ungern und voller Scheu zu Gast weilte.

Es gehörte zu den Gewohnheiten seines Hauses, daß keinem jemals eine Schuld verziehen wurde. Dies war ein Gesetz, das niemals abgeändert wurde, weder zugunsten eines Menschen noch eines Tieres, noch irgendeines anderen Geschöpfes. Onkel wollte von Barmherzigkeit nichts wissen und schätzte sie nicht, da er sie für Schwäche hielt. Unbeugsame Strenge galt ihm höher als jede Nachsicht. Und darum herrschte sowohl im Hause wie auch in den ausgedehnten Dörfern, die diesem reichen Gutsherrn gehörten, ständig freudlose Niedergeschlagenheit, die von den Menschen nach und nach auch auf die Tiere übergegangen war.

Mein verstorbener Onkel war ein leidenschaftlicher Liebhaber der Hetzjagd mit Hunden. Mit seinen Windhunden, die er zu diesem Zwecke hielt, jagte er Wölfe, Hasen und Füchse. Außerdem besaß er in seiner Meute noch eine besondere Art von Hunden, die sogar Bären angingen. Diese Hunde wurden „Blutegel" genannt. Denn sie verbissen sich so in das Tier, daß man sie nicht mehr losreißen konnte. Es kam vor, daß ein Bär einen „Blutegel“, der sich in ihn verbissen hatte, mit einem Schlag seiner furchtbaren Tatze tötete oder in Stücke riß, aber auch dann kam es niemals vor, daß der „Blutegel“ lebend von seinem Gegner abließ.

Heute, da man nur noch Treibjagden veranstaltet oder den Bären mit dem Spieß jagt, scheint die Rasse der Blutegelhunde in Rußland ganz ausgestorben zu sein; zu der Zeit aber, von der ich erzähle, fehlten sie bei keiner gut zusammengestellten Jagdkoppel. Damals waren freilich auch die Bären in unserer Gegend noch sehr zahlreich, und eine Bärenjagd galt als großes Vergnügen.

Wenn es gelang, ein ganzes Bärennest auszuheben, so nahm man die Bärenjungen aus der Höhle und brachte sie nach Hause. Hier wurden sie meistens in einem geräumigen Steingelaß gehalten, das kleine, unmittelbar unter dem Dach liegende Fenster hatte. Diese Fenster waren ohne Glas und nur mit starken Eisengittern versehen. Es kam gelegentlich vor, daß die Bärenjungen aufeinander krabbelten und sich mit ihren kräftigen Krallen an die Eisenstäbe hängten. Nur so konnten sie aus ihrem Kerker in Gottes freie Welt hinausblicken.

Wenn man uns vor dem Essen spazierenführte, gingen wir am liebsten zu diesem Gelaß, um die hinter dem Gitter hervorlugenden drolligen Schnäuzchen der kleinen Bären zu betrachten. Unser deutscher Lehrer Kolberg verstand es nämlich, ihnen Brotreste, die wir uns zu diesem Zweck vom Frühstück absparten, auf der Spitze seines Stockes hinzureichen.

Diese Bären zu beaufsichtigen und zu füttern war das Amt eines jungen Hundewärters, namens Ferapont; weil es aber dem einfachen Volk schwerfiel, diesen Namen auszusprechen, nannte es ihn einfach „Chrapon“ und am häufigsten „Chraposchka“. Ich kann mich noch gut an ihn erinnern: Chraposchka war ein mittelgroßer, sehr gewandter, kräftiger und kühner Bursche von etwa fünfundzwanzig Jahren. Man hielt ihn für einen hübschen Kerl; mit seinem weißen Gesicht und den rosigen Wangen, seinen schwarzen Locken und den schwarzen, großen, etwas hervorstehenden Augen konnte er wohl auch dafür gelten. Zudem war er außerordentlich kühn. Seine Schwester Annuschka, die die Kinderfrau bei ihren Arbeiten unterstützte, erzählte uns sehr unterhaltende Dinge von seiner Verwegenheit und Waghalsigkeit und von seiner ungewöhnlichen Freundschaft mit den Bären, in deren Zwinger er im Sommer und Winter schlief, wobei sie ihn von allen Seiten zu umringen pflegten und ihre Köpfe auf ihn wie auf ein Kissen legten.

Vor dem Hause des Onkels lag ein großes und rundes Blumenbeet, das von einem bemalten Gitter eingefaßt war; dahinter erhob sich ein breites Tor, und diesem Tor gegenüber war ein hoher, gerader und geglätteter Baumstamm inmitten eines Rasendammes eingegraben, den man den „Mastbaum“ nannte. Diesen Mast krönte ein kleines Holzgerüst, das allgemein „die Laube“ hieß.

Aus der Schar der gefangenen jungen Bären wurde immer der „klügste“ herausgesucht, nämlich der, der seinem Charakter nach der gelehrigste und zuverlässigste schien. Dieser wurde von seinen Gefährten getrennt und durfte in Freiheit leben, das heißt, er konnte

F.R.

in Hof und Park frei umherschlendern; doch war es in der Hauptsache seine Aufgabe, am „Mastbaum“ vor dem Tore Wache zu stehen. Dort verbrachte denn auch der Auserwählte den größten Teil seiner Zeit, wobei er entweder auf einem Strohlager am Fuße des Mastes lag oder hinauf zu der „Laube“ kletterte, wo er am liebsten saß und schlief, da ihn dort weder zudringliche Menschen noch Hunde plagen oder necken konnten.

Ein Leben in solcher Freiheit wurde – wie schon gesagt – keineswegs allen Bären gestattet, sondern nur einigen besonders klugen und gutmütigen, und auch diesen keineswegs für ihr ganzes Leben, sondern nur, solange sie nicht ihre tierischen, für das Zusammenleben unbequemen Anlagen hervorkehrten, das heißt, solange sie sich friedlich betrugen und weder Hühner, Gänse, Kälber noch Menschen anrührten.

Ein Bär, der die Ruhe der Gutsbewohner störte, wurde sofort zum Tode verurteilt, und nichts auf der Welt vermochte ihn vor der Vollstreckung dieses Urteils zu bewahren.

Das Amt Chrapons war es, jeweils den „gelehrigen Bären“ auszuwählen. Da er mehr als alle anderen Leute mit den Bären Umgang hatte und überdies als großer Kenner ihrer Wesensart galt, so wurde er allein mit dieser Aufgabe betraut. Er mußte freilich auch die Verantwortung tragen, falls er eine ungeschickte Wahl traf. Doch hatte er gleich beim erstenmal für diese Rolle einen ungewöhnlich begabten und klugen Bären gefunden, der einen seltsamen Namen erhielt; sonst heißen in Rußland die Bären allgemein Mischka, diesem aber verlieh man den spanischen Namen „Sganarell“. Schon fünf Jahre hatte er in voller Freiheit gelebt und noch keine einzige „Unart“ begangen. Wenn man nämlich von einem Bären sagte, daß er „unartig“ geworden sei, so bedeutete es, daß er durch einen Überfall oder etwas Ähnliches seine tierische Natur erwiesen hatte.

Der „Unartige“ wurde dann zunächst in die „Grube“ gesperrt, die sich auf einer großen Wiese zwischen der Tenne und dem Wald befand, und erst nach einiger Zeit auf die Wiese herausgelassen (er kletterte selbst an einem Pfahl empor), um hier von „jungen Blutegeln“ (den halberwachsenen jungen Bärenhunden) gehetzt zu werden. Vermochten die jungen Hunde das Tier nicht zu fassen und schien die Gefahr naheliegend, daß es schließlich in den Wald entkommen könne, dann warfen sich zwei der besten Jäger auf ihn, die mit auserlesenen Koppeln erfahrener Hunde in einem Reserveversteck lauerten, und damit war die Sache meistens zu Ende.

Wenn jedoch auch diese Hunde so ungeschickt waren, daß der Bär durchbrechen und die „Insel“ (das heißt den Wald), hinter der sich das weite Forstgebiet von Brjansk erstreckte, erreichen konnte, so trat ein eigens für diesen Zweck ausersehener Schütze mit einem langen und schweren Stutzen hervor, legte diesen zum Zielen „auf die Gabel“ und sandte dem Bären die tödliche Kugel nach.

Noch niemals war es vorgekommen, daß ein Bär all diesen Gefahren entronnen war, und allein die Vorstellung der Folgen, die ein solcher Fall nach sich ziehen mußte, war schrecklich: jedem einzelnen Schuldtragenden drohte tödliche Bestrafung.

Sganarells Verstand und seine Solidität waren die Ursache dafür, daß das eben geschilderte Vergnügen einer Bärenhinrichtung nun schon seit fünf Jahren nicht mehr vorgekommen war. Sganarell war während dieser Zeit herangewachsen und ein riesiges Tier von ungewöhnlicher Kraft, Schönheit und Gewandtheit geworden. Mit seiner stumpfen runden Schnauze und seinem ziemlich schlanken Körper sah er eher einem kolossalen Pudel als einem Bären ähnlich. Sein Hinterteil war mager und mit kurzem, glänzendem Fell bedeckt. Schultern aber und Nakken waren stark entwickelt und mit langen Zotteln behangen. Sganarell war auch klug wie ein Pudel und konnte einige für ein Tier seiner Art merkwürdige Kunststücke: er lief zum Beispiel geschickt und leicht auf den Hinterbeinen, wobei er mit dem Bauch und Hintern wackelte, schlug die Trommel und marschierte wie ein Soldat mit einem großen bemalten Stock, der wie ein Gewehr zugeschnitten war; aber es bereitete ihm auch großes Vergnügen, mit den Bauern zusammen die schwersten Säcke zur Mühle zu schleppen, und ferner hatte er gelernt, sich mit eigenartiger Gewandtheit, was überaus lächerlich wirkte, eine hohe spitze Bauernmütze, die mit einer Pfauenfeder oder einem Strohwisch in der Form eines Federbusches verziert war, auf den Kopf zu stülpen.

Doch auch ihm nahte das Verhängnis – auch in Sganarell brach die wilde Natur durch. Kurz bevor ich im Hause meines Onkels ankam, hatte der ruhige Sganarell rasch hintereinander mehrere Dummheiten begangen, von denen die eine immer schwerer war als die andere.

Die Reihenfolge der verbrecherischen Taten war genau die gleiche wie bei seinen Vorgängern: als Auftakt riß er einer Gans den Flügel ab; darauf legte er einem Füllen, das hinter der Mutter herlief, die Pratze auf den Rücken und zerbrach ihm dabei das Rückgrat, und endlich erregten ein alter Blinder und dessen Führer sein Mißfallen, und Sganarell wälzte sie im Schnee hin und her, wobei er ihnen freilich Hände und Füße sehr zerquetschte. Der Blinde und sein Führer wurden ins Krankenhaus gebracht, Chrapon jedoch erhielt den Befehl, Sganarell abzuführen und in die Grube zu setzen, aus der nur ein Weg wieder herausführte – der zur Hinrichtung...

Am Abend erzählte uns Anna, während sie mich und meinen gleichaltrigen Vetter auskleidete, daß sich, als Sganarell zur Grube gebracht wurde, in der er bis zum Vollzug der Todesstrafe bleiben sollte, unendlich rührende Szenen abgespielt hatten. Chrapon hatte Sganarell nicht den üblichen schmerzhaften Ring durch die Schnauze gezogen und auch sonst nicht die geringste Gewalt angewendet, sondern nur gesagt: „Komm mit, Tier!“

Da war der Bär sogleich aufgestanden und mitgegangen, wobei noch etwas besonders Lächerliches vorfiel: Sganarell hatte gerade seine Mütze mit dem Strohbusch auf und hielt außerdem den ganzen Weg bis zur Grube Chrapon umarmt, als wären sie zwei Freunde.

Und Freunde waren sie wohl auch wirklich.

Chrapon tat Sganarell sehr leid, aber er hatte keinerlei Möglichkeit, ihm zu helfen. Ich erinnere daran, daß in dem Hause, wo diese

Begebenheit stattfand, keinem jemals die geringste Verfehlung verziehen worden war, und so mußte Sganarell wohl, da er sich unmöglich gemacht hatte, seine Späße unter allen Umständen mit dem grausamen Tode bezahlen.

Die Hetze auf ihn sollte für die Gäste, die sich zur Weihnachtszeit im Hause meines Onkels zusammenfanden, eine Nachmittagsunterhaltung bilden. Der Befehl dazu wurde den Jägern zur gleichen Zeit übermittelt, da Chrapon den schuldigen Sganarell abführte und in die Grube sperrte.

Die Bären wurden auf ziemlich einfache Art in die Grube gesteckt. Die Mündung der Öffnung der Grube wurde gewöhnlich mit leichtem Reisig, das auf zerbrechlichen Latten lag, überdeckt und das Ganze mit Schnee zugescharrt. Dies tat man, damit der Bär nicht vorzeitig die Falle, die man ihm verräterisch gestellt hatte, entdecken konnte. Das gehorsame Tier wurde zu diesem Platz geführt und vorwärts getrieben. Es machte einen oder zwei Schritte und stürzte unversehens in die tiefe Grube, aus der zu entkommen unmöglich war. Hier saß der Bär, bis die Zeit der Hetze gekommen war. Dann stellte man in die Grube einen etwa sieben Ellen langen Balken schräg hinein, und eilfertig kletterte der Bär natürlich an diesem Balken hoch. Und nun setzte die Hetze ein. Wenn jedoch das scharfsinnige Tier Unheil witterte und nicht herauskommen wollte, so zwang man es dazu, indem man mit langen Stangen, die scharfe eiserne Spitzen hatten, nach ihm stach, brennendes Stroh in das Loch hinabwarf oder aus Gewehren und Pistolen blinde Schüsse abgab.

Chrapon hatte Sganarell abgeführt und auf die übliche Weise in sein Gefängnis gestoßen, war dann aber völlig verstört und tief betrübt nach Hause zurückgekehrt. Unglücklicherweise erzählte er seiner Schwester, wie „liebreich“ ihm das Tier gefolgt wäre und wie es sich, nachdem es durch das Reisig in die Grube gestürzt, unten hingekauert, die Vorderpfoten wie Hände bittend gefaltet und dazu gestöhnt habe, gleichsam als weine es.

Ferner gestand Chrapon Anna, daß er, so schnell er nur konnte, von der Grube fortgelaufen sei, um nur nicht mehr das klägliche Stöhnen Sganarells hören zu müssen, da dieses Klagen ihm weh täte und seinem Herzen unerträglich wäre.

„Gott sei Dank“, fügte er hinzu, „daß nicht ich auf ihn zu schießen brauchte, falls er ausreißen sollte, da ja andere Leute dazu bestimmt worden sind. Lieber würde ich, wenn mir das befohlen würde, alle Qualen ertragen, als auf ihn schießen.“

Anna erzählte es uns, und wir erzählten es dem Erzieher Kolberg, Kolberg aber erzählte es wiederum dem Onkel, um ihn zu unterhalten. Onkel hörte ihn an und sagte nur: „Braver Kerl, dieser Chraposchka!“ und klatschte darauf dreimal in die Hände.

Das bedeutete, daß der Onkel seinen Kammerdiener Ustin Petrowitsch herbeirief, ein altes Männchen aus der Schar der französischen Gefangenen von 1812.

Ustin Petrowitsch, oder eigentlich Justin, erschien in seinem sauberen lila Frack mit silbernen Knöpfen, und Onkel gab Befehl: morgen bei der Hetzjagd auf Sganarell sei

Phlegont, der berühmteste Schütze, der noch nie einen Fehlschuß getan, der eine Jäger, der aus dem Hinterhalt auf den Bären zu schießen habe, der andere aber Chraposchka. Offenbar wollte der Onkel an dem schwierigen Widerstreit von dessen Gefühlen seinen Spaß haben. Denn natürlich harrte seiner schwere Strafe, wenn er sich weigerte, auf Sganarell zu schießen, oder gar versuchte, absichtlich falsch zu zielen, obwohl Sganarell auch dann noch nicht entwischen konnte, da ihn Phlegont, der noch nie einen Fehlschuß getan, seinerseits bestimmt tödlich traf.

Ustin verbeugte sich und ging hinaus, um den Befehl weiterzugeben; wir Kinder aber begriffen sogleich, daß wir Unheil angerichtet hatten, und fühlten, daß mit all diesem etwas ungemein Schweres verknüpft war, von dem Gott allein wissen konnte, wie es enden würde. So vermochten wir weder dem Weihnachtsmahl; das, da es Abend- und Mittagessen zugleich war, ziemlich spät eingenommen wurde, Geschmack abzugewinnen, noch konnten die spät nachts eintreffenden Gäste, die zum Teil sogar ihre Kinder mitbrachten, unser Interesse fesseln.

Wir bemitleideten Sganarell und bemitleideten Ferapont und waren außerstande, zu entscheiden, welcher von beiden uns mehr leid täte.

Wir beide, das heißt, ich und mein gleichaltriger Vetter, warfen uns noch lange in unseren Bettchen hin und her. Erst spät schliefen wir ein, schrien jedoch bisweilen in unruhigem Schlaf auf, da uns beiden im Traum der Bär erschien. Und als die Kinderfrau uns damit trösten wollte, daß man ja jetzt den Bären nicht mehr zu fürchten brauchte, da er in der Grube sitze und morgen getötet werden sollte, wurde ich von noch größerer Unruhe ergriffen.

Ja, ich wollte sogar von der Kinderfrau wissen, ob es erlaubt sei, für Sganarell zu beten. Diese Frage war für das religiöse Verständnis der Alten zu hoch, und sie erwiderte gähnend und dabei über dem Mund das Kreuz schlagend, daß sie darüber nichts Sicheres wisse, da sie noch nie den Geistlichen danach gefragt habe, daß aber auf jeden Fall auch der Bär ein Geschöpf Gottes sei und mit in der Arche Noah gewesen wäre.

Die Erinnerung an die Arche Noah ließ in mir den Gedanken aufleben, daß Gottes grenzenlose Barmherzigkeit sich nicht einzig auf die Menschen erstrecke, sondern auch auf alle anderen Geschöpfe, und gläubig, wie nur Kinder sind, kniete ich in meinem Bettchen nieder, barg das Gesicht in die Kissen und betete zu Gott, er möge in seiner Allmacht meine heiße Bitte nicht übel anrechnen und Sganarell verschonen.

Der Weihnachtstag brach an. Festtäglich gekleidet gingen wir mit unseren Erziehern und Bonnen zum Morgentee. Außer zahlreichen Verwandten und Gästen befand sich im Saal auch die Geistlichkeit: der Priester, der Diakonus und zwei Küster.

Als der Onkel eintrat, stimmten die Geistlichen „Christ ist geboren“ an. Darauf gab es Tee, danach einen kleinen Imbiß, und frühzeitig, gegen zwei Uhr, wurde das Feiertagsmahl eingenommen. Denn gleich nach dem Essen sollte die Hetzjagd auf Sganarell stattfinden. Diese durfte nicht aufgeschoben werden, da es ja um diese Jahreszeit früh dunkelt; eine Hetzjagd in der Dunkelheit aber ist unmöglich, weil der Bär sich dann nur zu leicht den Blicken entziehen kann.

Alles geschah so, wie es angeordnet worden war. Unmittelbar nach Tisch wurden wir umgekleidet, weil auch wir der Hetze auf Sganarell zuschauen sollten. Man zog uns unsere warmen Hasenpelzchen an und die zottigen Stiefel aus Ziegenwolle mit runden Sohlen, und bald darauf saßen wir auch schon in unserem Schlitten. Zu beiden Seiten der Auffahrt harrten bereits die übrigen zahlreichen langen und geräumigen Troikaschlitten, die mit gestickten Teppichen bedeckt waren, und hier stand auch, von zwei Stallburschen am Zügel gehalten, das englische Reitpferd des Onkels, eine Fuchsstute, die den Namen „Modedame" führte.

Wir brauchten nicht lange auf den Onkel zu warten; er kam in seinem Fuchspelz, auf seinem Kopf war eine Mütze aus gleichem Fell. Kaum saß er im Sattel, über den ein schwarzes Bärenfell mit Brust- und Schweifriemen, die reich mit Türkisen und „Schlangenköpfen" verziert waren, gebreitet lag, als sich auch schon der ganze mächtige Zug in Bewegung setzte. Nach zehn oder fünfzehn Minuten hatten wir den Ort der Hetze erreicht und stellten uns im Halbkreis auf. Die Schlitten wurden so postiert, daß sie sich mit halber Wendung dem weiten, ebenen, mit Schnee bedeckten Felde zu richteten, das von einer Kette berittener Jäger eingefaßt und in der Ferne vom Walde begrenzt wurde.

Dort am Waldrande aber lagen hinter Büschen die Verstecke, oder vielmehr die Hinterhalte, in denen sich Phlegont und Chraposchka zu verbergen hatten.

Diese Verstecke waren nicht zu sehen; einige Eingeweihte jedoch machten uns auf die kaum zu bemerkenden „Gabeln" aufmerksam, auf die die Schützen das Gewehr auflegen sollten, wenn sie auf Sganarell schossen.

Ebenso war auch die Grube, in der der Bär saß, nicht zu sehen, und so wandten wir unsere Augen unwillkürlich den Reitern zu, die verschiedenartige, aber schöne Waffen um die Schulter gehängt trugen.

Vor der Kette hielt der Onkel auf seinem Pferd. Man reichte ihm die Leine, an der zwei der schärfsten „Blutegel" zusammengekoppelt waren, und legte an den Bogen seines Sattels ein weißes Tuch.

Die Zahl der jungen Hunde, die ihre Fähigkeiten an dem zum Tode verurteilten Missetäter Sganarell üben sollten, war sehr groß. Alle trugen ein äußerst überhebliches Gehaben zur Schau und verrieten heiße Ungeduld, die eigentlich auf mangelhafte Dressur deutete. Sie winselten, bellten und sprangen so zwischen den Pferden herum, daß ihre Koppeln in Unordnung gerieten. Die uniformierten Piköre aber hoch zu Roß knallten in einem fort, um die jungen, vor Ungeduld außer Rand und Band geratenen Hunde zum Gehorsam zu bringen. Und alles kochte vor Verlangen, sich auf das Tier zu stürzen, dessen Nähe die Hunde mit ihrer angeborenen scharfen Witterung natürlich längst bemerkt hatten.

Der Augenblick war da, Sganarell aus der Grube zu lassen und den Hunden preiszugeben!

Der Onkel winkte mit dem weißen Tuch, das auf seinem Sattel lag, und sagte: „Los!“

Aus der Schar der Jäger, die den Stab des Onkels bildeten, entfernten sich ihrer zehn und schritten querfeldein. Nach etwa zweihundert Schritten blieben sie stehen und holten aus dem Schnee einen langen, wenn auch nicht sehr dicken Balken, den wir bis jetzt der Entfernung halber nicht hatten sehen können.

Das geschah gerade neben der Grube, in der Sganarell saß, die wir aber, weil wir so weit entfernt hielten, bisher ebenfalls noch nicht wahrgenommen hatten.

Der Balken wurde aufgehoben und das eine Ende sogleich in die Grube hinuntergelassen. Er wurde in einem schiefen Winkel hineingestellt, so daß das Tier ohne Schwierigkeit auf ihm wie auf einer Leiter herausklettern konnte. Das andere Ende des Balkens lag auf dem Rand der Grube und ragte etwa um Armlänge darüber hinaus. Gespannt verfolgten aller Augen diese vorbereitende Operation, da nun der allerinteressanteste Moment bald kommen mußte. Man erwartete, daß Sganarell sofort herausklettern würde; aber er begriff offenbar, worum es sich handelte, und wollte um keinen Preis heraus.

Nun begann man Schneeballen in die Grube hinabzuwerfen und mit eisenbeschlagenen Stangen nach dem Tier zu stechen; man hörte sein Brüllen, aber es verließ das Loch nicht. Es knallten blinde Schüsse, mit denen man es aufscheuchen wollte: Sganarell brüllte nur noch zorniger, zeigte sich aber jedoch ebensowenig wie zuvor.

Plötzlich jagte eine einfach mit einem einzigen Pferd bespannte Mistfuhre, auf der ein Haufen trockenen Roggenstrohs lag, im Galopp an uns vorbei. Das Pferd war hochbeinig und dürr, eines von denen, die man nur noch dazu gebrauchte, Futter von der Tenne zu fahren; allein trotz seiner Magerkeit und seines Alters galoppierte es mit erhobenem Schweif und gesträubter Mähne. Es war freilich schwer zu entscheiden, ob seine jetzige Lebhaftigkeit ein Überrest ehemaligen Jugendfeuers oder ob sie vielleicht nur die Folge der Angst und Verzweiflung war, die die Nähe des Bären dem alten Gaul einflößte. Offenbar war das letztere wahrscheinlicher, denn das Pferd war nicht nur mit der eisernen Trense aufgezäumt, sondern auch noch mit einem scharfen Strick, der seine altersgrauen Lefzen schon ganz blutig gerissen hatte. Das Pferd machte wilde Sprünge und wollte verzweifelt seitwärts ausbrechen, so daß der Stallbursche vollauf zu tun hatte, ihm mit dem Strick den Kopf in die Höhe zu zerren und gleichzeitig mit der anderen Hand seinen Rücken unbarmherzig mit der Peitsche zu bearbeiten.

Wie dem auch immer war, das Stroh wurde in drei Haufen geteilt, angezündet und von drei Seiten aus zu gleicher Zeit brennend in die Grube geworfen. Von der Flamme unberührt blieb einzig die Stelle des Grabenrandes, aus der der Balken herausragte.

Ein betäubendes, rasendes Brüllen erscholl, in dem etwas wie Stöhnen mitklang, allein...allein der Bär erschien immer noch nicht...

Ein Gerücht drang bis zu unserer Kette: Sganarell wäre bereits ganz „versengt“, er hielte die Augen mit den Pfoten bedeckt und hätte sich flach in einem Winkel an den Boden gepreßt, so daß man ihn „nicht mehr zwingen könne, herauszukommen“.

Das Arbeitspferd mit den zerrissenen Lefzen jagte wieder im Galopp zurück... Alle glaubten, daß eine neue Ladung Stroh geholt werden solle. Vorwurfsvolles Murmeln wurde unter den Zuschauern laut: Warum hatten die Veranstalter der Jagd nicht rechtzeitig dafür gesorgt, daß ein genügender Vorrat an Stroh bereitlag? Onkel ärgerte sich und schrie etwas, was ich bei dem Lärm, der jetzt unter den Leuten entstand, dem immer lauter werdenden Winseln der Hunde und dem Knallen der Hetzpeitschen nicht vernehmen konnte.

Aber in alledem lag doch eine gewisse Stimmung, und alles fügte sich irgendwie gut aneinander; schon jagte das Arbeitspferd, ausschlagend und schnaubend, wieder zur Grube, in der Sganarell lag, zurück, aber dieses Mal führte er kein Stroh mit sich: auf dem Schlitten saß jetzt Ferapont.

Der Befehl, den Onkel voll Zorn gegeben hatte, lautete, daß Chraposchka selber in die Grube hinabsteigen und selber seinen Freund zur Hetze herausführen sollte.

Und nun war Ferapont an Ort und Stelle. Er schien sehr erregt zu sein, aber er handelte fest und entschlossen. Ohne auch nur im geringsten dem Befehl seines Herrn zu widerstreben, nahm er vom Schlitten den Strick, mit dem vorher das Stroh zusammengebunden gewesen, und knotete ihn um eine Einkerbung am oberen Ende des Balkens. Den so befestigten Strick nahm er fest in die Hände und ließ sich an ihm längs des Balkens langsam in die Grube hinab... Das schreckliche Gebrüll Sganarells verstummte und ging in dumpfes Knurren über.

Es klang, als beklagte sich das Tier bei seinem Freunde über die grausame Behandlung, die ihm die Menschen zuteil werden ließen; und dann verstummte auch das Knurren, und es herrschte völlige Stille.

„Er umarmt Chraposchka und leckt ihn ab!“ rief da einer der Leute, die neben der Grube standen.

Einige der Zuschauer, die sich in den Schlitten befanden, seufzten auf, andere runzelten die Stirn.

Vielen tat der Bär bereits leid, und es war augenscheinlich, daß sie kein rechtes Vergnügen mehr verspürten, der Hetze beizuwohnen. Diese zunächst noch flüchtigen Eindrücke wurden aber plötzlich von einem Ereignis verstärkt, das noch unerwarteter war und noch mehr zu rühren vermochte.

Aus der Öffnung der Grube tauchte wie aus dem Schlund der Unterwelt der Lockenkopf Chraposchkas mit seiner runden Jagdmütze auf. Er kletterte in der gleichen Weise herauf, in der er sich hinuntergelassen hatte, das heißt, Ferapont stemmte die Füße gegen den Balken, indem er sich an dem oben festgebundenen Strick in die Höhe zog. Aber Ferapont stieg nicht allein empor: neben ihm trottete, in enger Umarmung mit ihm und die große zottige Pratze auf seine Schulter gelegt, Sganarell heraus. Der Bär war schlecht gelaunt, abgehärmt und erschöpft. In seinen finster blickenden blutunterlaufenen Augen brannten Zorn und Unwillen. Sein Haar war zerzaust und stellenweise versengt, und hier und da klebten Strohhalme darin. Und zu allem übrigen hatte Sganarell, gleich jenem unglückseligen Gekrönten, ebenfalls etwas wie eine Krone bei sich. Vielleicht um Ferapont seine Liebe zu beweisen, vielleicht aber auch nur rein zufällig trug er die Mütze unterm Arm, die ihm Chraposchka geschenkt und die Sganarell mitgenommen hatte, als er in die Grube gestoßen wurde. Der Bär hatte die Gabe seines Freundes aufbewahrt, und jetzt, da sein Herz in der Umarmung des Freundes für einen Augenblick Ruhe gefunden hatte, holte er, kaum daß er wieder festen Boden unter den Füßen fühlte, die arg verknüllte Mütze unter dem Arm hervor und setzte sie sich auf den Scheitel…

Viele mußten bei diesem Anblick lachen, vielen jedoch bereitete er Qual. Und einige wendeten sich sogar eilig ab, um das Tier, dessen schlimmes Ende nun so nahe bevorstand, nicht mehr sehen zu müssen.

Während sich dies alles zutrug, heulten die Hunde und tobten wild und waren nicht mehr zum Gehorsam zu zwingen. Selbst die ermahnenden Schläge der Hetzpeitsche blieben ohne Wirkung. Als die Blutegel und die jungen Hunde Sganarell erblickten, stellten sie sich heiser heulend und knurrend auf die Hinterbeine und erwürgten sich fast mit ihren ledernen Halsriemen; Chraposchka aber jagte unterdessen bereits wieder auf seinem Schlitten dem Versteck am Waldesrande zu. So war denn Sganarell wiederum allein und stand da und zerrte ungeduldig mit der Tatze, um die sich zufällig der von Chraposchka weggeworfene Strick, dessen eines Ende immer noch an den Balken gebunden war, geschlungen hatte. Das Tier wollte sich offenbar rasch aus der Schlinge lösen oder den Strick zerreißen, um seinem Freunde nachzueilen, aber trotz seiner besonderen Klugheit hatte der Bär doch nur die Geschicklichkeit eines Bären, und so bekam denn Sganarell die Schlinge nicht auf, sondern zog sie nur immer fester zusammen.

Als Sganarell sah, daß die Sache nicht nach Wunsch ging, begann er heftig an dem Strick zu zerren, um ihn zu zerreißen, aber der Strick war fest und riß nicht, der Balken aber wurde dabei aus seiner Lage gerissen und stand nun senkrecht in der Grube. Er sah sich um, im gleichen Augenblick aber sprangen ihn zwei Blutegel, die man soeben losgekoppelt hatte, an, und der eine von ihnen schlug noch im Sprung die scharfen Zähne in seinen Nacken. Sganarell war so sehr mit dem Strick beschäftigt gewesen, daß er nichts dergleichen erwartet hatte, und schien im ersten Augenblick weniger erzürnt als vielmehr verblüfft über diese Frechheit zu sein; als jedoch nach einer halben Sekunde der Blutegel losließ, um sich fester zu verbeißen, holte er mit der Tatze aus und schleuderte ihn mit zerfetztem Leib von sich. Die herausquellenden Eingeweide färbten den Schnee im Nu blutig, den andern Hund aber zertrat im gleichen Augenblick die Hinterpranke des Bären … Weit schrecklicher jedoch und noch unerwarteter war das, was derweilen mit dem Balken geschah. Als Sganarell jene heftige Bewegung mit der Tatze machte, um den Blutegel, der sich verbissen hatte, von sich abzuschleudern, riß er mit der gleichen Bewegung den fest an den Strick gebundenen

Balken aus der Grube, und dieser sauste waagerecht durch die Luft. Dadurch straffte sich der Strick, und der Balken flog um Sganarell herum wie um eine Achse und beschrieb mit seinem anderen Ende einen Kreis im Schnee, zerschmetterte jedoch schon bei seinem ersten Umschwung nicht etwa zwei oder drei Hunde, sondern eine ganze Koppel herbeistürmender Hunde und tötete sie sofort. Einige winselten noch und wühlten mit den Pfoten im Schnee, die anderen aber blieben nach diesem Purzelbaum regungslos am Boden liegen.

Entweder war das Tier klug genug, um zu begreifen, welch gute Waffe ihm hier zur Verfügung stand, oder der Strick schnitt sich schmerzhaft in seine Pratze, kurz, es brüllte dumpf auf, packte den Strick mit der Tatze und schwang ihn mit solcher Kraft herum, daß der Balken emporflog und mit der Pratze, die den Strick hielt, eine horizontale Linie bildete und zu summen begann, wie ein stark wirbelnder riesengroßer Kreisel. Alles, was in seinen Bereich geriet, mußte unbedingt in Trümmer zerschmettert werden. Wenn aber der Strick an irgendeiner Stelle schadhaft war und etwa riß, so mußte der abspringende, in zentrifugaler Richtung dahinsausende Balken sicherlich sehr weit, und Gott weiß wohin, fliegen und auf seiner Bahn alles, was sich ihm in den Weg stellte, unfehlbar vernichten.

Alles, Menschen, Pferde und Hunde, auf der ganzen Linie und so weit sich die Kette ausdehnte, war in furchtbarer Gefahr, und jeder von uns wünschte natürlich, der Sicherheit seines Lebens halber, daß der Strick, an dem Sganarell seine riesige Schleuder kreisen ließ, sich als fest erweisen möge. Aber was konnte geschehen, wenn das nicht der Fall war! Niemand, außer wenigen Jägern und den beiden Schützen, die am Waldrand in ihren Verhauen saßen, zeigte auch nur die geringste Lust, die gefährliche Entscheidung abzuwarten. Das gesamte Publikum, das heißt, alle Gäste und auch die Hausgenossen des Onkels, die als Zuschauer sich zu dieser Lustbarkeit eingefunden hatten, fanden an dem Vorgang, der sich hier abspielte, nicht das geringste Vergnügen mehr. In panischem Schrecken befahlen alle den Kutschern, so schnell wie möglich die gefährdete Stelle zu verlassen, und bald jagte alles, sich drängend und einander überholend, in entsetzlicher Unordnung zum Hause zurück.

Bei dieser übereilten und ungeordneten Flucht gab es unterwegs mehrere Zusammenstöße, Schlitten stürzten um, hie und da erklang Gelächter, und alle waren voller Schrecken. Die aus dem Schlitten Gestürzten nahmen an, der Balken habe sich bereits losgerissen und sause über ihren Köpfen dahin, andere dachten, das wilde Tier hetze ihnen nach.

Als die Gäste das Haus erreicht hatten, konnten sie endlich zur Ruhe kommen und sich erholen, die wenigen aber, die an Ort und Stelle der Hetzjagd zurückgeblieben waren, mußten etwas noch weit Schrecklicheres erblicken.

Es war ausgeschlossen, die Hunde noch einmal auf Sganarell zu hetzen. Denn es war klar, daß er mit seiner schrecklichen Waffe, dem Balken, der ganzen großen Menge der Hunde Herr werden konnte, ohne selber die geringste Gefahr zu laufen. Der Bär ging nämlich, immer seinen Balken schwingend und sich selber im Kreise drehend, auf den Wald zu, in dem der Tod auf ihn lauerte, denn hier saßen ja in ihren Verstecken Ferapont und der nie fehlende Phlegont. Eine gutgezielte Kugel konnte alles schnell und sicher erledigen.

Aber das Schicksal begünstigte Sganarell in erstaunlicher Weise und schien das Tier, da es sich schon einmal in seine Angelegenheiten eingemischt hatte, um jeden Preis retten zu wollen.

Im gleichen Augenblick nämlich, als Sganarell sich in gleicher Höhe mit den Schneewällen befand, hinter denen, auf ihren Gabeln ruhend, die Mündungen der Kuchenreutherschen Stutzen auf ihn gerichtet waren, riß plötzlich der Strick, an dem der Balken immer noch kreiste,... und wie der Pfeil vom Bogen schnellt, so flog der Balken nach der einen Richtung, indes der Bär, das Gleichgewicht verlierend, hinstürzte und kopfüber nach der anderen Seite purzelte.

Vor denen, die auf dem Felde zurückgeblieben waren, rollte sich nun ein neues, schreckliches und sehr lebensvolles Bild ab; der Balken hatte die Gabeln umgerissen und ebenso den Schneewall, hinter dem das Versteck Phlegonts lag, war dann über diesen hinweggeschnellt und mit einem Ende in einer abgelegenen Schneewehe steckengeblieben: Sganarell aber hatte inzwischen keine Zeit verloren. Nach drei Purzelbäumen geriet er ausgerechnet hinter den Schneewall Chraposchkas...

Sganarell erkannte seinen Freund sofort, blies ihn aus seinem heißen Rachen an und begann ihn mit der Zunge abzulecken, doch da krachte von der Seite Phlegonts her ein Schuß, ... und der Bär floh in den Wald; Chraposchka aber ... fiel besinnungslos nieder.

Man hob ihn auf und untersuchte ihn: die Kugel hatte den Arm durchschlagen, aber man fand in der Wunde auch einige Bärenhaare.

Phlegont büßte den Ruf, der beste Schütze zu sein, durch diesen Fehlschuß nicht ein, denn er hatte den Schuß übereilt und ohne Gabelstütze, also ohne die Möglichkeit, genau zielen zu können, abgegeben. Außerdem war die Dämmerung inzwischen hereingebrochen, und endlich waren der Bär und Chraposchka zu nahe beieinander gewesen...

Unter solchen Umständen mußte auch dieser Fehlschuß noch als bemerkenswerte Leistung angesehen werden.

Trotz alledem – Sganarell war entkommen. Ihm am gleichen Abend noch nachzusetzen, war ein Ding der Unmöglichkeit; bis zum nächsten Morgen aber wurde der Sinn dessen, dessen Wille hier allen Gesetz war, vollkommen geändert und gleichsam von einem Wunder erleuchtet.

Nachdem die Jagd, wie geschildert, mit solchem Mißerfolg geendet hatte, kehrte der Onkel nach Hause zurück. Er war zornig und noch strenger als gewöhnlich. Und bevor er noch an der Freitreppe vom Pferde stieg, gab er schon den Befehl, am nächsten Tage bei Tagesanbruch sogleich die Spur des Tieres aufzunehmen und es einzukreisen, damit es auf keinen Fall entweichen könne.

Es war ja klar: wäre die Jagd richtig geleitet gewesen, hätte sie naturgemäß andere Resultate ergeben müssen.

Voll Bangen erwartete man seine Anordnungen, was mit dem verwundeten Chraposchka geschehen solle. Alle waren der gleichen Meinung, daß er Fürchterliches zu erwarten habe. Denn zum mindesten traf ihn deswegen Schuld, weil er es versäumt hatte, Sganarell sein Jagdmesser in die Brust zu stoßen, als dieser bei ihm war, und statt dessen ihn völlig unbeschädigt aus seiner Umarmung gelassen hatte. Außerdem bestand starker und allem Anschein nach auch begründeter Verdacht, daß Chraposchka mit Überlegung so gehandelt und im entscheidenden Moment absichtlich nicht die Hand gegen seinen zottigen Freund erhoben habe, um ihm dadurch zur Freiheit zu verhelfen.

Der allen bekannte Freundschaftsbund zwischen Chraposchka und Sganarell verlieh diesen Vermutungen große Wahrscheinlichkeit.

Dies war nicht nur die Ansicht aller Jagdteilnehmer, sondern auch die Meinung der Gäste.

Wir lauschten den Gesprächen der Erwachsenen, die sich gegen Abend im großen Saal versammelten, wo für uns nun die Lichter auf dem reichgeschmückten Tannenbaum angezündet wurden, und wir teilten die allgemeinen Vermutungen und die allgemeinen Befürchtungen über das Los, das Ferapont erwartete.

Zunächst jedoch gelangte aus dem Vorzimmer, durch das der Onkel von der Freitreppe aus zu „seiner Flucht“ geschritten war, das Gerücht in den Saal, daß in bezug auf Chraposchka noch keine Befehle erteilt worden seien.

„Ist das wohl ein gutes Zeichen oder nicht?“ flüsterte jemand, und bei der allgemeinen bedrückten Stimmung drang dieses Flüstern tief in jedes Herz. Auch Pater Alexej, ein alter Dorfgeistlicher mit dem Bronzekreuz aus dem Jahre 1812, vernahm es. Der Alte seufzte nur und sagte gleichfalls flüsternd: „Betet zu Christus, der heute geboren ward.“

Und bei diesen Worten bekreuzigte er sich, und alle, die im Saale weilten, Erwachsene und Kinder, Herren und Diener, folgten seinem Beispiel. Und es geschah zur rechten Zeit. Denn noch hatten wir die Hände nicht gesenkt, da öffneten sich die Flügeltüren, und einen Stock in der Hand trat der Onkel herein. Seine zwei Lieblingswindhunde begleiteten ihn und der Kammerdiener Justin. Der letztere trug auf einem silbernen Tablett das weiße Tuch und die runde Tabatiere mit dem Bildnis Pauls des Ersten.

Für den Onkel stand inmitten des Zimmers auf einem kleinen persischen Teppich vor dem Christbaum ein Voltairesessel bereit. Schweigend ließ er sich darauf nieder, und schweigend nahm er von Justin das Tuch und die Tabatiere entgegen. Und sogleich legten sich die beiden Hunde zu seinen Füßen und streckten ihre langen Schnauzen vor.

Onkel trug einen blauseidenen Stepprock mit in Flachstich aufgenähten Litzen und weißen Filigranspangen, die mit großen Türkisen verziert waren. In der Hand hielt er einen dünnen, aber festen Stock aus natürlichem kaukasischem Vogelkirschholz. Dieses

Stöcklein leistete ihm jetzt gute Dienste, denn während der Panik in den Minuten der allgemeinen Flucht hatte die glänzend zugerittene „Modedame“ gleichfalls den Kopf verloren, war ausgebrochen und hatte das Bein ihres Reiters empfindlich an einen Baum gepreßt. Onkel fühlte nun starken Schmerz in diesem Bein und hinkte sogar ein wenig. Dieser neue Umstand war natürlich nicht dazu angetan, gute Empfindungen in seinem erbitterten und zornigen Herzen zu erwecken. Und auch das war falsch, daß wir alle beim Eintritt des Onkels jäh verstummten. Wie die meisten mißtrauischen Menschen konnte er das nicht vertragen, und darum beeilte sich Pater Alexej, der ihn gut kannte, die Sache, so gut es ging, zu bessern, indem er das unheilverkündende Schweigen brach.

Da wir Kinder gerade einen Kreis um ihn bildeten, wandte sich der Geistliche mit der Frage an uns: ob wir wohl den Sinn des Liedes „Christ ist geboren“ auch ganz verstünden? Und da zeigte es sich, daß nicht nur wir Kinder, nein, auch die Erwachsenen wenig genug davon begriffen. Nun begann der Priester uns die Worte „lobpreiset“, „rühmet“ und „erhebet euch“ zu erläutern, und als er bei der Bedeutung dieses letzteren Wortes angelangt war, kam auch über seinen Geist und sein Herz sanft „die Erhebung“. Und er sprach von der heiligen Gabe, die auch heute noch wie zu „jener Zeit“ selbst der Ärmste zur Krippe des „geborenen Kindleins“ bringen dürfe, kühner noch und auch würdiger als Gold, Myrrhen und Weihrauch der Weisen des Altertums. Diese Gabe sei die Liebe, die Bereitschaft zur Vergebung und die Verpflichtung eines jeden, Freund wie Feind im „Namen Christi“ Gutes zu tun... Und ich glaube, daß in jener Stunde seinen Worten die Kraft der Überzeugung innewohnte... Wir alle verstanden, worum es ging, und wir alle lauschten mit einem eigenen Gefühl, wir beteten gleichsam, daß seine Worte ihr Ziel erreichen möchten, und vielen von uns zitterten an den Wimpern gute Tränen...

Plötzlich fiel etwas zu Boden... Es war der Stock des Onkels... Man reichte ihm diesen, aber er rührte ihn nicht an: er saß still da, ein wenig zur Seite geneigt, seine Hand hing über die Lehne des Sessels herab und spielte geistesabwesend mit einem großen Türkis von einer Schnalle seines Rockes... Und jetzt ließ er auch diesen fallen, aber diesen... diesen beeilte sich niemand mehr aufzuheben.

Aller Augen hingen an seinem Gesicht. Etwas Ungewöhnliches geschah: er weinte!

Sanft schob der Priester uns Kinder zur Seite, trat auf den Onkel zu und hob schweigend die Hand zum Segen.

Der Onkel richtete das Gesicht auf, ergriff die Hand des Alten und küßte sie ganz unerwartet vor uns allen und sagte leise: „Danke!“

Dann blickte er Justin an und ließ Ferapont rufen. Dieser erschien, bleich und mit verbundenem Arm.

„Hierher!“ befahl ihm der Onkel und zeigte mit der Hand auf den Teppich vor seinem Sessel.

Chraposchka trat näher und fiel auf die Knie.

„Steh auf... erheb dich!“ sagte der Onkel; „ich verzeihe dir.“

Und wieder warf Chraposchka sich ihm zu Füßen. Mit nervöser und erregter Stimme begann nun der Onkel: „Du hast das Tier geliebt, wie nicht jeder die Menschen zu lieben vermag. Du hast mich dadurch gerührt und mich an Großmut übertroffen. Ich will dir eine Gnade erweisen: ich schenke dir den Freibrief und hundert Rubel auf den Weg. Geh, wohin du willst."

„Ich danke, ich will nirgendwohin gehen", rief Chraposchka.

„Was?"

„Ich will nirgendwohin gehen", wiederholte Ferapont.

„Was willst du denn?"

„Für Ihre Gnade will ich Ihnen aus freiem Willen noch getreulicher dienen, als ich es aus Zwang getan habe."

Des Onkels Augen begannen heftig zu zukken, er drückte mit der einen Hand sein weißes Seidentuch auf sie, während er den andern Arm, sich vorbeugend, um Ferapont legte;... und da verstanden wir alle, daß wir uns zu erheben hatten, und wir verhüllten ebenfalls unsere Augen... Wie schön war es zu fühlen, daß hier etwas zum Ruhme des höchsten Gottes geschehen sei und daß an Stelle des finsteren Schreckens nun der Friede in Christi Namen mit seinem Duft den Raum erfüllte.

Auch im Dorf, wohin die Kessel mit Dünnbier geschickt worden waren, ließ sich alsbald die Wirkung des bei uns eingekehrten Geistes Christi spüren. Freudenfeuer wurden angezündet, und alle Leute waren heiter und sprachen scherzend zueinander: „Bei uns ist nun geschehen, daß das Tier auch Christi Ruhm in der Heiligen Stille verkündet."

Sganarell wurde nicht weiter verfolgt. Ferapont bekam, wie es ihm versprochen worden war, seinen Freibrief, trat bald darauf an die Stelle Justins und war dem Onkel nicht nur ein treuer Diener, sondern auch ein treuer Freund bis an sein Lebensende. Seine Hände drückten dem Onkel die Augen zu, und er bestattete ihn in Moskau auf dem Wagankowschen Friedhof, wo auch noch heute dessen Grabmal steht. Dort zu seinen Füßen, ruht auch Ferapont. Blumen bringt ihnen freilich jetzt niemand mehr, aber in den Schlupfwinkeln und Vorstadtlöchern Moskaus gibt es auch heute noch Leute, die sich gut an den hochgewachsenen weißhaarigen alten Herrn erinnern, der stets wie durch ein Wunder in Erfahrung zu bringen wußte, wo wirkliches Leid zu finden war, und sich entweder selber zur rechten Zeit einstellte oder zum mindesten seinen braven Diener mit den etwas vorstehenden Augen schickte, und zwar nie mit leeren Händen.

Diese beiden guten Menschen, von denen man noch so viel erzählen könnte, waren mein Onkel und sein Ferapont, dem mein Onkel im Scherz einen Spitznamen gegeben hatte: er nannte ihn „den Bändiger des Tieres".

Der Schneemann

Hoffmann von Fallersleben

Seht, da steht er, unser Schneemann!
Das ist ein Geselle!
Stehet fest und unverzaget,
Weicht nicht von der Stelle.

Schaut ihm in die schwarzen Augen!
Wird euch denn nicht bange?
In der linken Hand, da hat er
Eine lange Stange.

Einen großen Säbel hält er
Fest in seiner Rechten.
Kommt heran! er wird sich wehren,
Wird mit allen fechten.

Über ihn kann nur der Frühling
Einen Sieg gewinnen:
Blickt ihn *der* nur an von ferne,
Wird er gleich zerrinnen.

Aber halt dich tapfer, Schneemann!
Laß dir offenbaren:
Stehst du morgen noch, so wollen
Wir dich Schlitten fahren.

31. Dezember – Hl. Sylvester

Sylvester wurde in Rom geboren und war Papst von 314–354.

Es wird erzählt, daß er den Drachen besiegte, der an jener Stelle hauste, an der später das Forum Romanum ausgegraben wurde. Papst Sylvester ließ sein Gefolge zurück und ging, allein mit dem Kreuz in der Hand, dem Drachen entgegen. Wie gelähmt blieb das Untier vor seiner Höhle liegen und konnte getötet und begraben werden.

Papst Sylvester stiftete Frieden zwischen dem Christentum und der römischen Staatsgewalt unter Kaiser Konstantin.

Der Heilige Sylvester ist der Schutzpatron der Haustiere und derjenigen, die ihnen das Futter geben.

Der standhafte Zinnsoldat

Hans Christian Andersen

Es waren einmal fünfundzwanzig Zinnsoldaten, die waren alle Brüder, denn sie waren von einem alten zinnernen Löffel geboren worden. Das Gewehr hielten sie im Arm und das Gesicht geradeaus; rot und blau, gar herrlich war ihre Uniform. Das allererste, was sie in der Welt hörten, als der Deckel von der Schachtel genommen wurde, in der sie lagen, war das Wort: „Zinnsoldaten!" Das rief ein kleiner Knabe und klatschte in die Hände; er hatte sie bekommen, denn es war sein Geburtstag, und stellte sie nun auf dem Tische auf. Der eine Soldat glich dem andern leibhaftig, nur ein einziger war etwas verschieden; der hatte nur ein Bein, denn er war zuletzt gegossen worden, und da reichte das Zinn nicht aus; doch stand er ebenso fest auf seinem einen wie die andern auf ihren zwei Beinen, und gerade er war es, der merkwürdig wurde.

Auf dem Tisch, auf welchem sie aufgestellt wurden, stand vieles andere Spielzeug; aber das, was am meisten in die Augen fiel, war ein niedliches Schloß von Pappe. Durch die kleinen Fenster konnte man gerade in die Säle hineinsehen. Vor dem Schloß standen kleine Bäume rings um einen kleinen Spiegel, der wie ein klarer See aussehen sollte. Schwäne von Wachs schwammen darauf und spiegelten sich. Das war alles niedlich, aber das Niedlichste war doch eine kleine Dame, die mitten in der offenen Schloßtür stand; sie war auch aus Papier ausgeschnitten, aber sie hatte einen Rock vom klarsten Linnen an und ein kleines, schmales, blaues Band über die Schultern, wie ein Gewand; mitten in diesem saß eine glänzende Flitterrose, gerade so groß wie ihr ganzes Gesicht. Die kleine Dame streckte ihre beiden Arme aus, denn sie war eine Tänzerin; und dann hob sie das eine Bein so hoch empor, daß der Zinnsoldat es durchaus nicht finden konnte und glaubte, daß sie, so wie er, nur ein Bein habe.

„Das wäre eine Frau für mich!" dachte er; „aber sie ist sehr vornehm; sie wohnt in einem Schloß; ich habe nur eine Schachtel, und es sind unser fünfundzwanzig darin; das ist kein Ort für sie! Doch ich muß suchen, mit ihr Bekanntschaft zu machen!" Und dann legte er sich, so lang wie er war, hinter eine Schnupftabaksdose, welche auf dem Tische stand; da konnte er die kleine, feine Dame recht betrachten, die fortfuhr, auf einem Beine zu stehen, ohne aus der Balance zu kommen.

Als es Abend wurde, kamen alle die anderen Zinnsoldaten in ihre Schachtel, und die Leute im Hause gingen zu Bett. Nun fing das Spielzeug an zu spielen, sowohl: Es kommt Besuch, als auch: Krieg führen und Ball geben. Die Zinnsoldaten rasselten in der Schachtel, denn sie wollten mit dabei sein, aber sie konnten den Deckel nicht abheben. Der Nußknacker machte Purzelbäume, und der Griffel belustigte sich auf der Tafel; es war ein Lärm, daß der Kanarienvogel davon erwachte und anfing mitzusprechen, und zwar in Versen. Die beiden einzigen, die sich nicht von der Stelle bewegten, waren der Zinnsoldat und die Tänzerin; sie hielt sich ganz gerade auf einer Zehenspitze und hatte beide Arme ausgestreckt. Er war ebenso standhaft auf seinem einen Bein; seine Augen wandte er keinen Augenblick von ihr.

Nun schlug die Uhr zwölf und, klatsch! da sprang der Deckel von der Schnupftabaksdose; aber es war kein Tabak darin, nein, sondern ein kleiner schwarzer Kobold. Das war so ein Kunststück.

„Zinnsoldat!" sagte der Kobold, „sieh doch nicht nach dem, was dich nichts angeht!" Aber der Zinnsoldat tat, als ob er es nicht höre.

„Ja, warte nur bis morgen!" sagte der Kobold.

Als es nun Morgen wurde und die Kinder aufstanden, wurde der Zinnsoldat in das Fenster gestellt, und war es nun der Kobold oder der Zugwind, auf einmal flog das Fenster auf, und der Soldat fiel Hals über Kopf vom dritten Stockwerk hinunter. Das war eine erschreckliche Fahrt! Er streckte das Bein gerade in die Höhe und blieb, auf dem Tschako stehend, mit dem Bajonett zwischen den Pflastersteinen stecken.

Das Dienstmädchen und der kleine Knabe kamen sogleich hinunter, um zu suchen; aber obgleich sie nahe daran waren, auf ihn zu treten, konnten sie ihn doch nicht entdecken. Hätte der Zinnsoldat gerufen: Hier bin ich! so hätten sie ihn wohl gefunden; aber er fand es nicht passend, laut zu schreien, weil er in Uniform war.

Nun fing es an zu regnen; bald fielen die Tropfen dichter; endlich ward es ein ordentlicher Platzregen. Als er vorbei war, kamen zwei Straßenbuben.

„Sieh einmal!" sagte der eine, „da liegt ein Zinnsoldat! Der muß hinaus und auf dem Kahne fahren!"

Und da machten sie einen Kahn aus einer Zeitung, setzten den Soldaten mitten in denselben, und nun segelte er den Rinnstein hinunter; beide Knaben liefen nebenher und klatschten in die Hände. Gott bewahre uns! Was schlugen da für Wellen in dem Rinnstein, und welch ein Strom war da; ja, der Regen hatte aber auch geflutet! Das Papierboot schaukelte auf und nieder, und mitunter drehte es sich so geschwind, daß der Zinnsoldat bebte; aber er blieb standhaft, verzog keine Miene, sah geradeaus und hielt das Gewehr im Arm. Mit einemmal trieb der Kahn unter eine lange Rinnsteinbrücke; da wurde es so dunkel, als sei er in seiner Schachtel.

„Wo mag ich nun hinkommen?" dachte er. „Ja, ja, daran ist der Kobold schuld! Ach, säße doch die kleine Dame hier im Kahn, da möchte es hier meinetwegen noch einmal so dunkel sein!"

Da kam plötzlich eine große Wasserratte, welche unter der Rinnsteinbrücke wohnte.

„Hast du einen Paß?" fragte die Ratte. „Her mit dem Paß!"

Aber der Zinnsoldat schwieg still und hielt das Gewehr noch fester.

Der Kahn schwamm davon und die Ratte hinterher. Hu, wie fletschte sie die Zähne

F.R.

und rief den Holzspänen und dem Stroh zu: „Haltet ihn! Haltet ihn! Er hat keinen Zoll bezahlt! Er hat den Paß nicht gezeigt!“

Aber die Strömung wurde stärker und stärker; der Zinnsoldat konnte schon da, wo die Brücke aufhörte, den hellen Tag erblicken; allein er hörte auch einen brausenden Ton, der wohl einen tapferen Mann erschrecken konnte.

Man denke nur: die Gosse mündete, wo die Brücke endete, gerade in einen großen Kanal; das würde für ihn ebenso gefährlich gewesen sein wie für uns, einen großen Wasserfall hinunterzufahren.

Nun war er so nahe dabei, daß er nicht mehr anhalten konnte. Der Kahn fuhr hinaus, der arme Zinnsoldat hielt sich so steif, wie er konnte; niemand sollte ihm nachsagen, daß er mit den Augen geblinkt habe. Der Kahn schnurrte dreiviermal herum und war bis zum Rand mit Wasser gefüllt; er mußte sinken! Der Zinnsoldat stand bis zum Hals im Wasser, und tiefer und tiefer sank der Kahn, mehr und mehr löste das Papier sich auf; nun ging das Wasser über des Soldaten Kopf. Da dachte er an die kleine niedliche Tänzerin, die er nie mehr zu Gesicht bekommen sollte; und es klang vor des Zinnsoldaten Ohren:

Fahre hin, o Kriegesmann!
Den Tod mußt du erleiden!

Nun ging das Papier entzwei, und der Zinnsoldat stürzte hinab – wurde aber augenblicklich von einem großen Fisch verschlungen.

O wie dunkel war es darin! Da war es noch schwärzer als unter der Rinnsteinbrücke und ebenso eng. Aber der Zinnsoldat blieb standhaft und lag, so lang er war, mit dem Gewehr im Arm.

Der Fisch schwamm hin und her; er machte die allererschrecklichsten Bewegungen; endlich wurde er ganz still; es durchfuhr ihn wie ein Blitzstrahl; das Licht schien ganz klar, und eine Stimme rief laut: „Der Zinnsoldat!“ Der Fisch war gefangen, auf den Markt gebracht, verkauft und in die Küche hinaufgekommen, wo die Köchin ihn mit einem großen Messer aufschnitt. Sie faßte mit ihren beiden Fingern den Soldaten um den Leib und trug ihn in die Stube hinein, wo alle einen solchen merkwürdigen Mann sehen wollten, der im Magen eines Fisches herumgereist war; aber der Zinnsoldat war gar nicht stolz. Sie stellten ihn auf den Tisch, und da – nein, wie sonderbar kann es doch in der Welt zugehen! Der Zinnsoldat war in derselben Stube, in der er früher gewesen; er sah dieselben Kinder, und dasselbe Spielzeug stand auf dem Tisch: das herrliche Schloß mit der niedlichen kleinen Tänzerin. Sie hielt sich noch auf dem einen Bein und hatte das andere hoch in der Luft: sie war auch standhaft. Das rührte den Zinnsoldaten; er war nahe daran, Zinn zu weinen, aber das schickte sich nicht. Er sah sie an, aber sie sagten gar nichts.

Da nahm der eine der kleinen Knaben den Soldaten und warf ihn gerade in den Ofen; er gab keinen Grund dafür an; es war sicher der Kobold in der Dose, der schuld daran war.

Der Zinnsoldat stand ganz beleuchtet da und fühlte eine Hitze, die erschrecklich war; aber ob sie von dem wirklichen Feuer oder von der Liebe herrührte, das wußte er nicht. Die Farben waren von ihm abgegangen; ob das auf der Reise geschehen oder ob der Kummer daran schuld war, konnte niemand sagen. Er sah die kleine Dame an, und er fühlte, daß er schmelze; aber noch stand er standhaft mit dem Gewehr im Arm. Da ging dort eine Tür auf, der Wind ergriff die Tänzerin, und sie flog, einer Sylphide gleich, gerade in den Ofen zum Zinnsoldaten, loderte in Flammen auf, und fort war sie. Da schmolz der Zinnsoldat zu einem Klumpen, und als das Mädchen am folgenden Tage die Asche herausnahm, fand sie ihn als ein kleines Zinnherz. Von der Tänzerin hingegen war nur die Flitterrose da, und die war kohlschwarz gebrannt.

Zum neuen Jahr

Eduard Mörike

Wie heimlicher Weise
Ein Engelein leise
Mit rosigen Füßen
Die Erde betritt,
So nahte der Morgen.
Jauchzt ihm, ihr Frommen,
Ein heilig Willkommen!
Ein heilig Willkommen,
Herz, jauchze du mit!

In Ihm sei's begonnen,
Der Monde und Sonnen
An blauen Gezelten
Des Himmels bewegt.
Du, Vater, du rate!
Lenke du und wende!
Herr, dir in die Hände
Sei Anfang und Ende,
Sei alles gelegt!

Frau Gode

Eine reiche vornehme Frau Gauden liebte mit ihren vierundzwanzig Töchtern die Jagd so, daß sie sagte, dürfte sie immerfort jagen, sie wolle den Himmel missen. Mitten in einer wilden Jagdlust wurden die Töchter plötzlich zu Hündinnen, welche Gaudens Jagdwagen umkläfften, und der Wagen erhob sich zu den Wolken zwischen Himmel und Erde. So jagen sie fort.

In den Zwölf Nächten lenkt sie den Wagen zur Erde und fährt in der Christ- oder Altjahrnacht durch die Dörfer. Wo sie eine Tür offen findet, schickt sie ein Hündchen hinein, das niemand schadet, als daß es nachts die Ruhe stört. Tötet man es, so ist es tags ein Stein, kommt aber nachts wieder. Dann bringt es Menschen- und Viehseuche und Feuersnot und kehrt erst in den nächsten Zwölf Nächten zu Gauden zurück. Einst verirrte sie sich nachts auf einen Kreuzweg, wo ihr etwas am Wagen zerbrach. Da weckte sie zu Boek einen Knecht und bat ihn um Beistand. Er besserte den Schaden und erhielt als Lohn den Kot ihrer Hündlein. Unwillig nahm er einige Häuflein, die daheim Gold waren.

Einen Mann aus Conow, der ihr eine neue Deichsel machte, und eine Frau in Göhren, die ihr einen Stecken in die Deichsel schnitt, lohnte sie mit den Spänen, die ebenfalls Gold waren.

Die drei Spatzen

Christian Morgenstern

In einem leeren Haselstrauch
da sitzen drei Spatzen, Bauch an Bauch.

Der Erich rechts und links der Franz
und mitten drin der freche Hans.

Sie haben die Augen zu, ganz zu,
und obendrüber da schneit es, hu!

Sie rücken zusammen dicht an dicht.
So warm wie der Hans hats niemand nicht.

Sie hören alle drei ihrer Herzlein Gepoch
Und wenn sie nicht weg sind,
so sitzen sie noch.

Eine schöne, volle Getreidegarbe wird in Norwegen den Vögeln im Hof auf eine Stange gesteckt, damit sie den Weihnachtsabend nicht mit leerem Magen verbringen müssen.

Eisgang

Wilhelm Schmidtbonn

Der Dezember war so mild und regnerisch gewesen, daß schon der Frühling einzuziehen schien – da kam mit dem neuen Jahr der Frost. Die endlos langen Ackerfurchen, auf denen noch kein Schnee lag, wurden hart wie Stein und zeigten unter der niedrig stehenden, kraftlosen Sonne eine bleiche, gelbe Farbe. Die kahlen Bäume, die sich dem warmen Regen breit geöffnet hatten, zogen die Äste zusammen und sahen mit einem Male schmäler aus als sonst. Die alten Pumpen in den Straßen und Höfen wurden mit Stroh umwickelt. Die Pferde, die, an ihre Droschken gespannt, in langer Reihe auf dem Marktplatz standen, wurden mit wollenen Decken behängt, und von ihren Nüstern gingen trichterförmige Dunstwolken nach beiden Seiten aus.

Die Menschen in den Straßen gingen schneller, ihre Schritte auf den Steinen klangen lauter. Sie trugen die Hände in den Manteltaschen und nahmen, mit weit abstehenden Ellenbogen, nicht gewohnt, ohne Unterstützung der hin- und herschaukelnden Arme zu gehen, einen merkwürdigen, fast lächerlichen, drehenden Gang an.

Am Ufer standen schon die Bürger, die auf ihrem Morgenspaziergang waren, und die Studenten, denen die scharfe Rheinluft die Köpfe frisch machte, um auf das Eis von oben zu warten. Aber das Eis kam noch nicht. Keine Scholle trieb auf dem weiten, tonlosen Wasser; die Schiffe schnitten sich noch voll Mut und Zuversicht einen Weg in die unablässig ankommenden Wellen hinein, um ihre höher am Strom gelegenen Ziele zu erreichen.

Am zweiten und dritten Tag begann sich am Ufer entlang das Saumeis zu bilden, ein meterbreiter Streifen, der an der Mauer des Ufers festhing und schräg zu dem über Nacht niedriger gewordenen Wasser hinabführte. Hier und da versuchten schreiende Kinder daraufzutreten, oder sie warfen den Hunden kleine Steine hinunter.

Am vierten Tag kamen die ersten Schollen, oft nur handgroß, hin und wieder so groß wie ein Tisch, selten so groß wie ein Wagen. Manchmal stiegen sie plötzlich aus dem Wasser auf, wie vom Grund hinaufgestoßen, und schwammen dann schnell und sich drehend weiter. Es waren aber noch so wenig, daß jede ihren eigenen Weg nahm, daß überall weite Zwischenräume waren und nie eine an die andere stieß.

Am fünften und sechsten Tag wurde die Kälte so streng, daß die breite Uferstraße wie leergeblasen war. Das Gelb und Blau der Landschaft nahm eine matte, glanzlose Farbe an, die Sonne drang nur noch schwach durch die erstarrte Luft, und auf den Eisenstangen des Geländers standen aufrechte, winzige Eisstäbe wie Eisenfeilspäne auf einem Magneten. Wenn jemand schnell am Rhein vorbeiging, so sahen sein Bart und seine Augenbrauen bald wie beschneit aus.

Am Nachmittag des sechsten Tages endlich wurde der Himmel dick und gelb und legte sich wie eine ungeheure Masse auf die schwarzen Giebel der Dächer. Der Qualm der Fabriken konnte nicht mehr aufsteigen und zog, das Atmen schwer machend, durch die Straßen. Und eine Stunde später fing es zu schneien an.

Ganze Reihen der kurzen, zweiräderigen Karren fuhren am Ufer eine neben die andere auf, so daß die Pferde die Köpfe den Häusern zu hatten, und ganze Berge von Schnee wurden aus den umgestülpten Fahrzeugen in den schwarz und schwer gewordenen Strom hinuntergeworfen.

Damit aber hatte der Frost auch sein Ende erreicht. Über Nacht kam der warme Wind vom Meere her, und von allen Dächern fing das Tauwasser lärmend durch die blechernen Kallen zu laufen an.

An der Rathausmauer wurden kleine Zettel angeklebt mit den Wassernachrichten vom oberen Rhein. Neugierige kamen von allen Seiten, lachten, schüttelten besorgt die Köpfe, sprachen von früheren Jahren.

Das Wasser stieg, das Eis kam.

Alle paar Stunden wurden neue Zettel befestigt, das Wasser wuchs immer mehr. Man bestimmte schon die Stunde, wo das Eis an dem äußersten Punkt der Ufermauer anlangen würde. Mittags wanderten am Rhein entlang dichte Menschenscharen dem Wasser entgegen, alle die Köpfe nach dem Strom hingedreht, alle mit den Fingern und Stöcken zeigend. Ein letzter Nachen strebte noch, von kurzen Ruderschlägen gejagt, nach dem anderen Ufer. Auch dort sah man Menschen, klein wie Zwerge und schwarz, zusammenstehen und die Arme ausstrecken. Die Geländer waren losgeschraubt; hier und da war die Uferstraße mit Eisenschienen und mächtigen Holzbalken, alle mit fauststarken Strikken aneinandergebunden, versperrt, um die Alleen und Anlagen des Ufers gegen die Wucht des langsam anziehenden Eises zu schützen, falls der Strom über den höchsten Rand der Werftmauer treten sollte.

Das Moseleis kam zuerst. Genau zur Mitte rückte es an, pünktlich wie ein von Menschenhand geordnetes Schauspiel, fast ohne Vorboten, in gerader, abgegrenzter Linie, die sich über den ganzen Strom bis zum andern Ufer hinzog. Die Schollen waren klein, kreisrund, schwarz und durchsichtig wie Glas. Eine stieß die andere voran. Hier schoben sich zwei mit den Rändern wie zwei Zahnräder aneinander vorbei, indem sie sich um sich selber drehten. Da strebte eine von ihren Nachbarn weg und schoß mitten durch eine Schar anderer hindurch auf eine ganz bestimmte zweite hin, an die sie sich festhängte und die sie nicht mehr losließ. Jedesmal, wenn zwei zusammenstießen, gab es das scharfe, klare Klingen, an dem die Schiffer auch bei Nacht das Moseleis erkennen, ein Klingen, wie wenn an Glas geschlagen wird. Und das Klingen all der tausend und tausend Schollen vereinte sich in einen endlosen, singenden Ton, fein und leise, der die feuchte, schwere Luft, wie aus irgendeiner Ferne kommend, durchschnitt. Leicht und flink, schaukelnd und sich drehend, in unaufhaltsamem Vorwärtsschieben schwamm die Masse dahin, kein Ende nehmend. Es war wie ein Tanz, auf den man von oben heruntersah und der ein schwindelndes Gefühl vor den Augen hervorrief.

Mit der kommenden Dämmerung rückten die Schollen plötzlich enger aneinandergeschlossen heran. Kaum noch eine Lücke war sichtbar. Es war, als ob eine ungeheure Herde Schafe sich in Angst vor den hineinfahrenden Hunden zusammendränge. Der klare, singende Ton begann zu zittern, zu brechen, dumpfe Schläge dröhnten dazwischen, deren Ursache nicht zu erkennen war. Ein merkwürdiges Pfeifen, Zischen, Rollen und Schleifen, dann wieder ein Gurgeln und kurzes Aufbrausen kam immer näher.

Einzelne Schollen zeigten sich, weiß, mit wässerigem Schnee bedeckt, lang und eckig, wie mit Messern abgeschnitten, in den sonderbarsten Umrissen, groß wie kleine Stadtplätze. Sie trugen ganze Berge von kleinen Schollen auf sich und trieben majestätisch in dem Wirrwarr der tausend kleinen dahin. Immer neue Schollen, die vor ihnen daherflüchteten, nahmen sie, wie ein Teller sich darunterschiebend, auf sich oder drückten sie mit ihrem mächtigen Gewicht unter sich ins Wasser und ließen sie hinter sich wieder aufsteigen. Wie schleppentragende Dienerinnen hängten die kleinen sich dann an den Saum der Königin an.

Das Rheineis kam!

Der kleinen schwarzen Schollen wurden immer weniger, die riesigen weißen immer mehr. Das helle Klingen war von dem dumpfen, riesenhaften Hallen längst verschluckt worden. Der ganze Strom geriet in Aufregung – ein unablässiges, ungeheures Treiben, keine Sekunde ein Stillstand, ein immer und immer Sichverändern, ein einziger hastender, verzweifelter, knirschender, schreiender Kampf. Ein Drauflosstürmen und Sichwehren, ein Aufbäumen, ein Bersten und Zertrümmern überall, ein wütendes Kämpfen einzelner und ganzer Massen. Das waren keine Stücke erstarrten Wassers mehr – das waren beseelte Wesen, die von einem übermächtigen Schicksal dahingetrieben wurden, die miteinander rangen um einen Platz an der Oberfläche, die sich nachjagten, sich ersehnend und sich hassend, die sich packten, festbissen und würgten, die sangen und jauchzten, die müde wurden, verzweifelten und starben.

Und den Menschen am Ufer teilte sich die Aufregung dieses Lebens zu ihren Füßen mit. Sie sahen auf den wandernden Strom hinaus wie in ihr eigenes Leben. Schweigend, atemlos, in einem unerklärlichen Grauen standen sie da, dicke, schwarze Scharen, von dem gelben, immer tiefer sich auf ihre Schultern herabsenkenden Abend eingehüllt. Nur selten flog ein Scherzwort auf, das keinen Widerhall fand.

Die Nacht kam schnell. Der Strom ging mit seinem Weiß in den Schnee des flachen, endlos ansteigenden anderen Ufers über, ohne daß noch eine Grenze zu sehen war. Wie die Riesenfinger im Schnee Begrabener starrten noch die einsamen Fabrikschlote drüben schwarz aus dem Weiß heraus. Die sieben Berge oben hatten sich schon in den dicken, dunklen Himmel aufgelöst.

Plötzlich hörten die Leute, die noch immer in unübersehbarer Reihe am Ufer standen und der Nacht nicht weichen wollten, trappelnde

Schritte hinter sich. Man schrie. Männer in Arbeitskleidung liefen vorbei, ohne daß zu erkennen war, weshalb und wohin. Kinder und andere Männer schlossen sich an und liefen mit, überzeugt, daß ein Grund und ein Ziel des Laufens dasein müsse.

Mit einem Male sah alles auf den Strom hinaus. Und da kam ein schreiender, entsetzter Laut aus der Reihe heraus, der sich nicht fortpflanzte, sondern überall zu gleicher Zeit entstand, wie aus einem einzigen, riesigen Mund. Und dann eine Stille, eine Leere, ein einziger verhaltener Atemzug.

Draußen, mitten im Weiß des Eises, trieben zwei schwarze Gestalten heran, durch die Entfernung klein. Und doch war auf dem weichen, schimmernden Hintergrund jeder schwarze Strich zu erkennen: zwei auseinandergestellte Beine, in die Luft gehobene Arme – zwei Männer auf einer Scholle! Der eine saß, den Kopf nach dem Ufer hingedreht, zusammengekauert, mit hochgezogenen Beinen, die Arme neben sich auf das Eis gestützt. Er machte keine Bewegung, veränderte nicht die Lage seiner Beine, hob die Arme nicht, drehte den Kopf nicht hin und her. Ohne daß sein Gesicht zu erkennen war, ging ein Gefühl der Ergebung, des Geschehenlassens von dem schwarzen Bündel aus. Der andere stand bereit, hielt den Hut in der Hand und stach mit ihm in die Luft über sich mit einer lächerlichen Bewegung. „Hilfe! Hilfe!" kam es zum Ufer her.

Aber da löste sich die endlose, schwarze Linie nur langsam auf und ließ die roten Steine der Gartenmauern durchschimmern. Rufe, Jammern, immer lauteres Rufen – aber keiner wollte seinen guten Platz am Uferrand verlieren. Mit vorgestreckten Köpfen stand alles und sah nach den zwei Männern hin.

„Hilfe! Hilfe!"

Aber wie sollte auch da zu helfen sein? Man konnte unmöglich mit einem Nachen durchs Eis, so stark war kein Nachen, so stark auch keine Männer – man konnte auch nicht über das Eis zu ihnen hinspringen – sonst könnten die ja umgekehrt auch zum Ufer herspringen – nein, das wären statt zwei Verlorener soviel mehr – vielleicht waren sie auch nicht verloren – es war doch möglich, daß sie irgendwo ans Land kamen – wenn ein Schiff da wäre; aber die lagen ja alle ohne Dampf in den Häfen.

„Hilfe! Hilfe! Hilfe!"

Schon schwächer klangen die breitgezogenen Laute. Man merkte erst jetzt, an dem schnellen Dahintreiben der beiden, wie reißend der Strom ging.

Und immer weiter trieben sie, immer schwächer klangen die Rufe. Und immer tiefer und schwärzer legte sich der Himmel auf das Eis.

Die zwei sahen nur noch wie zwei Krähen aus. Schließlich war es nicht mehr möglich, sie zu erkennen. Man stritt – der eine wollte sie hier, der andere da noch sehen –, dann war alles leer.

Niemand ging nach Haus. Alles stand, hielt den Kopf vorgestreckt und sah in die Nacht hinaus. –

Bär im Viehstall

Luis Oberkalmsteiner

Im Winter 1916/17 ereignete sich auf einem Gehöft im Weiler San Antonio zwischen Pinzolo und Madonna di Campiglio in Südtirol ein seltsamer Vorfall.

Das Wohnhaus dieses Hofes ist in einen Lawinenstrich hineingebaut und in schneereichen Wintern stets gefährdet. In solchen Fällen begibt sich die Bauernfamilie wahrscheinlich schon seit Menschengedenken in das Futterhaus, das auf einem lawinensicheren Punkt erstellt ist, und wartet das Auslösen der Lawine ab.

Als sich die Hofbewohner in diesem Winter wieder in Sicherheit flüchteten, trafen sie im Stall auf einen braunen Bären, der friedlich zwischen den Rindern stand und offenbar in gleicher Absicht wie die Menschen das Abgehen der Lawine erwartete. Der Schrecken der Leute war natürlich groß, aber in der Zwangslage, in der sie sich befanden, blieb ihnen nichts anderes übrig, als den unheimlichen Gast zu dulden.

Nach dem Abgehen der Schneelawine, die nicht lange auf sich warten ließ, trabte Meister Petz stillvergnügt zur Tür hinaus, wodurch den Leuten bedeutend leichter ums Herz wurde.

6. Januar – Hl. Drei Könige

An diesem Tage kamen Caspar, Melchior und Balthasar aus Persien in Bethlehem an. Ob sie wirklich Könige waren, ist zweifelhaft. Gewiß ist, daß es hochgestellte Persönlichkeiten, Weise, Erleuchtete einer fremden Priesterklasse waren. Sie folgten dem Stern, der sie nach langer Reise bis Bethlehem führte. Ihre Geschenke für den unbekannten Gott, den sie suchten und in einer Krippe fanden, waren Gold, als Zeichen für die Königswürde des Kindes, Weihrauch als Zeichen für seine Göttlichkeit und Myrrhe zu Ehren seiner menschlichen Vergänglichkeit. Es wird erzählt, daß der Apostel Thomas die drei weisen Männer viele Jahre später in Persien getauft hat.

Alljährlich am 6. Januar wird mit geweihter Kreide an die Haustüren C+M+B gemalt. Aus dem lateinischen „christus mansionem benedicat“ übersetzt, heißt es: Christus segne die Wohnung. Der Volksmund nennt jedoch die Namen der Heiligen Drei Könige: Caspar, Melchior und Balthasar.

C+M+B

Hubert Göbels

Es fror Stein und Bein. Das Eis sang eine klingende Stufenleiter. Sie lief vom Erlenbaum an der Krümmung der Dumbäke bis her zum Hof des alten Hinnerk Kopp. Der Hof lag recht einsam hier draußen, hart am Bruch. Und es war, als verkröche sich das altersgraue Haus vor Kälte und Furcht unter dem gewaltigen Strohdach, das bis in Mannshöhe zum Erdboden niederreichte. Die alte Eule, die oben im Auszugsloch hauste, strich klagend ab und zerschlug mit ihrem Flügelklatschen die kalte Stille. Ihr wurde es im Eulenloch zu kalt. Hinnerk Kopp sparte mal wieder an Torf und Spaltholz.

Im Wagenschuppen, einige Schritte hinter dem Hof, standen drei Gestalten. Und die drei waren Caspar, Melchior und Balthasar. Nicht immer trugen sie diese klingenden biblischen Namen. Das galt nur für heute, am Dreikönigstag. Und da waren sie ausgezogen zum Dreikönigssingen. Den Hof von Hinnerk Kopp hatten sie sich bis zuletzt aufgespart. Dick und prall standen die leinenen Säcke gegeneinandergelehnt auf dem Kasten der Dreschmaschine. Die drei Jungen aber sprangen von einem Bein auf das andere, schlugen die Arme übereinander und hauchten die klammen Hände warm.

Geres Piependeckel zog seinen roten Königsmantel enger um die Schultern. Eigentlich war dieses Prachtstück ein rotbiberner Unterrock. Den hatte er bei seiner Mutter heimlich ausgeliehen. Und dann meinte er: „Wir machen Schluß. Bei dem ollen Kopp ist doch nichts zu holen.“

„Meine ich auch“, stimmte ihm Drees Hikkingheuer bei. Dann brach er an der Dachrinne einen Eiszapfen ab und steckte ihn wie ein Tonpfeifenrohr in sein rußgeschwärztes Gesicht. Ganz schwarz war der Mohrenkönig jedoch nicht mehr; denn dort, wo Jungen mit dem Jackenärmel unter der Nase herzuwischen pflegen, leuchtete eine weiße Bahn. Die zog sich von einem Ohr zum anderen.

„Drees“, sagte Möllers Hein und drehte dabei seinen blechernen Stern, „du kriegst ja eine Schlinderbahn im Bauch. Aber das will ich euch sagen: Wir gehen rein! Und wenn der olle Knopp von Kopp uns nichts gibt, dann soll er was erleben!“

Und wie immer, so setzte Hein sich auch diesmal durch. Die drei Könige ließen ihre Säcke auf dem Dreschmaschinenkasten liegen und standen schon bald mit Krone und drehendem Stern vor Hinnerk Kopp unterm Rauchfang in der dunklen Küche und sangen:

„Die heilig drei König mit ihrigem Stern
woll'n wir Euch besingen,
Ihr Frauen und Herrn!“

Weiter kamen sie nicht. „Herrn!“ brummte Hinnerk Kopp und stand auf, daß der Stuhl niederpolterte und die Katze aus ihrem Eck aufschreckte. Und mit der verjagten Katze huschten auch die drei Könige zur Küche hinaus. Möllers Hein war der letzte. Er konnte es nicht lassen, und es war bestimmt gegen seine königliche Würde, daß er dem immer noch brummenden Hinnerk Kopp einen „Gizzhals" ins Gesicht schleuderte.

Dann schlug die Dielentür zu, und der Bauer glaubte sich wieder allein und ungestört. Daß die Schweine im Stall unruhig grunzten, fiel ihm weiter nicht auf. Zum Glück für die drei Könige.

Die taten derweil ein seltsam Werk: Möllers Hein führte sie an. Er hatte vorhin einen Topf schwarzer, pechschwarzer Wagenschmiere unter der Kartoffelkarre im Schuppen stehen sehen. Dort also hin!

Schnell waren Geres und Drees eingeweiht. Drees brach eilig noch einen neuen Eiszapfen ab und stand dann lutschend dabei, als Hein den Schweinen im Koben mit quatschendem und tropfendem Pinsel das Zeichen der Könige auf ihre speckigen Rücken schrieb: C+M+B. Alle kamen sie an die Reihe. Nur die kleinen Ferkel, die zu zwölf an der Zahl ihrer dicken Mutter unter den Bauch krochen, um sich zu wärmen, bemalte Hein anders. Zwölf durch drei, so überlegte er, das kam gut aus. Und somit malte er dem einen ein C auf sein rosiges Fellchen, dem andern ein M und wieder einem ein B. Viermal das gleiche.

„Jetzt noch die Kühe! Dann aber raus!" Drees hielt die Schwarzbunten bei den Hörnern, und Geres faßte sie beim Schwanz. Hein aber bemalte beide Breitseiten mit seinen Zeichen: C+M+B.

Dann zogen die drei Könige, weißleinene Säcke auf dem Rücken, den knirschenden Weg zum Dorf. Der eine von ihnen hüllte sich in einen roten Königsmantel, der andere lutschte an einem Eiszapfen, und der dritte drehte einen blechernen Stern, und der blinkte im Mondlicht.

Der Reif

Hoffmann von Fallersleben

Der Reif ist ein geschickter Mann:
O seht doch, was er alles kann!
Er haucht nur in den Wald hinein,
Wie ist verzuckert schön und fein
Ein jeder Zweig und Busch und Strauch
Von seinem Hauch!

Wie schnell es ihm von Händen geht!
Kein Zuckerbäcker das versteht.
Und alles fein und silberrein,
Wie glänzt es doch im Sonnenschein!
Wär alles doch nur Zucker auch
Von seinem Hauch!

Doch nein, wir sind schon sehr erfreut,
Daß uns der Reif so Schönes beut.
O Winter, deinen Reif auch gib!
Uns ist die Augenweide lieb,
Und ohne Duft und Frühlingshauch
Freun wir uns auch.

Vom Kirschbaum

Ferdinand Avenarius

Ist alles ganz kahl und still,
Nicht mal im Grase sich's regen will,
Steht alles geduckt,
Klappert im Frost und muckt
Mit dem Winter. Der putzt es mit Rauhreif auf,
Aber keines gibt was drauf.

Doch im Garten
Sagt einer: Ich kann warten.
Ist jemand, du kennst ihn wieder kaum,
So dünn ist er worden: der Kirschenbaum.
Schläft er nicht?
Trau einer dem Wicht!
Heute mittag um Uhre eins
Gab's mal ein Pröbchen Sonnenscheins:
Darin – ich habe
Das deutlich gesehn –
Mit seinen Knospen
Fingerte der alte Knabe,
Ein wenig vorsichtig und geziert,
Wie man Badewasser probiert –
Und über seine Runzeln
Ging ein Schmunzeln.

DIE LIEDER

Als ich bei meinen Schafen wacht'

Er sagt, es soll geboren sein
zu Bethlehem ein Kindelein;
des bin ich…

Er sagt, das Kind läg da im Stall
und sollt die Welt erlösen all;
des bin ich ...

Als ich das Kind im Stall gesehn,
nicht wohl konnt ich von dannen gehn,
des bin ich ...

Den Schatz muß ich bewahren wohl,
so bleibt mein Herz der Freuden voll,
des bin ich ...

Speyrer Gesangbuch 1623

Am Weihnachtsbaum die Lichter brennen

Die Kinder stehn mit hellen Blicken,
das Auge lacht, es lacht das Herz;
o fröhlich seliges Entzücken!
Die Alten schauen himmelwärts.

Zwei Engel sind hereingetreten,
kein Auge hat sie kommen sehn;
sie gehn zum Weihnachtstisch und beten
und wenden wieder sich und gehn.

Mariä Wiegenlied

Aus Oberhessen und Schlesien

Bald nun ist Weihnachtszeit

Hans Helmut

Horch nur, der Alte klopft draußen ans Tor,
mit seinem Schimmel, so steht er davor,
mit seinem Schimmel so steht er davor.

Leg ich dem Schimmelchen Heu vor das Haus
packt gleich der Ruprecht den großen Sack aus,
packt gleich der Ruprecht den großen Sack aus.

Pfeffernüss, Äpfelchen, Mandeln, Korinth,
alles das schenkt er dem artigen Kind,
alles das schenkt er dem artigen Kind.

Carola Wilk

215

Es ist ein Ros entsprungen

15. Jahrhundert

Das Röslein, das ich meine, davon Jesaja sagt,
hat uns gebracht alleine, Marie, die reine Magd;
aus Gottes ew'gem Rat hat sie ein Kind geboren
wohl zu der halben Nacht.

Das Blümelein so kleine, das duftet uns so süß;
mit seinem hellen Scheine vertreibt's die Finsternis:
Wahr' Mensch und wahrer Gott, hilft uns aus allem Leide,
rettet von Sünd und Tod.

um 1600

Sterndreherlied

Richard R. Klein

Und in der Krippe das Kindlein muß liegen
auf Heu und Stroh in kalter Nacht.
Zwischen Ochs und Eselein liegest du,
liegest du,
liegst du armes Kindelein.

Und die drei Könige kommen es suchen,
der Stern führt sie nach Bethlehem.
Legen Kron und Zepter ab: Kindelein,
Kindelein,
dir wird alles Opfer bracht.

Aus der Schweiz

Es kommt ein Schiff, geladen

Köln 1608

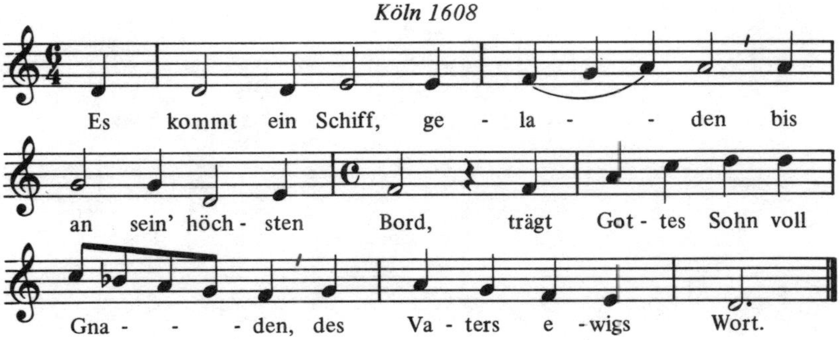

Das Schiff geht still im Triebe,
es trägt ein teure Last;
das Segel ist die Liebe,
der Heilig Geist der Mast.

Der Anker haft' auf Erden
und das Schiff ist am Land.
Gotts Wort tut uns Fleisch werden,
der Sohn ist uns gesandt.

Zu Bethlehem geboren
im Stall ein Kindelein,
gibt sich für uns verloren;
gelobet muß es sein.

Und wer dies Kind mit Freuden
küssen, umfangen will,
der muß vor mit ihm leiden
groß Pein und Marter viel,

darnach mit ihm auch sterben
und geistlich auferstehn,
ewigs Leben zu erben,
wie an ihm ist geschehn.

Daniel Sudermann, 1550 - 1631

Es wird schon gleich dunkel

Vergiß jetzt, o Kindlein, dein Kummer, dein Leid,
daß du da mußt leiden im Stall auf der Heid.
Es zier'n ja die Engel dein Lagerstatt aus,
's möcht schöner nicht sein drin, wie in König sei'm Haus,

Schließ zu deine Äuglein in Ruh und in Fried',
und gib mir zum Abschied dein' Seg'n noch grad mit.
Ich wünsch dir von Herzen die süßeste Ruh,
die Engel vom Himmel, die decken dich zu.

Aus Tirol

Fröhlich soll mein Herze springen

Johann Krüger 1653

Heute geht aus seiner Kammer
Gottes Held, der die Welt
reißt aus allem Jammer.
Gott wird Mensch dir, Mensch, zugute;
Gottes Kind, das verbindt
sich mit unserm Blute.

Sollt uns Gott nun können hassen,
der uns gibt, was er liebt
über alle Maßen?
Gott gibt, unserm Leid zu wehren,
seinen Sohn aus dem Thron
seiner Macht und Ehren.

Nun er liegt in seiner Krippen,
ruft zu sich mich und dich,
spricht mit süßen Lippen:
„Lasset fahrn, o lieben Brüder,
was euch quält, was euch fehlt:
ich bring alles wieder."

Ei so kommt und laßt uns laufen,
stellt euch ein groß und klein,
eilt mit großen Haufen!
Liebt den, der vor Liebe brennet;
schaut den Stern, der euch gern
Licht und Labsal gönnet.

Die ihr arm seid und elende,
kommt herbei, füllet frei
eures Glaubens Hände!
Hier sind alle guten Gaben
und das Gold, da ihr sollt
euer Herz mit laben.

Paul Gerhardt 1607 - 1676

Ich steh an deiner Krippen hier,

Johann Sebastian Bach 1736

Da ich noch nicht geboren war,
da bist du mir geboren
und hast mich dir zu eigen gar,
eh ich dich kannt, erkoren.
Eh ich durch deine Hand gemacht,
da hast du schon bei dir bedacht,
wie du mein wolltest werden.

Ich lag in tiefster Todesnacht,
du warest meine Sonne,
die Sonne, die mir zugebracht
Licht, Leben, Freud und Wonne.
O Sonne, die das werte Licht
des Glaubens in mir zugericht',
wie schön sind deine Strahlen!

Ich sehe dich mit Freuden an
und kann mich nicht satt sehen;
und weil ich nun nichts weiter kann,
bleib ich anbetend stehen.

O daß mein Sinn ein Abgrund wär
und meine Seel ein weites Meer,
daß ich dich möchte fassen!

O daß doch so ein lieber Stern
soll in der Krippen liegen!
Für edle Kinder großer Herrn
gehören güldne Wiegen.
Ach, Heu und Stroh ist viel zu schlecht,
Samt, Seide, Purpur wären recht,
dies Kindlein drauf zu legen!

Eins aber, hoff ich, wirst du mir,
mein Heiland, nicht versagen:
daß ich dich möge für und für
in, bei und an mir tragen.
So laß mich doch dein Kripplein sein;
komm, komm und lege bei mir ein
dich und all deine Freuden!

Paul Gerhardt 1607 - 1676

Ihr Kinderlein kommet

O seht in der Krippe im nächtlichen Stall,
seht hier bei des Lichtleins hellglänzendem Strahl,
in reinlichen Windeln das himmlische Kind,
viel schöner und holder, als Engel es sind.

Da liegt es, das Kindlein, auf Heu und auf Stroh,
Maria und Joseph betrachten es froh.
Die redlichen Hirten knien betend davor,
hoch oben schwebt jubelnd der Engelein Chor.

O beugt, wie die Hirten, anbetend die Knie;
erhebet die Händlein und danket wie sie;
stimmt freudig, ihr Kinder, wer wollt sich nicht freun?
Stimmt freudig zum Jubel der Engel mit ein.

Christoph v. Schmied, 1768 - 1854

Joseph, lieber Joseph mein

Joseph: Gerne, liebe Maria mein,
helf ich dir wiegen dein Kindelein,
daß Gott müsse mein Lohner sein
im Himmelreich, der Jungfrau Kind Maria.

Knecht: Nun freu dich, christenliche Schar,
der himmelische König klar
nahm die Menschheit offenbar,
den uns gebar die reine Magd Maria.

Kling, Glöckchen, klingelingeling

Kling, Glöckchen, klingelingeling,
kling, Glöckchen, kling.
Mädchen hört und Bübchen,
macht mit auf das Stübchen!

Bring euch milde Gaben,
sollt euch dran erlaben!
Kling, Glöckchen, klingelingeling,
kling, Glöckchen, kling!

Kling, Glöckchen, klingelingeling,
kling, Glöckchen, kling.
Hell erglühn die Kerzen,
öffnet mir die Herzen!

Will drin wohnen fröhlich!
Frommes Kind, wie selig!
Kling, Glöckchen, klingelingeling,
kling, Glöckchen, kling!

Carl Enslin, 1819 - 1875

Kommet, ihr Hirten

Lasset uns sehen in Bethlehems Stall,
was uns verheißen der himmlische Schall;
was wir dort finden, lasset uns künden,
lasset uns preisen in frommen Weisen. Halleluja!

Wahrlich, die Engel verkündigen heut
Bethlehems Hirtenvolk gar große Freud':
Nun soll es werden Friede auf Erden,
den Menschen allen ein Wohlgefallen; Ehre sei Gott!

Nach einem altböhmischen Christlied

Laßt uns froh und munter sein

Dann stell ich den Teller auf,
Niklaus legt gewiß was drauf.
Lustig, lustig, traleralala,
: bald ist Niklausabend da! :

Wenn ich schlaf, dann träume ich:
Jetzt bringt Niklaus was für mich.
Lustig, lustig, traleralala,
: nun war Niklausabend da! :

Wenn ich aufgestanden bin,
lauf ich schnell zum Teller hin.
Lustig, lustig, traleralala,
: nun war Niklausabend da! :

Niklaus ist ein guter Mann,
dem man nicht g'nug danken kann.
Lustig, lustig, traleralala,
: nun war Niklausabend da! :

Aus dem Hunsrück

Leise rieselt der Schnee

In den Herzen wirds warm,
still schweigt Kummer und Harm,
Sorge des Lebens verhallt –
freue dich: s Christkind kommt bald.

Bald ist Heilige Nacht,
Chor der Engel erwacht,
hört nur, wie lieblich es schallt –
freue dich: s Christkind kommt bald.

Macht hoch die Tür

Halle 1704

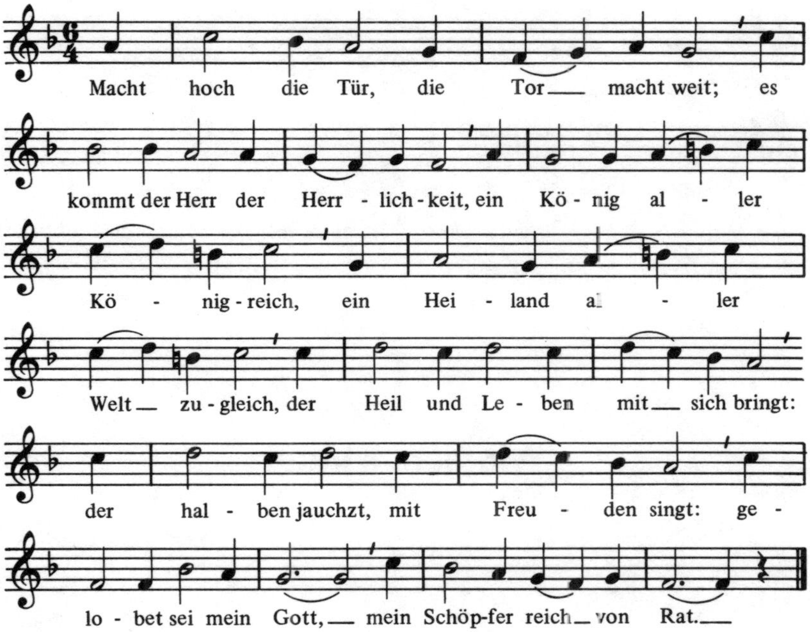

Er ist gerecht, ein Helfer wert,
Sanftmütigkeit ist sein Gefährt.
Sein Königskron ist Heiligkeit,
sein Zepter ist Barmherzigkeit;
all unsre Not zum End er bringt,
derhalben jauchzt, mit Freuden singt:
Gelobet sei mein Gott,
mein Heiland, groß von Tat.

O wohl dem Land, o wohl der Stadt,
so diesen König bei sich hat,
wohl allen Herzen insgemein,
da dieser König ziehet ein.

Er ist die rechte Freudensonn',
bringt mit sich lauter Freud und Wonn'.
Gelobet sei mein Gott,
mein Tröster früh und spat.

Komm, o mein Heiland, Jesu Christ,
mein's Herzens Tür dir offen ist,
ach, zeuch mit deiner Gnaden ein,
dein Freundlichkeit auch uns erschein.
Dein Heil'ger Geist uns führ' und leit'
den Weg zur ew'gen Seligkeit.
Dem Namen dein, o Herr,
sei ewig Preis und Ehr.

Georg Weissel, 1590 - 1635

Alle Jahre wieder

Kehrt mit seinem Segen ein in jedes Haus,
Geht auf allen Wegen mit uns ein und aus.

Ist auch mir zur Seite, still und unerkannt,
Daß es treu mich leite an der lieben Hand.

Wilhelm Hey

Morgen, Kinder

Wie wird dann die Stube glänzen
von der großen Lichterzahl!
Schöner als bei frohen Tänzen
ein geputzter Kronensaal.
Wißt ihr noch, wie vorges Jahr
es am Heilgen Abend war?

Welch ein schöner Tag ist morgen!
Neue Freude hoffen wir,
unsre guten Eltern sorgen
lange, lange schon dafür.
O gewiß, wer sie nicht ehrt,
ist der ganzen Lust nicht wert!

Martin Philip Bartsch, um 1790

Morgen kommt der Weihnachtsmann

L. von Call

Bring uns, lieber Weihnachtsmann,
bring auch morgen, bringe:
Musketier und Grenadier,
Zottelbär und Panthertier,
Roß und Esel, Schaf und Stier,
lauter schöne Dinge!

Doch du weißt ja unsern Wunsch,
kennst ja unsre Herzen!
Kinder, Vater und Mama,
auch sogar der Großpapa,
alle, alle sind wir da,
warten dein mit Schmerzen.

Hoffmann Fallersleben 1835

O du fröhliche

Sizilien vor 1789

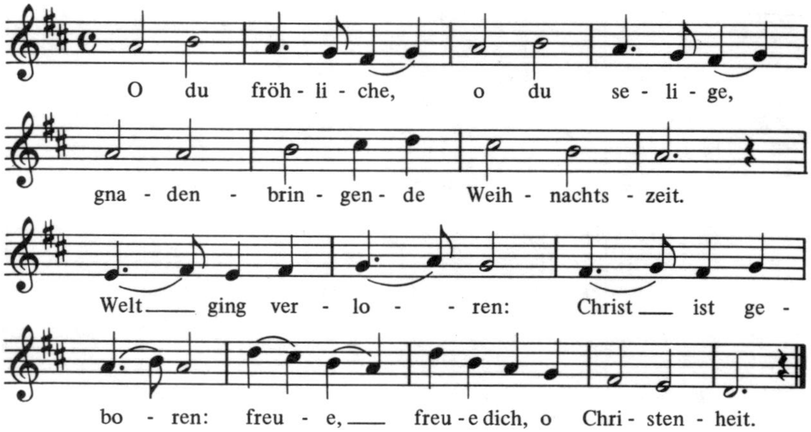

O du fröhliche, o du selige,
gnadenbringende Weihnachtszeit!
Christ ist erschienen,
uns zu versühnen.
Freue, freue dich, o Christenheit!

O du fröhliche, o du selige,
gnadenbringende Weihnachtszeit!
Himmlische Heere
jauchzen dir Ehre.
Freue, freue dich, o Christenheit!

Johannes Falk, 1768 - 1826 (1)
Heinrich Holzschuher, 1798 - 1847 (2 + 3)

O Tannenbaum

Nach einer Volksweise

O Tannenbaum, o Tannenbaum,
du kannst mir sehr gefallen!
Wie oft hat nicht zur Weihnachtszeit
ein Baum von dir mich hoch erfreut.
O Tannenbaum, o Tannenbaum,
du kannst mir sehr gefallen.

O Tannenbaum, o Tannenbaum,
dein Kleid will mich was lehren:
die Hoffnung und Beständigkeit
gibt Trost und Kraft zu jeder Zeit.
O Tannenbaum, o Tannenbaum,
dein Kleid will mich was lehren.

Joachim August Christian Zarnack, 1777 - 1827 (1)
Ernst Anschütz, 1780 - 1861 (2 + 3)

Sei uns willkommen, Herre Christ

Gott ist geboren, unser Trost,
der hat durch sein Kreuz die Welt erlöst.
Sei willkommen, lieber Herre,
hier auf der Erde recht mit Ehren.
Kyrieleis.

Das älteste deutsche Weihnachtslied, 11. Jahrhundert

Stille Nacht, heilige Nacht

Stille Nacht, heilige Nacht,
Hirten erst kund gemacht!
Durch der Engel Halleluja
tönt es laut von fern und nah:
Christ der Retter ist da!

Stille Nacht, heilige Nacht!
Gottes Sohn, o wie lacht
Lieb aus deinem göttlichen Mund,
da uns schlägt die rettende Stund,
Christ, in deiner Geburt!

Joseph Mohr, 1792 - 1848

Süßer die Glocken nie klingen

Oh, wenn die Glocken erklingen,
schnell sie das Christkindlein hört,
tut sich vom Himmel dann schwingen,
eilet hernieder zur Erd,
segnet den Vater, die Mutter, das Kind,
segnet den Vater, die Mutter, das Kind.
Glocken mit heiligem Klang,
klingt doch die Erde entlang!

Vom Himmel hoch, da komm ich her

Wort und Weise Martin Luther, 1483 - 1546

Euch ist ein Kindlein heut geborn,
von einer Jungfrau auserkorn,
ein Kindelein so zart und fein,
das soll eur Freud und Wonne sein.

Es ist der Herr Christ, unser Gott,
der will euch führn aus aller Not,
er will eur Heiland selber sein,
von allen Sünden machen rein.

Des laßt uns alle fröhlich sein
und mit den Hirten gehn hinein,
zu sehn, was Gott uns hat beschert,
in seinem lieben Sohn verehrt.

Vom Himmel hoch, o Engel kommt!

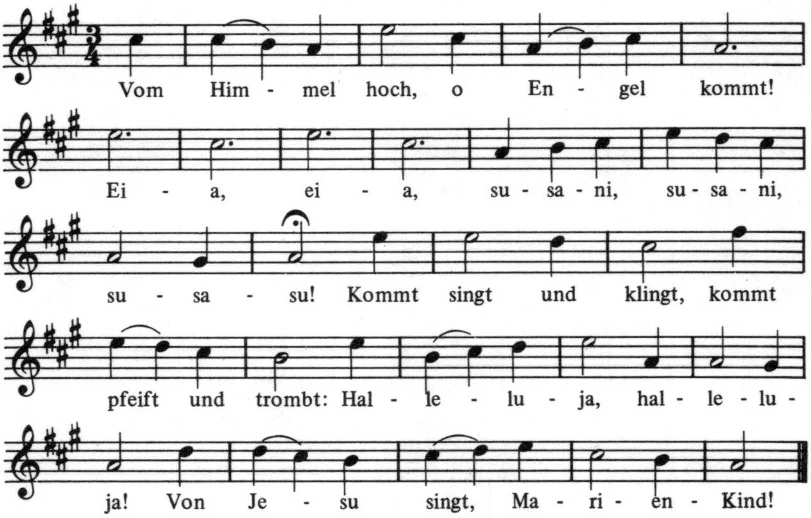

Kommt ohne Instrumente nit,
bringt Lauten, Harfen, Geigen mit.

Laßt hören euer Stimmen viel,
mit Orgel und mit Saitenspiel.

Die Stimmen müssen lieblich gehn,
und Tag und Nacht nicht stille stehn.

Singt Fried den Menschen weit und breit!
Gott Preis und Ehr in Ewigkeit.

Kölner Gesangbuch 1623

Was soll das bedeuten?

Treibt zusammen, treibt zusammen die Schäflein fürbaß.
Treibt zusammen, treibt zusammen, dort zeig ich euch was.
Dort in dem Stall, dort in dem Stall,
werdet Wunderding sehen, treibt zusammen einmal!

Ich hab nur ein wenig von weitem geguckt,
da hat mir mein Herz schon vor Freuden gehupft:
ein schönes Kind, ein schönes Kind
liegt dort in der Krippe bei Esel und Rind.

Das Kindlein, das zittert vor Kälte und Frost,
ich dacht mir, wer hat es denn also verstoßt?
Daß man auch heut, daß man auch heut
ihm sonst keine andere Herberg anbeut.

So gehet und nehmet ein Lämmlein vom Gras
und bringet dem schönen Christkindelein was!
Geht nur fein sacht, geht nur fein sacht,
daß ihr dem Kindlein kein Unruh nicht macht!

Aus Schlesien

Quellenverzeichnis

Wir danken folgenden Autoren und Verlagen für freundliche Abdrucksgenehmigung:

Bertelsmann Verlag GmbH, München – Barbara Bartos-Höppner: Schnüpperle backt Pfefferkuchen und Die Weihnachtsgans aus „Schnüpperle – 24 Geschichten zur Weihnachtszeit“.

Claudius Verlag, München – Bilder aus „Freude der Völker“: Lebensbaum, Kindstern, Krippe, Hl. Drei Könige, Krippe, Krippenberg.

Die Arche, Verlags AG, Zürich – Wiechert: Auf einer Krippe – Frans Eemil Sillanpää: Am Weihnachtsabend aus „Weihnacht der Welt“.

Diederichs, Verlag, Düsseldorf – Agnes Miegel: Adventsbäckerei aus „Zeitungsartikel“ (hvp). Will Erich Peuckert: Die Hirten auf dem Felde aus „Der Krist“.

Ehrenwirth Verlag, München – Friedrich Bischoff: Das Glaskugelwunder aus „Der Rosenzauber“.

Fidula-Verlag, Boppard – Es ist für uns eine Zeit angekommen, Schweizer Sterndreherlied aus dem Luzerner Wiggertal aus „Das Psälterlein“.

Fischer Verlags GmbH, Frankfurt – Thomas Mann: Weihnachtsabend bei Buddenbrooks aus „Buddenbrooks“.

Gütersloher Verlagshaus Gerd Mohn, Gütersloh – Rudolf Otto Wiemer: Die Reise nach Bethlehem aus GTB-Siebenstern 321

Henssel, Berlin – Joachim Ringelnatz: Schenke herzlich aus „Und auf einmal steht es neben dir“.

Insel Verlag, Frankfurt – Rainer Maria Rilke: Advent aus „Sämtliche Werke, Erste Gedichte“.

Langewiesche Verlagsbuchhandlung, Königstein – Bild von Carl Larrson aus „Der Tag vor Weihnachtsabend“.

Müller Verlag, Salzburg – Karl Heinrich Waggerl: Das ist die stillste Zeit im Jahr, Auszug aus „Das ist die stillste Zeit im Jahr“.

Nymphenburger Verlagshandlung, München – Selma Lagerlöf: Die Heilige Nacht aus „Christuslegenden“, Die Legende des Luciatages und Eine Weihnachtsgeschichte aus „Geschichten zur Weihnachtszeit“.

Piper & Co., München – Ludwig Thoma: Christkindl-Ahnung aus „Erinnerungen“.

Quickborn-Verlag, Hamburg – Rudolf Kinau: Unter dem Schornstein, „Mien bunte Tüller“ in hochdeutscher Übersetzung aus „Mien Wihnachtsbook“.

Schnack, Elisabeth, Zürich – Jane Barlow: Weihnachten im ärmsten Dorf der Welt aus „Die Gabe der Weisen“.

Staackmann Verlag, München – Peter Rosegger: Als ich Christtagsfreude holen ging – Der erste Christbaum bei den Waldbauern aus „Waldheimat“.

Suhrkamp Verlag, Frankfurt – Bertolt Brecht: Ich bin der Sperling aus Gesammelte Werke „Die Gedichte“. Walter Benjamin: Ein Weihnachtsengel aus „Berliner Kindheit um 1900“. Hermann Hesse: Ein Wolf aus „Gesammelte Werke“.

Weidlich, Hansjürgen, Hamburg – Eine schöne Bescherung aus „Die abenteuerliche Bandscheibe“.

Westermann Verlag, Braunschweig – Albert Sergel: Nüsseknacken aus „Das Weihnachtsbuch“.